쉽게 배우는
시스템 트레이딩

쉽게 배우는

시스템 트레이딩

SYSTEM TRADING

이재헌 지음

한국경제신문i

PROLOGUE

많은 분야에서 컴퓨터가 사람의 능력보다 뛰어난 퍼포먼스로 우리의 삶을 보다 윤택하고 편리하게 만들어가고 있다. 얼마 전, 알파고라는 프로그램이 바둑의 세계마저 제패하는 시대를 맞이했고, 인간을 대신해서 물건을 만들거나 자동차 운전을 한다든지 하는 점점 편리한 세상으로 변해가고 있다. 한편, 금융분야에서도 마찬가지로, 정보통신의 발달로 인간을 대신해 컴퓨터가 매매 거래를 직접 수행해주는 등, 금융거래의 트렌드마저 변해가고 있다.

필자가 시스템 트레이딩에 관심을 가지게 된 지도 어느새 강산이 변할 만큼의 시간이 훌쩍 지났다. 지금 와서 돌이켜보면, 그동안 많은 시행착오를 겪으며 지내왔던 날들이 주마등처럼 스쳐지나간다. 시장은 사라지지 않는데도 그때는 왜 그렇게 조바심을 내었는지, 지금도 이해가 안 된다. 시스템 신호를 믿지 못해 사람이 개입하더라도, 손익 결과는 바뀌지 않을뿐더러 손 안 댄 것만 못하다는 것을 깨닫는 데만도 얼추 3년이라는 세월은 걸린 듯하다.

그럼, 이러한 과정들은 반드시 투자금을 학습비 삼아 직접 경험해야만 비로소 얻을 수 있는 걸까? 그렇지는 않다고 생각한다. 필자가 이 책을 집필하게된 목적도 바로 여기에 있다. 수많은 시행착오와 자신과의 외로운 싸움을 하는 동안, 도움이 될 만한 누군가의 경험적인 조언이 있었다면 어떠했을까 하는 아쉬움 때문이다.

이 책에서는 시스템 트레이딩에 대한 매뉴얼적인 내용보다는, 질문과 대답의 형식으로 그동안의 경험에 바탕을 둔 개인적인 의견과 노하우를 피력하는데 중점을 두었다. 시작이 반이라는 말이 있다. 무엇이든 처음 마음먹기 힘들지, 시작하고 나면 반을 이룬 것이나 다름없다. 필요성은 공감하나, 이러저러한 이유로 쉽사리 접근하지 못하는 분들이나 학습 초기에 고민이 많은 분들에게 필자의 미천한 경험이 조금이나마 도움이 되었으면 하는 바람이다.

그럼에도 불구하고 독자들 중에서는 시스템 트레이딩에 대한 접근이 다소 부담스러운 분들도 분명히 있을 것이다. 그런 경우에는 먼저 이 책을 통해 시스템의 성능을 제대로 평가할 수 있는 안목과 혜안을 넓힌 다음, 시스템 트레이딩 시장이 활성화되었을 때, 좋은 시스템을 선별 · 투자하는 활동을 통해 간접 참여하는 효율적인 방법도 있으니 참고하기 바란다.

끝으로, 이 책을 집필하게끔 용기를 주신 (주)두드림미디어 한성주 사장님과 많은 도움을 주신 (주)유진투자선물 박영석 팀장님께 감사의 말씀을 드린다. 아울러, 친형과 손종일 수석 그리고 집필하느라 많은 시간을 함께하지 못한 가족들에게도 감사의 뜻을 전한다.

이재헌

SYSTEM
TRADING

Kanada
Comp.
Europa

3장

전략 알고리즘 코딩 및 시뮬레이션

4장

실전 시스템 운영

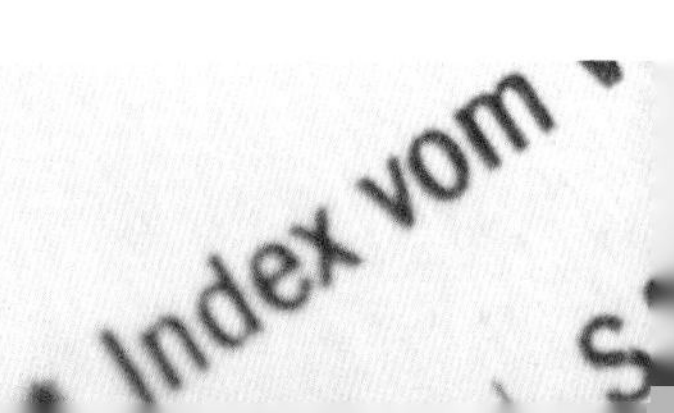

1장

시스템 트레이딩의 정의 및 필요성

KGV
Kurs FFM
17:47h
151,88
107,02
169,86

시스템 트레이딩이란 무엇인가?

금융상품의 매매 방식에서 개인 투자자의 95% 이상이 HTS(Home Trading System)를 통한 손매매 방식(Manual Trading)을 주로 사용하고 있다. 하지만 IT 기술의 발전으로 최근 자동매매(시스템 트레이딩)의 거래 비중이 계속 증가하면서, 금융상품의 매매 방식에 대한 패러다임(Paradigm)이 손매매에서 자동매매 방식으로 서서히 변화해가고 있다. 그럼 여기에서, 시스템 트레이딩이란 무엇이며, 일반적인 손매매 방식과 다른 점은 무엇인지 한번 살펴보자.

우선 시스템 트레이딩(System Trading)이란, 일정한 논리구조(알고리즘, Algorithm)나 조건에 따라 컴퓨터 프로그램을 이용해 금융상품(증권, 파생상품, 외환 등)을 자동으로 거래하는 매매 방식이다.

즉 [자료 1]의 (A)와 같이, (1) 나만의 매매 전략 및 운영 전략을 (2) 컴퓨터의 프로그래밍 언어로 기술해서 일정한 논리 구조나 조건에 따라 실시간 매매 신호를 발생시킨 후, (3) 상품 거래소로 자동주문을 실행하는 일련의 거래 방식을 말한다. 이에 시스템 트레이딩은 알고리즘 트레이딩(Algorithmic Trading), 시스템 자동매매, 또는 프로그램 자동매매 등의 다양한 명칭으로 불리기도 한다.

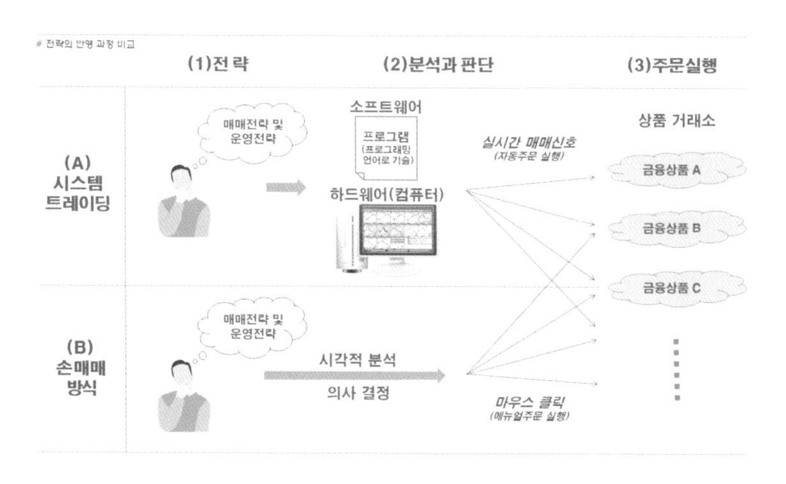

[자료 1] 시스템 트레이딩과 손매매 방식에 대한 전략 반영 과정 비교

먼저, 금융상품에 대한 일반적인 매매 과정은 [자료 1]과 같이, 크게 (1) 전략, (2) 분석과 판단, (3) 주문 실행 부분으로 나눠진다. 여기에서,

각 단계별로 업무처리 능력을 고려해볼 때, 사람보다 컴퓨터가 월등히 잘할 수 있는 일들이 분명히 존재하게 된다. 이에 이러한 일들을 사람의 시각적 판단과 노동력을 대신해 컴퓨터(시스템)가 자동으로 수행(트레이딩)하게끔 하는 것이 바로, 시스템 트레이딩(System Trading)이다.

이는 (1) 전략 수립을 제외한 나머지 과정에서, (2) 분석과 판단 과정을 (B) 인간의 시각적 기준에서 (A) 프로그래밍 언어로 기술해 대체하는 한편, (3) 주문 실행 과정을 (B) 매뉴얼(Manual) 방식의 수동주문에서 (A) 자동주문(Automatic Order)으로 대체하는 것이다. 이렇듯, 시스템 트레이딩은 손매매 방식에 비해 특별한 거래 절차나 과정이 추가되는 것이 아니다. 단지 일반적인 매매 과정에서 사람과 컴퓨터가 각자 뛰어나게 잘할 수 있는 일들을 대체해 분담함으로써, 매매 거래의 능률성과 효율성을 증대시키고자 함이다.

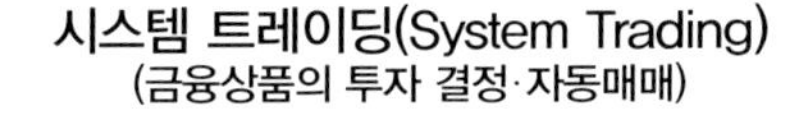

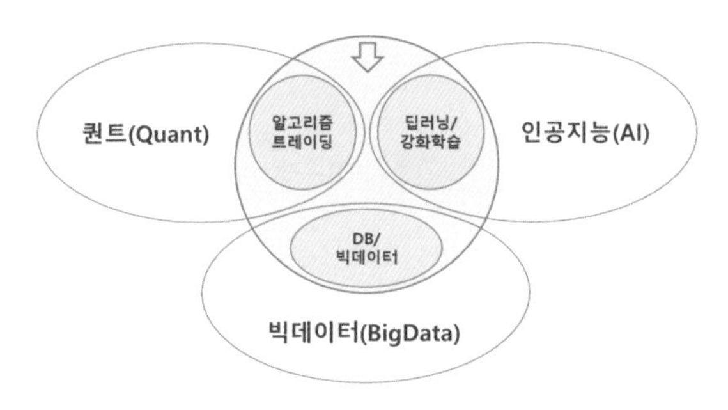

[자료 2] 시스템 트레이딩의 포괄적 개념도

한편, 시스템 트레이딩의 대표적인 장점 중의 하나는 바로 처리 속도다. 컴퓨터의 빠른 연산이나 실행, 그리고 방대한 데이터의 처리 능력은 인간의 능력과 비교가 불가할 만큼 뛰어나다. 이에, 이러한 특성에 기반을 둔 다양한 소프트웨어 기술들이 시스템 트레이딩에 접목되어 활용되기도 한다. 이렇듯, 시스템 트레이딩의 구현에 사용되는 기반 소프트웨어 기술의 특성에 따라 [자료 2]와 같이, '트레이딩'이라는 단어 앞에 알고리즘(Algorithm), 퀀트(Quant), 빅데이터(Big Data), 딥러닝(Deep Learning), 인공지능(AI, Artificial Intelligence) 등과 같은 여러 가지 수식어가 붙게 된다.

손매매와 비교해볼 때 시스템 트레이딩은 과연 유리한가?

그럼 과연 금융상품의 거래에서 시스템 트레이딩은 손매매 방식에 비해 유리한 것일까? 유리하다면, 어떠한 점에서 유리한 것인지 금융시장의 생태적 특성과 기술적 측면의 접근을 통해 시스템 트레이딩과 손매매 방식을 함께 비교해가며 살펴보도록 보자.

먼저, 금융시장의 생태적 특성에서 손매매 방식에 비해 시스템 트레이딩이 가지는 특징과 장점을 살펴보면, 다음과 같다.

첫째, 24시간 실시간 모니터링과 대응이 가능하다. 우리가 참여하는 금융시장은 이미 24시간 쉬지 않고 움직이고 있다. 특히, 과거의 천편일률적인 주식 시장 위주의 투자 문화에서 금융상품의 다양화 및 해외

상품 시장의 확대로 빠르게 변화하며 진화하고 있다. 뉴욕 월가의 이슈가 각종 미디어를 통해 실시간으로 고스란히 전해지고, 시차가 완전히 반대인 나라들(미국, 유럽 등)의 개별 주식뿐만 아니라, 나스닥(Nasdaq), 원유, 금, 은 등과 같은 다양한 인덱스 지수나 원자재 등의 금융상품들이 ETF 혹은 해외선물의 형태로 HTS를 통해 실시간으로 거래되는 시대를 맞이했다.

하지만 이러한 변화에 반해, 사람(손매매 방식)은 생활패턴상 24시간 체제에 실시간으로 대응하는 것이 불가능하다. 수면, 일 등의 이유로 24시간 내내 금융시장을 지켜볼 수가 없다. 특히 주요 해외(미국이나 유럽) 상품의 경우, 시차로 인해 우리가 일과를 마치고 휴식이나 잠을 자는 시간대에 본격적으로 변동성이 발생하는 본 장이 열리기 때문에, 우리나라와 같은 아시아에서는 이러한 점이 매우 치명적인 아킬레스건(Achilles tendon)으로 작용한다.

그렇다면, 사람의 생활패턴을 훼손하지 않으면서도 금융시장의 24시간 체제에 대응할 방법은 과연 없을까? 그 대안이 바로 '시스템 트레이딩'이다. 향후 금융시장에 대한 생존 열쇠 중 하나가 24시간 대응이라면, 시스템(PC)만큼 이상적인 도구는 없을 것이다. 시스템(PC)을 통해 매 순간 시장을 모니터링하고 내가 정한 기준에 의해 자동으로 매매할 수 있다면, 우리는 직접 매매 행위를 할 필요가 없다. 대신 우리는 생활패턴을 훼손하지 않으면서도 이러한 여분의 시간에 다른 일을 하거나 더 좋은 전략이나 아이디어를 고민하는 데 할애할 수 있다.

둘째, 인간의 감정을 제어하고 원칙을 준수함으로써 위험을 관리할 수가 있다. 원칙은 세웠으나 지켜지지 못하고, 또한 쉽게 변화하는 인간의 감정(욕심과 공포)을 기계적으로 제어할 수가 있다. 이성적인 시장 대응 및 위험관리는 금융시장에서의 생존에 필수 요소다. 의외로 사람은 과거의 기억이나 심리적인 상황에 흔들려 정확한 판단을 내리지 못하는 경우가 생각보다 많다. 더욱이 금융거래의 경우에는 자산의 손익이 연관되어 있기 때문에, 스스로를 통제하지 못하는 경우가 더 자주 나타나게 된다. 퀀텀펀드(Quantum Fund)로 유명한 '조지 소로스(George Soros)'의 저서에서도, 인간의 어리석은 군중심리와 자기파괴적 본능을 언급하고 있다. 예를 들어, 시세 급변에 휘말리거나 손실이 극단적으로 커지면 감정적으로 모든 자산을 베팅하는 행동이 트레이딩(손매매)에서 나타나는 대표적인 자기파괴적 사례다.

또한, 어떤 매매 방식을 사용하든 모든 투자자들은 자신만의 매매 원칙을 정립하고 투자에 임하게 된다. 투자자들이 정립한 자신만의 원칙들은 대부분 성공적인 투자 성과를 가져다주기에 충분한, 아주 훌륭한 매매 원칙들로 구성되어 있다. 하지만 손매매에서는 이러한 매매 원칙들이 제대로 지켜지지 못함으로써, 모든 문제가 발생하기 시작한다. 이는 원칙을 지키지 않아 오히려 이득을 보는 경우를 한두 번 정도 경험하는 데에서부터 대수롭지 않게 시작되어, 어느 순간에는 그동안 잘 지켜오던 원칙이 완전히 무너져버리게 되고, 결국 이것이 독이 되어 돌아오게 된다. 어떠한 매매 방식이든 누적해 계산해보면, 원칙을 지키지 않아 생기는 이득보다는 손실이 훨씬 크다.

이에, 자신만의 매매 원칙을 어떠한 경우에라도 반드시 지킬 수 있는 효율적인 방법이 요구되는 것이다. 원칙이란, 변치 않는 기본적인 규칙이나 법칙을 말한다. 금융거래에서 이를 가장 이상적으로 수행할 수 있는 수단은 사람이 아니라, 바로 시스템(PC)이다.

이어, 기술적 측면에서 시스템 트레이딩이 가지는 특징과 장점에 대해 살펴보면, 다음과 같다.

셋째, 수익(Profit)과 위험(Risk)을 계량화(Quantitative Analysis)할 수 있다. 시스템 트레이딩 방식은 전략의 알고리즘화를 통해 과거의 수익 및 위험을 분석할 수 있다. 이렇듯, 수익과 위험에 대한 유용한 통계적 분석이 가능함에 따라 기대수익과 예상 손실폭은 어느 정도인지, 이로써 필요한 투입자본금은 어느 정도인지 등을 미리 판단해볼 수가 있다.

넷째, 확장된 기반 소프트웨어 기술의 적용으로 전략의 고도화를 추구할 수 있다. 시스템 트레이딩에서는 손매매 방식으로 추구할 수 있는 전략의 한계 범위를 확장시킬 수가 있다. 시각적 판단이나 보조지표 등에 의존하는 단순한 형태의 알고리즘 단계에서 벗어나 다양한 기반 소프트웨어 기술(퀀트, 빅데이터, 딥러닝, 인공지능 기술 등)을 확장해 접목할 수 있는 장점이 있다.

위의 특징과 장점에서 살펴본 바와 같이, 시스템 트레이딩은 선택 사항이 아니라 변화하는 금융시장의 환경에 적응·대응하기 위해 필요한 생존의 전략과도 같다. 또한, 시스템 트레이딩은 성과적 차원에서도 손매매 방식에 비해 좋은 성적을 보여주고 있다. 실증적 예로, [자료 1]에서 보는 바와 같이 개인 전문 투자자로 대표되는 미국 CTA(상품거래고문 Commodity Trading Advisor): 미국선물거래협회(NFA)에 등록되어 선물, 옵션 또는 외환계약의 매매에 관한 자문 서비스를 제공하는 개인 또는 조직을 말한다)들 중, 시스템 트레이더(Systematic CTA Trader)가 재량 트레이더(Discretionary CTA Trader)보다 지난 30여 년간 더욱 높고 안정적인 수익 성과를 내고 있다.

출처 : www.barclayhedge.com

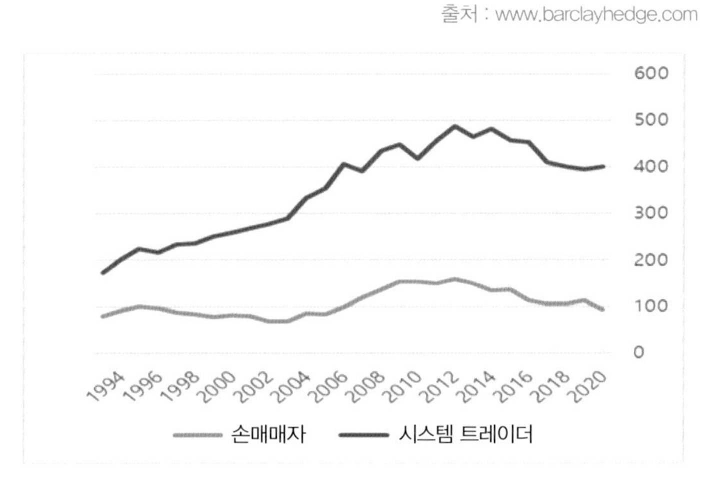

[자료 1] 연도별 CTA 수익지수(Index)

또한 국내의 한 금융 투자회사(증권사)의 통계자료에 따르면, [자료 2]에서 보는 바와 같이, 최근 2019년 한 해 동안, 수익고객의 연평균 수익금액은 시스템 트레이더가 손매매자보다 2배 이상 높았으며, 반면 (손실고객의) 연평균 손실금액은 손매매자보다 30% 정도가 적었다. 그러면서도 거래량에서 시스템 트레이더가 손매매자보다 약 30% 정도나 더 적게 거래하는 것으로 나타나, 객관적으로도 시스템 트레이더가 손매매 투자자들보다 더욱 효율적인 거래를 하고 있음이 입증되고 있다.

출처 : 모 금융 투자회사(증권사), 2019년 기준

구 분	시스템	손매매
수익고객의 연평균 수익 (지수)	2.01	1.00
손실고객의 연평균 손실 (지수)	0.71	1.00
1인당 연평균 거래량 (지수)	0.72	1.00
수익고객들의 1인당 연평균 거래량 (지수)	0.90	1.00
손실고객들의 1인당 연평균 거래량 (지수)	0.75	1.00

[자료 2] 시스템 트레이더와 손매매(재량) 트레이더의 투자 성과지수 비교

위에서 살펴본 바와 같이, 시스템 트레이딩은 금융시장의 변화와 위험요소에 대한 관리적 측면뿐만 아니라 손익의 성과적 측면에서도, 손매매 방식에 비해 훨씬 유리하다고 볼 수 있다. 이에 아직까지도 자신만의 매매 전략과 원칙을 손매매 방식에 의존하고 있다면, 이제부터라도 시스템 트레이딩으로 거래의 방식을 선회하는 것이 성공적인 금융 투자를 위한 유리한 선택이 될 것이다.

시스템 트레이딩이 다른 사업과 비교해볼 때 과연 유리한가?

일반적 창업 분야(제조업, 요식업, 서비스업, 프랜차이즈 등)와 마찬가지로, 시스템 트레이딩(System Trading) 또한, 일종의 '금융창업'이라 할 수 있다. 모든 창업(이하, 사업이라고도 함)은 적지 않은 돈과 시간, 그리고 노력이 요구된다. 그럼, 시스템 트레이딩을 통한 금융창업은 다른 일반적 창업과 비교해볼 때, 과연 유리한지 한번 살펴보도록 하자.

먼저, 소상공인의 창업형태에 주로 해당하는 개인 기업들의 운영상황을 한번 살펴보자. 통계청 자료에 따르면 개인사업자는 한 해에 85만 개가 창업되고, 66만 개가 매년 소멸하고 있다. 또한 [자료 2] 같이, 기업(법인 포함)의 1년 생존율은 65%이며 5년 생존율은 29.2%에 불과하다. 한편, 이렇게 낮은 기업 생존율에도 불구하고, [자료 1]과 같이 소상공인 창업에 평균 1억 300만 원이라는 적지 않은 초기 투입 비용(창업 비용)이 소요된다.

2018년 소상공인 실태조사(2019.12.27.) 통계청 발표

[자료 1] 소상공인 실태조사 내용

출처 : 기업 생멸 행정통계(2019.12.11.)

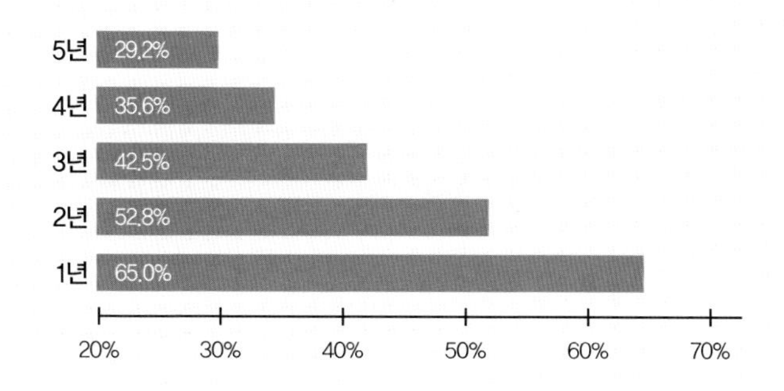

[자료 2] 창업 후 1~5년 기업 생존율

또한 [자료 1]에서 보는 바와 같이, 어렵게 생존한 소상공인의 연평균 영업이익은 3,400만 원이며, 여기에서 본인의 인건비와 세금을 제하고 나면 순이익은 거의 남는 게 없는 실정이다. 어렵게 생존했다 하더라도 현실은 내 돈 투자해 내가 고생한 내 월급을 내가 겨우 주는 형편이다. 이렇듯, 창업비용뿐만 아니라 생존에서 사업의 현실은 그리 만만치만은 않다.

그럼 여기에서, 시스템 트레이딩을 통한 소규모 금융창업 투자는 어떠할까? 우선 비교에 앞서, 일반적 창업과 금융창업에 대한 자본금의 현금흐름 구조를 먼저 이해할 필요가 있다. [자료 3]에서 보는 바와 같이, (A) 일반적 창업(제조업, 요식업, 서비스업, 프랜차이즈 등)은 (1) 자본금을 투입해, (2) 다른 재화(財貨, Goods:인간 생활에 필요한 다양한 용도를 지닌 유형의 상품)로 변형한 후, (3) 마케팅·판매의 단계를 거쳐서 수익을 추구하게 된다. 반면, (B) 금융창업은 투입된 자금을 형태가 다른 재화로의 변형이나 마케팅 절차 없이, 현금에서 바로 현금(현금성 자산)으로 수익을 추구한다.

이에, 자본금이 투입되어 사업을 진행해나가는 세부과정에서 서로 간에 분명한 차이점이 존재하게 된다.

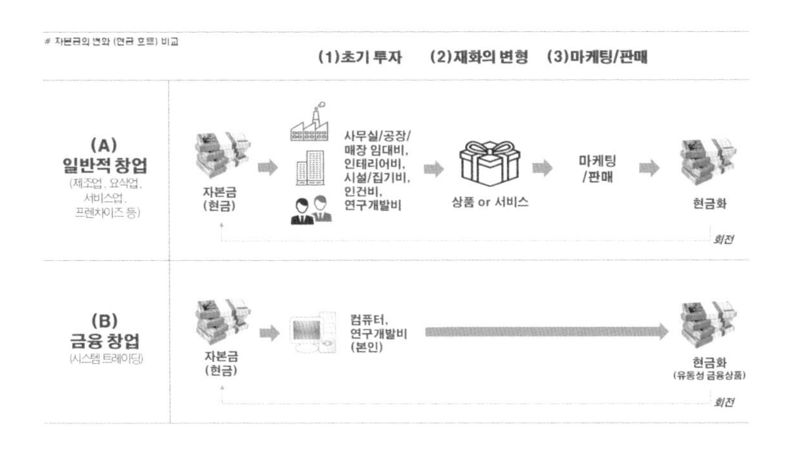

[자료 3] 일반적 창업과 금융창업의 자본금 변화(현금 흐름) 과정 비교

그 대표적인 차이점과 특징을 비교해보면, 다음과 같다.

첫째, [자료 3]의 (1) 초기 투자 과정에서 발생하는 창업비용 문제다. (A) 일반 창업의 경우, 초기 투자 비용이 많이 든다. 재화(財貨, Goods), 즉 상품이나 서비스를 공급하기 위해 필요한 환경을 구축하는 데 많은 비용이 발생된다. 업종에 따라 다소 차이는 있겠지만, 대체로 사무실이나 공장(매장)의 임대, 인테리어, 집기 및 장비, 연구개발비, 고용인건비 등의 비용이 발생한다. 또한, 창업의 초기 준비과정에 자금 대부분이 투입되어 소진된다.

반면, (B) 금융창업의 경우, 아주 작은 초기 투자 비용으로도 사업 준비가 가능하다. 일반적 창업의 경우와는 달리 재화의 변형과정이 필요 없어서, 상품이나 서비스의 공급을 위한 환경 구축비용이 전혀 들지 않는다. 단지, '나만의 전략'을 실행해줄 컴퓨터 한 대면 충분하다. 또한, 모의 방식을 통해 충분히 사업의 전망을 미리 검증할 수 있을 뿐만 아니라, 소액 투자 금액(몇백만 원 수준)으로도 사업을 시작할 수가 있다. 물론, 최대 운영 가능 자금 규모는 상상을 초월한다. 또한, 금융창업은 국제 혹은 내수 경기가 좋고 나쁨에 영향을 거의 받지 않는다. 경기가 좋으면 좋은 대로(Long/Buy Position) 좋고, 나쁘면 나쁜 대로(Short/Sell Position) 또한 좋다. 이에 경기에 상관없이 언제 어느 때에 시작하든, 사업의 환경조건이 절대 불리해지지 않는다.

둘째, 사업 운영에 대한 고정경비 문제다. (A) 일반적 창업의 경우, 매월 고정적인 경비의 지출이 크다. 더욱이, 고정경비는 사업이 잘되든 안되든 상관없이 지속적으로 발생한다. 반면 (B) 소규모 금융창업의 경우, 컴퓨터 유지비용(전기세, 인터넷비 등 몇만 원) 외에는 고정경비가 거의 발생하지 않는다.

셋째, 자본금의 환금성 문제다. 이런 상황이 발생하면 안 되겠지만, 사업이 뜻한 바대로 잘 풀리지 않아 사업을 멈추고자 할 때, 투입된 자본금의 회수 가능성은 어떠한가에 관한 문제다. (A) 일반적 창업의 경우, 사업을 멈춰야 할 때 대체로 잔금회수에 어려움을 겪는다. 초기 투자 비용의 50% 정도는 이미 중고품이 되어버린 인테리어, 집기, 장비 등에 대한 감가상각으로 회수가 어렵다. 또한, 사업장에 대한 임대차계약 기간으로 인해 내 뜻대로 사업을 멈출 수도 없다. 특히 권리금이 있는 경우에는 제값대로 회수하기가 힘들어지게 되고, 매각 또한 적정한 인수자를 만나기도 쉬운 일이 아니다.

반면, (B) 금융창업은 즉시, 남아 있는 자본금이 고스란히 현금으로 회수된다. 애초부터 자본금(현금)이 다른 성격의 재화로 바뀐 적이 없기 때문에 회수가 쉽다. 사업하는 동안 30%의 손실을 봤으면 70%는 현금으로 바로 회수된다. 이처럼, 투자 비용에 대한 감가상각이 전혀 발생하지 않는다.

넷째, 부업 가능성 및 사업의 수익성이다. 앞서 살펴본 바와 같이, (B) 금융창업은 일반적 창업과는 달리 (2) 재화의 변형 및 (3) 마케팅·판매 과정에서 발생 가능한 내재 위험요소를 전혀 고려할 필요가 없다. 자동매매 시스템(컴퓨터) 이외에는 다른 관리요소가 거의 없으므로, 부업으로도 충분히 운영할 수 있다. 또한, 사업에서 가장 중요한 목표수익(수익성)에서 일반적 창업과 비교해볼 때, 크면 컸지 절대 작지 않다. 시스템 트레이딩의 경우, 일반적으로 자금 규모가 커질수록 목표수익률은 반비례해 조금씩 낮게 잡으며, 통상 20~100% 정도의 연수익률을 목표로 한다.

이처럼, 시스템 트레이딩을 통한 금융창업은 일반적 창업에 비해 의외로 많은 장점이 있다. 특히, 창업자금 규모의 유연성과 사업의 진입 시기에 유불리(有不利)가 없다는 점이 가장 큰 장점이다. 그렇기에 지금 당장 자금 여력이 충분치 않아도 사업을 시작하는 데 아무런 지장이 없고, 사업(전략)을 준비하느라 불가피한 시간이 다소 걸린다 해도 전혀 불리함이 없다. 조급하지 않게, 차근차근 준비해나가면 된다.

금융시장은 항상, 변함없는 모습으로 늘 그 자리에 있으니 말이다.

시스템 트레이딩이 가지는 역할과 의미는 무엇일까?

최근 시스템 트레이딩의 저변이 조금씩 확대되어가면서, 다양한 연령층의 트레이더들이 시스템 트레이딩에 참여하고 있다. 필자의 지인 중에도 20대 초반에서부터 60대 중반에 이르기까지 다양한 연령층의 시스템 트레이더들이 있다. 그럼, 이렇듯 다양한 연령층의 트레이더들에게 시스템 트레이딩이 가지는 역할과 의미는 무엇인지 한번 살펴보도록 하자.

우선, 시스템 거래 방식을 선택한 트레이더들은 저마다 이유가 있다. 본업 때문에 시장을 모니터링할 시간이 없는 사람들도 있고, 본인의 손매매 방식에 문제가 있다고 느껴서 선택한 사람들도 있다. 아울러, 손매매 방식을 뛰어넘는 전략을 구현하기 위해 선택하는 경우도 있다. 이렇듯, 저마다의 이유로 시스템 거래 방식을 선택한 트레이더들에게 시스템 트레이딩이 어떠한 역할과 의미를 가지게 되는지 연령대별로 살펴보면, [자료 1]과 같이 분류해볼 수가 있다. 트레이더 모두에게 천편일률적일 수는 없지만, 대체로 이 범주를 크게 벗어나지는 않을 듯싶다.

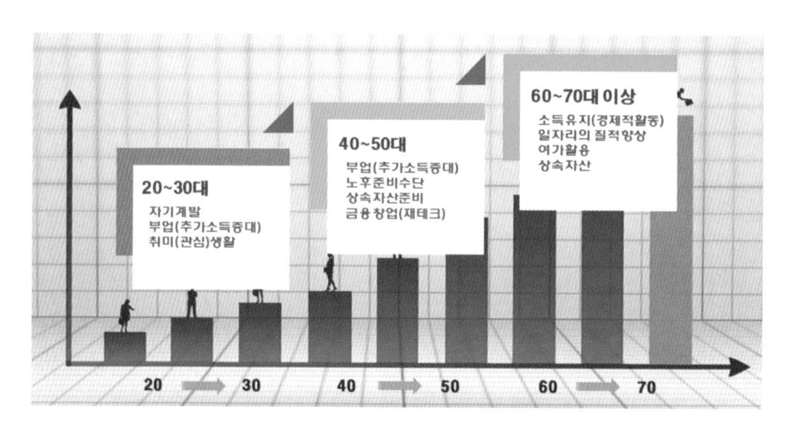

[자료 1] 연령대별 시스템 트레이딩의 역할과 의미

먼저 20~30대의 젊은 세대에게 시스템 트레이딩은 금융 투자를 통한 추가소득 증대는 물론, 나아가 소프트웨어 기술 습득을 통한 자기 계발이나 취미(관심) 활동에도 그 역할과 의미가 더해진다. 특히, 일과 삶의 균형을 추구하는 워라밸(Work & Life Balance, 일과 삶의 균형)을 위해서도 시스템 트레이딩의 역할과 의미는 매우 중요하다. 손매매 방식으로는 이제 본업에 충실해야 할 때 일에 온전히 집중할 수 없게 되고, 업무시간 외의 거래에서는 휴식과 수면을 방해받게 된다. 결국 워라밸이 조금씩 무너지기 시작하고, 연쇄적으로 이러한 일상의 불균형은 다시 매매 거래에도 영향을 미치게 되는 악순환이 발생하게 된다. 이에 트레이더의 일상(일과 삶)에 대한 균형 차원에서도 시스템 트레이딩의 역할과 의미는 매우 크다.

또한, 40~50대의 중년층은 앞서 언급한 역할과 의미 외에도 사업적 의미에서부터 노후 준비에 관한 폭넓은 접근이 필요한 세대다. 요즘 들어 자주 회자되는 인간수명 100세 시대를 맞이해 은퇴나 노후 준비에 대한 문제를 고려하지 않을 수가 없다. 시스템 트레이딩은 현재의 소득에 대한 기여는 물론이고, 미래의 소득에 대한 대책(노후 준비)으로써도 그 역할과 의미가 매우 중요하다. 예를 들어, 40세의 트레이더가 오랜 기간(20년)의 검증과 보완을 거쳐 틈틈이 다듬어놓은 시스템이라면, 향후(은퇴 후)에는 지금보다 훨씬 그 기능과 역할을 훌륭히 수행해줄 수가 있을 것이다. 젊은 세대에게서 노후문제는 먼 훗날의 얘기라 치부하고, 별생각 없이 받아들일 수도 있다. 하지만 젊은 세대일수록 인간의 수명은 의료기술의 발달로 계속 증가하고 있기에 어찌 보면 오히려, 지금의 중·장년층보다 노후 준비에 대해 더욱 심각하게 고민해봐야 할 문제인지도 모른다.

한편, 60~70대의 트레이더에게도 시스템 트레이딩은 많은 역할과 의미가 부여된다. 인정하기 싫은 이야기인지는 모르겠지만, 손매매 방식으로는 모니터를 지속적으로 보기도 힘들어지고 마우스의 클릭 속도도 예전 같지 않다. 주문을 내는 것조차도 머뭇거리다 보면, 호가는 벌써 저만치 달아나 있다. 나아가, 일자리의 질적인 측면도 시스템 트레이딩을 고려해야 하는 또 다른 이유다. 나이가 들수록 접근할 수 있는 일자리의 질은 급격히 떨어진다. 반면, 시스템 트레이딩은 소프트웨어의 첨단 기술력을 바탕으로 하는 아주 질 높은 일자리다. 은퇴 후의 직업으로서도 전혀 손색이 없다. 또한, 여가시간의 활용이 자유롭다는 큰 이점이 있다. 예를 들면, 시스템에게 모든 걸 맡겨놓고, 장기간의 크루즈 여행을 다녀올 수도 있다. 나아가 오랜 기간 틈틈이 잘 다듬어지고 검증된 시스템이라면, 후대에 물려줄 상속자산의 역할과 의미로서도 그 가치는 충분하다.

이처럼 시스템 트레이딩은 소득 증대라는 기본적인 목적 이외에도 모든 연령층에 많은 역할과 의미가 부여된다. 우리가 현대사회를 살아가면서(주식이든 뭐든, 평생 금융 투자에는 절대 발 들여놓지 않을 요량이면 모를까) 반드시 금융시장에 머물러 있어야 한다면, 좀 더 합리적이고 이성적인 투자 방식(전략)을 추구해야 할 것이다. 더 이상의 근거(원칙) 없는 뇌동매매로 일확천금(소위, 한방)이나 요행을 바라서는 금융시장에서 절대 롱런(Long Run)할 수 없다. 좀 더 체계적이고 과학적인 접근과 이에 근거한 논리가 절실히 필요한 때다.

무엇을 하기에 너무 늦은 때란 없다. 연령층을 불문하고, 한 살이라도 젊은 지금이 바로, 시스템 트레이딩이라는 블루오션(Blue Ocean)에 도전해야 할 때다.

2장

시스템 환경 구축과 준비

KGV Kurs FFM
17:47h
151,88
107,02
169,86
Divi-
MK in

소프트웨어 비전공자도 시스템을 개발할 수 있을까?

시스템 트레이딩을 하기 위해서는 기본적으로 매매 프로그램 기획 및 코드 작성, 시뮬레이션 등의 전반적인 개발 작업을 사용자가 직접 진행해야 한다. 소프트웨어 비전공자에게는 이러한 작업 내용이 다소 생소하고 어렵게 느껴질 수도 있다. 하지만 각 증권사에서는 이러한 문제를 해결하기 위해 프로그램에 익숙하지 않은 사용자들도 자신이 원하는 매매 전략을 프로그램화할 수 있도록 여러 가지 편리한 기능들을 제공하고 있다. 그렇기에 소프트웨어 비전공자도 이러한 기능을 활용해 충분히 자신만의 전략을 프로그램화하는 것이 가능하다(시스템 트레이딩에서 가장 중요한 것은 전략이며, 프로그래밍 능력이 아니다).

그럼 시스템을 개발하는 방식에는 어떤 것이 있으며, 각 방식의 장단점 및 특성에 대해 한번 살펴보도록 하자. 먼저, 시스템 개발은 프로그램 개발 환경에 따라 (A) 예스트레이더(YesTrader)와 같은 증권사 Application 내에서 시스템을 개발하는 방식과 (B) OpenAPI를 이용해 시스템을 개발하는 방식으로 크게 분류된다.

(A) 증권사 Application 내에서의 시스템 개발

[자료 1] 증권사 Application 내에서의 시스템 개발 개요도

먼저, '(A) 증권사 Application 내에서의 시스템 개발'은 [자료 1]과 같이, Application 내에 포함되어 제공되는 프로그래밍 언어(Language)를 사용하며, 그 작성 방식에 따라 시스템을 구현한다. 이는 프로그래밍을 처음 접하는 사용자들도 쉽게 접근할 수 있도록 트레이딩에 특화된 환경으로 구축되어 있으며, 그 특징 및 장점을 살펴보면 다음과 같다.

첫째, 프로그래밍 언어(Language) 자체가 단순하고, 트레이딩에 필요한 전반적인 개발 환경이 모두 패키지로 제공된다. 소프트웨어 비전공자도 접근하기 쉽도록 프로그래밍 언어 자체가 비교적 단순하고 편리하게 구성되어 있다. 또한, 프로그램을 작성하고 실행하는 전반적인 모든 과정이 Application 내에 세팅되어 있어 추가 설치 없이 바로 전략 프로그램의 작성과 실행 및 테스트를 할 수 있다.

둘째, 금융상품의 매매에 필요한 전반적인 기능들을 모두 함수로 제공한다. 매매 프로그램(전략)을 작성하기 위해서는 차트 데이터뿐만 아니라 각종 기술적 지표 및 전략의 성과 분석 등, 수많은 데이터 산출 기능을 필요로 한다. 하지만 이러한 기능들은 이미 프로그래밍 언어에서 함수로 편리하게 제공되고 있으므로, 보다 직관적으로 편리하게 매매 프로그램을 작성할 수가 있다.

셋째, 기본적으로 매매 프로그램(전략)이 차트와 연동됨으로써 전략 분석이 쉽다. 작성된 매매 프로그램은 차트와 연동해 실행되며, 발생된 시그널의 상태 및 성과 등을 차트에서 바로 확인할 수 있다. 또한 자신만의 지표 프로그램도 작성할 수 있어, 이를 매매 프로그램과 연동해 함께 분석해볼 수 있다.

넷째, 시뮬레이션 기능이 제공된다. 매매 프로그램(전략) 개발 시, 미리 개발단계에서부터 실시간 실전 투자를 통해 전략식의 코딩을 검증해 볼 수는 없는 노릇이다. 이는, 많은 시간이 소요될 뿐만 아니라, 위험성 또한 무척 크기 때문이다. 이에, Application에서 제공되는 시뮬레이션 기능을 통해 이러한 비효율성을 개선할 수가 있다. 이렇듯, 매매 프로그램을 과거의 일정 기간에 적용해 어느 정도의 성과가 나오는지를 예측해봄으로써, 전략식의 검증 및 수정·보완을 통해 전략의 완성도를 더욱 향상시킬 수가 있다.

다섯째, 증권사 또는 프로그램 개발사에서 제공되는 Q&A 커뮤니티 및 예제를 편리하게 활용할 수가 있다. 프로그램 개발 시, 문제가 있거나 문의 사항이 있는 경우, Q&A 커뮤니티에 등록(문의)해 해결할 수 있다. 또한, 다양한 예제 전략들을 커뮤니티에서 직접 검색해 매매 프로그램 개발에 참조하거나 활용할 수가 있다.

반면, '(A) 증권사 Application 내에서의 시스템 개발' 방식에 대한 단점을 살펴보면, 다음과 같다.

첫째, 증권사 Application에 의존됨으로써 개발의 자율성이 떨어진다. 모든 기능이 증권사 Application 안에서 수행되기 때문에, 제공된 기능 외에 별도의 기능을 추가하기가 어렵다(하지만 Application에서 제공된 기능만으로도 충분히 성공적인 시스템을 구현할 수가 있어서 크게 문제가 되지는 않는다).

둘째, 외부 데이터의 접근 방식에 다소 제약사항이 있다. 외부 데이터의 접근 방식이 DDE(Dynamic Data Exchange), DB(Database), Excel file 등 몇 가지로 한정되어 있다. 이에, 한정된 접근 방식이 사용자의 요구에 따라서는 다소 제약사항이 될 수도 있다.

이처럼, '(A) 증권사 Application 내에서의 시스템 개발' 방식은 단점에

비해 많은 장점이 있다. 또한, Application 내에서 모든 개발이 이루어지기 때문에, Application을 실행할 수 있는 환경만 구축되면, 시스템 개발을 위한 모든 준비 절차가 완료된다. 그리고, 트레이딩에 특화된 프로그래밍 언어를 사용하기 때문에, 이를 처음 접하는 사용자도 간단한 구현 방법만 익히면 바로 개발할 수 있다. 아울러, Application의 공식 커뮤니티(가이드 및 Q&A, 전략코딩 예제 등)가 지원되고 있어, 더욱 편리하게 시스템 개발에 접근할 수가 있다.

(B) OpenAPI를 이용한 시스템 개발

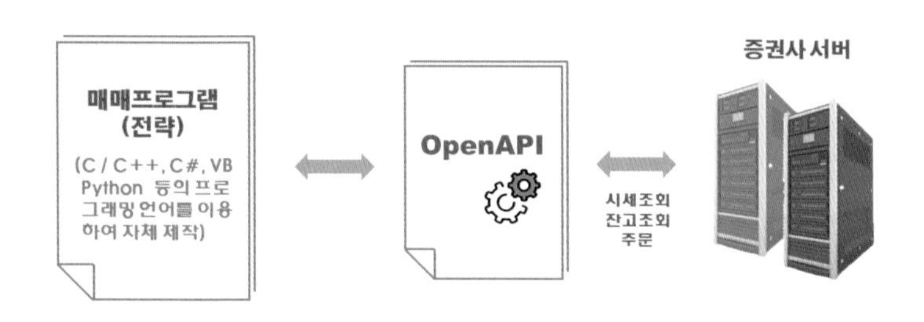

[자료 2] OpenAPI를 이용한 시스템 개발 개요도

먼저 API(Application Programming Interface)란, 응용 프로그램 개발자들이 애플리케이션(Application)을 만들 때, 운영체제에서 동작하는 프로그램을 쉽게 만들 수 있도록 화면 구성이나 프로그램 동작에 필요한 각종 함수를 모아서 파일 형태로 제공되는 함수의 집합체를 말한다. 여기에

서, 'OpenAPI'는 누구나 사용할 수 있도록 공개(Open)된 API라는 의미에서 붙여진 명칭이며, 프로그램 개발자는 운영체제의 상세한 기능을 몰라도 공개된 몇 개의 API만으로도 응용 프로그램을 개발할 수가 있게 된다.

이렇듯 'OpenAPI'는 증권사에서 제공하는 연결 모듈(Module)로서, [자료 2]와 같이, 사용자가 C/C++, C#, VB, Python 등의 일반적인 프로그래밍 언어(Language)를 이용해 자체 제작한 프로그램이 증권사 서버에 접속해 시세 조회/잔고 조회/주문 등을 수행할 수 있도록 연결(Interface)·지원해주는 역할을 하게 된다.

이어, '(B) OpenAPI를 이용한 시스템 개발' 방식의 특성 및 장점을 살펴보면, 다음과 같다.

첫째, 자신만의 고유한 매매 프로그램을 만들 수가 있다. OpenAPI에서는 시세 조회, 잔고 조회, 주문 등에 필요한 아주 기본적인 기능만 제공되는 반면, 추가 기능 구현에 있어 제약이 없다. 이에, OpenAPI에서 제공되는 기본 기능 이외의 모든 것을 사용자가 직접 개발해야 하는 로드는 늘어나지만, (역으로) 자신이 원하는 시스템을 만들 수 있는 장점이 된다.

둘째, 자신에게 익숙한 프로그래밍 언어(Language)를 선택할 수가 있다. 일반적으로, 소프트웨어 개발자의 경우 자신이 선호하는 특정 프로그래밍 언어가 있다. 이에, OpenAPI에서는 모든 프로그래밍 언어를 지원하지는 않지만 주로 많이 사용되는 일반적인 프로그래밍 언어들을 지원하고 있어, 자신이 원하는 언어(Language) 환경에서 개발할 수 있다.

셋째, 외부 데이터 접근 등 프로그래밍 가능한 모든 기능을 사용할 수가 있다. 위에서 언급한 바와 같이, OpenAPI 사용 시에는 모든 개발 환경을 사용자가 직접 구축해야 한다. 하지만 자신이 구축한 환경 내에서는 모든 기능을 제약 없이 구현할 수 있는 장점이 있다. 예로, '(A)증권사 Application 내에서의 시스템 개발' 방식에 비해 보다 확장된 파일 접근 및 네트워크 접근 등의 구현이 가능하다.

한편, '(B) OpenAPI를 이용한 시스템 개발' 방식의 단점을 살펴보면, 다음과 같다.

첫째, C/C++, C#, VB, Python 등의 프로그래밍 언어에 익숙해야 한다. 전문가적인 지식까지는 아니더라도, 어느 정도의 프로그래밍 언어에 대한 지식이 있어야만 개발할 수 있다.

둘째, 개발 환경을 직접 구축해야 한다. 증권사로부터 OpenAPI 모듈(Module)만 제공되기 때문에, 이 모듈을 사용한 나머지 개발 환경은 모두 사용자가 직접 구축해야 하는 번거로움이 있다.

셋째, 차트, 지표 등 분석 도구들을 직접 제작해야 한다. 매매 전략을 구현하기 위해서는 주가 데이터 외에도 기술적 지표, 시뮬레이션, 성과 분석 등의 많은 기능들이 필요하다. 이러한 기능들은 OpenAPI에서는 제공되지 않으므로 사용자가 직접 구현해야 한다. 또한, 차트창, 성과 표시와 같은 시각적인 표현 등, 보조적인 기능들도 직접 구현해야 하는 단점이 있다. 대체로, 전략 알고리즘을 연구하는 시간보다 필요한 기능구현에 더 많은 시간과 노력이 소요된다. 이에, 자칫 주객이 전도되는 상황이 발생할 수도 있다.

위와 같이, '(A) 증권사 Application 내에서의 시스템 개발' 방식과, '(B) OpenAPI를 이용한 시스템 개발' 방식은 각자 나름의 명백한 장단점이 존재한다. 이에, 어느 방식이 좋고 나쁨을 단순하게 단정 지을 수는 없다. 하지만 (B) OpenAPI를 이용한 방식의 접근은 기본적으로 프로그래밍 언어에 대한 일정 수준 이상의 지식과 경험이 요구될 뿐만 아니라, 대부분의 기능들을 모두 사용자가 직접 구현해야 하기 때문에 많은 시간과 노력이 소요된다. 이에, 좀 더 편리하고 손쉽게 접근할 수 있고 주변(커뮤니티)의 도움을 충분히 받을 수 있는 '(A) 증권사 Application 내에서의 시스템 개발' 방식으로 접근하길 적극적으로 권장한다. (B) OpenAPI 방식을 반드시 사용해야만 비로소 전략 알고리즘의 구현이 가능한 경우가 아니라면 말이다.

앞에서도 언급한 바와 같이, "시스템 트레이딩에서 가장 중요한 것은 전략이며, 프로그래밍 능력이 아니다."

자동매매툴이란 무엇이며, 어떤 것들이 있는가?

자동매매가 가능한 트레이딩 시스템을 원칙적인 교범(FM: Field Manual)대로 모든 기능을 직접 개발하고자 한다면, 상당히 어렵고 복잡한 과정을 거치게 된다. 우선, 증권사마다 별도로 제공되는 API(Application Programming Interface)에서 지원하는 프로그래밍 언어(VB, 엑셀, C#, C++, VC++, 파이선 등)를 사용해 시스템을 개발해야 한다. 소프트웨어에 대한 전문적인 지식 없이는 접근하기가 무척 까다롭다고 할 수 있다. 또한, 프로그래밍 언어부터 배워야 한다면 시스템 구현에 무척 오랜 시간과 노력이 요구될 것이다. 이렇듯 복잡하고 어려운 과정을 거치지 않고도 쉽게 시스템 트레이딩에 접근할 수 있는 방법은 없을까?

앞에서 살펴본 바와 같이 증권사 Application 즉, 자동매매툴이란 것이 있다. 소프트웨어 비전공자도 손쉽게 전략 시스템을 개발할 수 있도록 각 증권사에서는 자동매매툴을 제공하고 있다. 자동매매툴이란, 시스템 트레이딩을 위한 랭귀지, 전략 시뮬레이션, 성능 평가를 위한 각종 보고서 산출 및 실시간 자동주문 기능을 모두 일괄 지원함으로써 자동매매에 최적화된 프로그램을 말한다. 이로써, 전략의 개발부터 자산의 운용까지 시스템 트레이딩에 필요한 대부분의 기능들을 편리하게 활용할 수 있게 된다. 이렇듯, 자동매매툴은 자동매매에 최적화된 시스템 트레이딩 전용 HTS(Home Trading System)라고 보면 된다.

한편, 자동매매툴에는 여러 가지 장점들이 있다. 시뮬레이션, 성능 평가 및 자동주문 기능들이 툴에서 기본으로 제공되기 때문에 사용자는 전략을 만드는 일에만 집중하면 된다. 결국, 손익의 성과는 전략의 성능에 따라 결정되기 때문에, 시스템 트레이딩에서는 매매 전략이 가장 중요하다고 볼 수 있다. 그렇기에 진짜 중요하고 핵심적인 일만 하면 되는 것이다. 또한, 자동매매에 특화된 별도의 프로그래밍 언어를 사용하기 때문에 소프트웨어 코딩(Coding)에 경험이 없는 초급자도 손쉽게 접근할 수가 있다. 심지어는 회사의 홈페이지를 통해서 내가 원하는 매매 전략을 기술해 의뢰하면, 하루나 이틀 안에 전략식을 작성(Coding)해 제공해 주기도 한다. 또한, 다른 트레이더들이 의뢰한 매매 전략들도 홈페이지를 통해 볼 수가 있기 때문에, 이 또한 전략 개발에 많은 도움과 참조가 된다. 아울러, 전화 상담, 원격지원 및 정기적인 교육세미나도 제공된다. 이처럼, 자동매매툴은 상당히 많은 장점들을 가지고 있다.

그럼, 대표적인 자동매매툴에는 어떤 것이 있을까? 증권사에서 제공하고 있는 자동매매툴의 종류는 크게 3가지로 나뉜다(외국 및 유료서비스 툴은 제외함). 이는 예스랭귀지(Yes Language), 사이보스랭귀지(Cybos Language), 시그널랭귀지(Signal Language) 계열로 나뉜다. 여기에서 각 계열별로 지원되는 자동매매툴의 종류와 특성을 좀 더 살펴보면, 다음과 같다.

첫째, 많은 국내 증권사들이 예스스탁(주)과 함께 개발한 예스트레이더(YesTrader)라는 자동매매툴이 있다. 이 툴에서 사용하는 예스랭귀지(YesLanguage)라는 언어는 프로그래밍 언어에 익숙하지 않은 사용자도 단기간에 배워 사용할 수 있는 쉬운 언어다. 이는, 일반 컴퓨터 레벨의 시스템 언어로서 지표, 검색, 강조, 시스템 전략을 자유롭게 작성할 수 있다. 아울러, 자바스크립트(Java Script) 랭귀지에 기반을 둔 예스스팟(YesSpot)이라는 확장된 기능의 트레이딩 툴이 함께 지원된다. 이로써, 차트의 매매 신호, 계좌의 잔고, 주문의 체결과 미체결, 시세 데이터 등을 이용해 한층 더 폭넓고 다양한 전략을 구현할 수 있다.

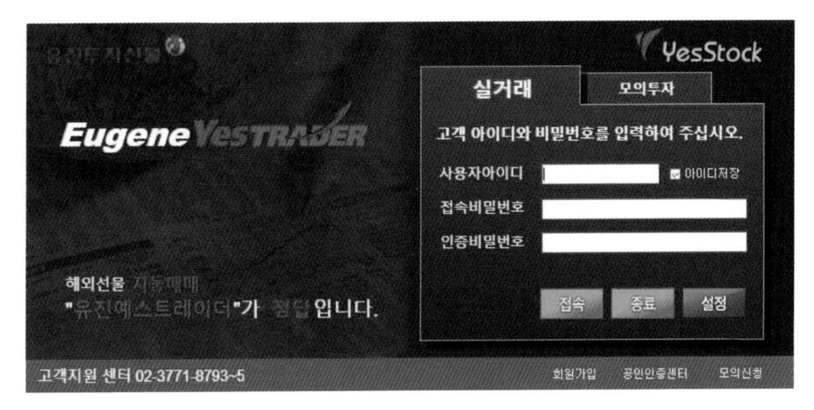

[자료 1] 유진 예스트레이더 자동매매툴(유진투자선물)

한편 [자료 1]의 예시와 같이, 예스트레이더(YesTrader)를 제공하는 증권사(7개사)는 아래와 같다.

- Eugene YesTrader(유진투자선물)
- 예스트레이더(하이투자증권)
- NH트레이더(NH투자증권)
- YesGlobal(NH선물)
- 하이투자선물 YesTrader(하이투자선물)
- eFriendGlobal YesTrader(한국투자증권)
- eBest YesTrader(이베스트투자증권)

둘째, 대신증권에서 개발한 사이보스트레이더(CYBOS Trader)라는 자동매매툴이 있다. 이는, 사이보스랭귀지(Cybos Language)라는 자동매매에 특화된 일반 컴퓨터 레벨의 시스템 언어를 사용한다. 이 또한, 프로그래밍 언어에 익숙하지 않은 사용자도 단기간에 배워 사용할 수 있는 쉬운 언어이며, 지표, 검색, 강조, 시스템 전략 등을 자유롭게 작성할 수 있다.

[자료 2] 사이보스트레이더 자동매매툴(대신증권)

한편 [자료 2]와 같이, 사이보스트레이더(Cybos Trader)를 제공하는 증권사(1개사)는 아래와 같다.

- CYBOS Trader (대신증권)

셋째, 한국금융IT(주)에서 개발한 시그널메이커(Signal Maker)라는 자동매매툴이 있다. 이는, 시그널랭귀지(Signal Language)라는 자동매매에 특화된, 자연어와 유사한 일반 컴퓨터 레벨의 시스템 언어를 사용하며, 지표, 검색, 강조, 시스템 전략 등을 자유롭게 작성할 수 있다.

[자료 3] 시그널메이커 자동매매툴(키움증권)

한편 [자료 3]과 같이, 시그널메이커(Signal Maker)를 제공하는 증권사(2개사)는 아래와 같다.

- 시그널메이커 (키움증권)
- 시그널메이커 (하나금융투자)

처음부터 어렵게 가지 말자. 모든 기능을 직접 만들어가면서 시스템트레이딩을 어렵게 출발할 필요는 없다. 그러기엔 상상 이상의 부수적인 작업이 너무 많다. 차라리 그 시간에 매매 전략을 하나라도 더 연구하는 것이 좋다. 무료로 제공되는 자동매매툴이라 해서 그 기능과 성능을 절대 과소평가하지 말자. 또한, 주어진 기능들을 활용하기에 따라,다른 프로그램(예: 엑셀, MSSQL DB 등)과의 연동 및 확장기능 또한 무궁무진하다. 필자도 역시 자동매매툴(예스트레이더)을 실전에서 사용한다. 아직은 기능이 지원되지 않아 구현하지 못한 전략은 단 한 건도 없으니 말이다.

컴퓨터 하드웨어 사양은 어느 정도 필요한가?

시스템 트레이딩을 처음 접하는 사람들 중 대부분은 왠지 컴퓨터의 성능이 아주 좋아야만 할 것 같다고 생각한다. 소프트웨어나 하드웨어 관점에서 '시스템'이란 단어는 그리 호락호락 아무 데다 갖다 쓸 수 있는 표현이 아니기 때문이기도 하다. 이러한 뉘앙스 때문에 아주 높은 수준의 하드웨어 사양이 필요하지 않을까 예상하는 것도 결코 무리는 아니다. 높음의 기준이 모호하지만, 결론부터 말씀드리자면 그렇지 않다.

그럼, 높지 않다면 구체적으로 어느 정도의 컴퓨터 사양이 필요할까? 한번 살펴보자. 앞서 소프트웨어 랭귀지와 프로그램의 선택에 대해 살펴보고 추천해드린 바와 같이, 우리가 주로 사용하게 될 자동매매툴의 기준으로 볼 때는 그렇게 높은 사양의 컴퓨터가 필요한 것은 아니다. 예스트레이더의 경우, 프로그램 구동에 필요한 하드웨어의 최소 요구 사양은 그리 높지 않다. OS는 MS윈도우7 이상, CPU는 인텔사 기준 i3 이상, 램 메모리는 4G 이상 정도다. 이 정도의 사양이라면 우리가 가정에서 흔히 쓰고 있는 컴퓨터(PC)의 수준과 비슷하거나 오히려 더 낮다. 요즘은 가정에서 PC로 인터넷 게임을 많이 하는데, 이때의 하드웨어 요구 사양이 오히려 훨씬 더 높다. 그렇다면, 일반 가정에 쓰고 있는 일반PC를 시스템 트레이딩에 사용해도 되지 않을까? 맞다. 구입한 지 너무 오래된 것만 아니면 말이다.

그렇지만, 여기에서 몇 가지 짚고 넘어가야 할 주의 사항이 있다. 그 핵심은 바로 컴퓨터의 안정성이다. 시스템 트레이딩에서는 성능보다는 안정성이 더 중요하다. 게임을 할 때는 게임의 용도에 맞게 컴퓨터를 구성해야 하듯이, 시스템 트레이딩 또한 그 용도에 맞게 구성되어야 한다.

[자료 1] 고성능 CPU 쿨링팬 예시

시스템 트레이딩은 오랜 시간 즉, 거의 매일 10~24시간 구동된다는 특징이 있다. 그래서 컴퓨터 CPU에 열이 많이 난다. 자동차로 치면 가속페달을 일정 수준으로 계속 밟고 있는 것과 같다. 자동차에서 냉각장치가 엔진의 열을 식혀 주듯이, 컴퓨터에서는 [자료 1]과 같이 쿨링팬이 CPU의 열을 식혀주는 역할을 담당하고 있다.

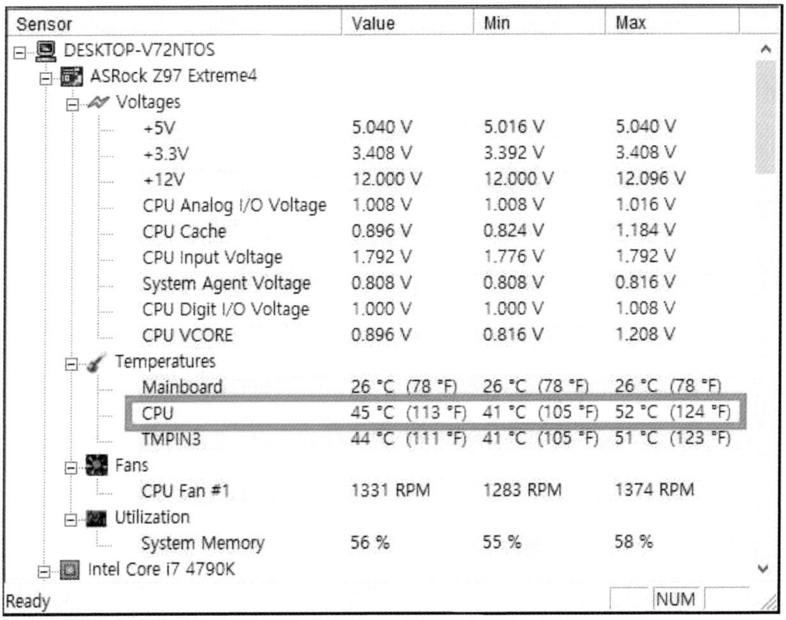

Sensor	Value	Min	Max
DESKTOP-V72NTOS			
ASRock Z97 Extreme4			
Voltages			
+5V	5.040 V	5.016 V	5.040 V
+3.3V	3.408 V	3.392 V	3.408 V
+12V	12.000 V	12.000 V	12.096 V
CPU Analog I/O Voltage	1.008 V	1.008 V	1.016 V
CPU Cache	0.896 V	0.824 V	1.184 V
CPU Input Voltage	1.792 V	1.776 V	1.792 V
System Agent Voltage	0.808 V	0.808 V	0.816 V
CPU Digit I/O Voltage	1.000 V	1.000 V	1.008 V
CPU VCORE	0.896 V	0.816 V	1.208 V
Temperatures			
Mainboard	26 °C (78 °F)	26 °C (78 °F)	26 °C (78 °F)
CPU	45 °C (113 °F)	41 °C (105 °F)	52 °C (124 °F)
TMPIN3	44 °C (111 °F)	41 °C (105 °F)	51 °C (123 °F)
Fans			
CPU Fan #1	1331 RPM	1283 RPM	1374 RPM
Utilization			
System Memory	56 %	55 %	58 %
Intel Core i7 4790K			

Ready NUM

[자료 2] CPU 온도측정 소프트웨어(HWMonitor)

자동매매툴의 사용과 함께 전자동화 매크로 기능을 포함하게 된다면, CPU 이용률은 15~30% 이상의 수준을 항상 유지하게 된다(CPU 성능이 높을수록 이용률은 낮아짐). 여기에서, CPU 이용률이 증가하면 CPU 온도가 상승하고, CPU 온도가 높게 유지되면 그만큼 컴퓨터의 수명이 단축된다. 나아가, 모든 프로그램의 안정성에도 문제가 발생한다. 이에, 냉각성능이 조금이라도 더 좋은 쿨링팬을 사용함으로써 평균 CPU 온도가 높은 상태로 유지되지 않도록 관리할 필요성이 있다(자료 2 참조, 55도 이하 추천). 쿨링팬은 비싸지 않다. 아끼지 말아야 한다.

또한, 별도의 그래픽카드는 장착하지 않는 것이 좋다. 전력소비 문제뿐만 아니라 그래픽카드 또한 열이 많이 난다. 그리고 비싸다. [자료 3]과 같이 일반적인 마더보드에는 그래픽카드(기능)가 내장되어 있다. 이를 이용해 모니터를 연결하면 된다. 시스템 트레이딩에서는 고사양의 그래픽카드가 요구되지 않는다. 마더보드에 그래픽카드(기능)가 포함되어 있지 않은 경우라면 저렴한 그래픽카드를 사용해도 무방하다. 요즘은 인터넷게임을 할 목적으로 그래픽카드의 사양을 매우 높게 구성하는데, 이 가격이 CPU가격보다 비싼 경우도 있다. 차라리 이 가격으로 쿨링팬과 CPU의 성능을 한 단계 더 업그레이드하는 것이 더욱 바람직할 것이다.

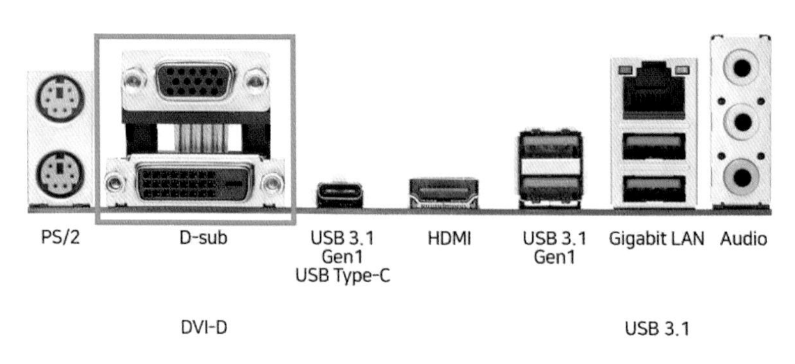

[자료 3] 컴퓨터 후면에 위치한 모니터 연결 접속단자 예시

아울러, 노트북은 추천하지 않는다. 데스크톱 대비 노트북은 열이 많이 난다. 노트북을 많이 사용하다 보면 엄청 뜨거워지는 것을 자주 경험했을 것이다. 휴대하기 좋게 얇게 만들다 보니 쿨링팬 역시 조그마한 게 장착되어 있다. 개발용으로서는 아무 상관 없다. 하지만 오랜 시간 구동되어야 하는 트레이딩 시스템으로서는 적합하지 않다.

하드웨어의 관점에서 위의 우려사항들은 모두 열 발생과 안정성의 반비례 관계로 모인다. 열이 많이 발생할수록 안정성이 떨어진다는 논리다. CPU 사양이 높을수록, 쿨링팬 성능이 좋을수록, 그리고 필요 없는 추가부품은 되도록 사용하지 않는 것이 시스템의 안정성을 높이는 방법이다(최소 추천 사양 : OS-MS윈도우10, CPU-인텔사 기준 i5 이상, 디스크-SSD 120G 이상, 램메모리-8G 이상, 마더보드-그래픽카드(기능) 포함 모델, 고성능 쿨링팬 등).

그럼, 사양에 맞게 처음부터 컴퓨터를 새로 장만해야만 할까? 그럴 필요까지는 없다. 윈도우10이 무난히 돌아가는 수준이라면, 데스크톱이든 노트북이든 충분히 시스템을 개발할 수가 있다. 제일 중요한 것은 하드웨어의 성능이 아니라 전략 알고리즘의 성능이다. 이것이 손익을 좌우한다. 컴퓨터가 구닥다리라서, 열이 많이 나서, 수익 날 게 손실 나고 손실 날 게 수익 나지 않는다.

매매 대상 종목에는 어떤 것이 있는가?

시스템 트레이딩의 매매 대상 종목(이하, 상품이라고도 함)에는 어떤 것이 있는지 한번 살펴보자. 시스템 트레이딩 또한 다른 HTS(Home Trading System)와 마찬가지로, 모든 매매 거래는 거래소 시장에서 이루어진다. 우선, 거래소 시장에서는 어떤 상품들이 거래되는지 알아보자.

금융상품은 [자료 1]과 같이, 크게 금융 투자 상품과 비금융 투자 상품으로 나뉘고, 금융 투자 상품은 다시 증권과 파생상품으로 나눠진다. 여기에서, 거래소 시장의 거래 여부에 따라 시스템 트레이딩의 거래 대상 여부가 결정된다. 이에, [자료 1]에 표시된 증권과 장내 파생상품이 시스템 트레이딩의 주요 매매 대상 종목이 된다.

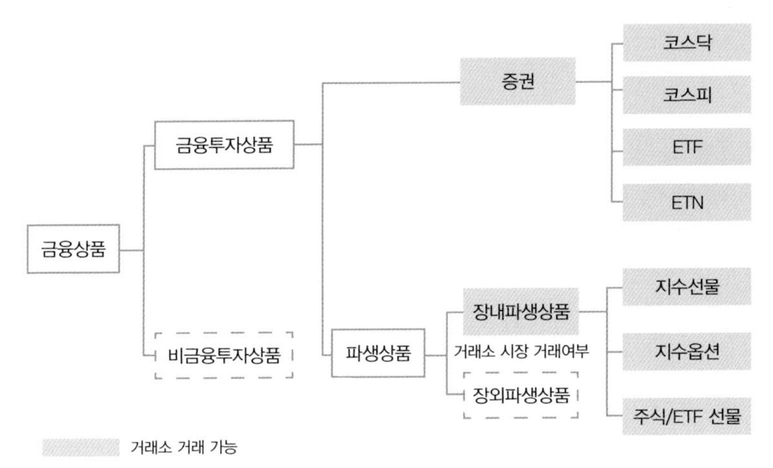

[자료 1] 금융상품의 분류 및 거래소 거래 가능 종목

우선, 자동매매툴에서 거래할 수 있는 증권상품에는 코스피와 코스닥으로 분류되는 모든 주식 종목들뿐만 아니라, ETF, ETN 상품도 포함된다[자료 2].

- 코스피 (KOSPI, Korean Composite Stock Price Index)

- 코스닥 (KOSDAQ, Korea Securities Dealers Automated Quotation)

- ETF (상장지수펀드, Exchange Traded Fund) : KOSPI200지수와 같은 특정 주가지수의 수익률을 따라가는 지수연동형 펀드를 구성한 뒤, 이를 거래소에 상장해 주식처럼 실시간으로 매매할 수 있도록 발행·유통·환매 구조를 변형한 상품

- ETN (상장지수채권, Exchange Traded Note) : 상장지수펀드(ETF)와 마찬가지로 거래소에 상장돼 손쉽게 사고팔 수 있는 채권 상품

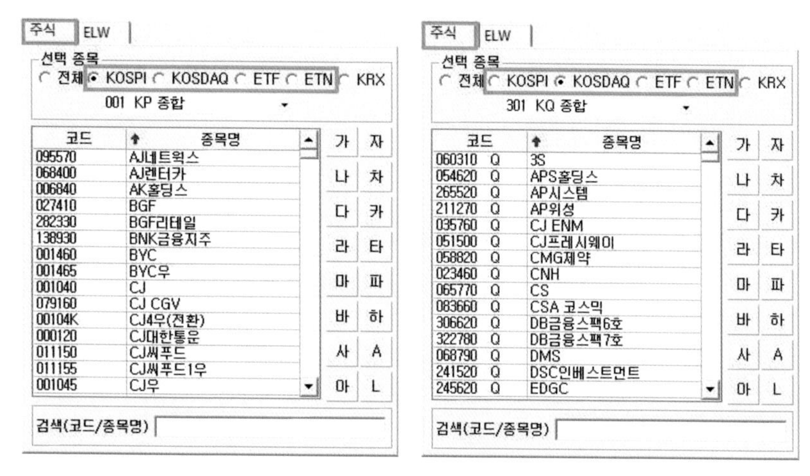

[자료 2] 시스템 트레이딩에서 거래 가능한 증권상품의 종류

또한 [자료 3]과 같이, 파생상품에는 지수 선물과 옵션, 그리고 주식·ETF 선물상품으로 나뉘며 모두 거래할 수 있다. 선물에는 지수 선물과 주식 선물로 크게 나뉜다. 지수 선물의 세부 종목에는 코스피200지수, 미니코스피200지수, 코스피200변동성지수, 코스피200섹터지수, 코스닥150지수, 유로스톡스50지수, KRX300지수 등이 있다. 또한, 주식·ETF 선물상품에도 수많은 세부 종목들이 있다.

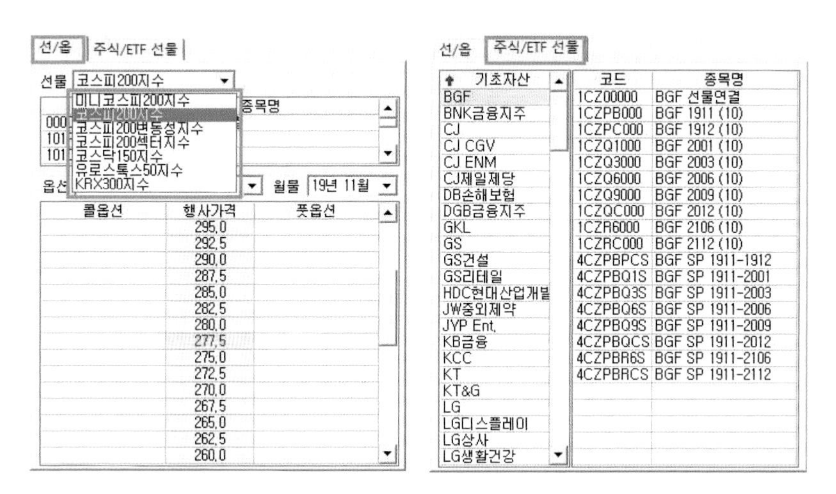

[자료 3] 시스템 트레이딩에서 거래 가능한 파생상품의 종류

이처럼, 국내 거래소에서 거래되는 수많은 다양한 종목들이 모두 시스템 트레이딩의 매매 대상이 된다. 또한, 위에서 살펴본 대상 종목 이외에도, 해외선물과 가상화폐 상품 또한 시스템 트레이딩의 매매 거래가 가능하다. 이 종목들에 대해서도 이어서 살펴보도록 하자.

주식뿐만 아니라 해외선물과 가상화폐도 모두 거래 가능한가?

시스템 트레이딩으로 거래 가능한 종목에는 앞서 살펴본 바와 같이 국내 주식과 선물·옵션뿐만 아니라, 해외선물 상품 또한 거래할 수 있다. 해외선물에는 여러 종류의 상품들(이하, 종목이라고도 함)이 있다. [자료 1]과 같이, 6가지 상품군(통화, 금리, 지수, 금속, 에너지, 농산물)이 있으며, 상품군마다 여러 세부 종목들로 구성되어 있다. 이 모든 종목(총 98개)이 시스템 트레이딩으로 거래가 가능하다.

해외선물의 통화 상품군에는 달러, 유로, 파운드, 엔 등 여러 국가들의 통화 관련 종목들이 있으며[자료 1-1], 금리 상품군에는 채권 관련 종목들이 주를 이룬다[자료 1-2].

통화 | 금리 | 지수 | 금속 | 에너지 | 농산물

상품	상품명	거래소
6A	CME 호주달러	CME
6B	CME 영국파운드	CME
6C	CME 캐나다달러	CME
6E	CME 유로화	CME
6J	CME 일본엔	CME
6M	Mexican Peso	CME
6N	뉴질랜드달러	CME
6S	CME 스위스프랑	CME
DX	ICE 달러인덱스	ICE
E7	E-mini 유로Fx	CME
J7	E-mini 일본엔	CME
M6A	E-Micro 호주달러	CME
M6B	E-Micro 파운드	CME
M6C	E-Micro 캐나다달러	CME
M6E	E-Micro 유로화	CME
MJY	CME E-micro 일본엔	CME
OADU	CME 호주달러	CME
OEUU	CME 유로화	CME
OGBU	CME 영국파운드	CME
OJPU	CME 일본엔	CME
RP	CME 유로/파운드	CME
RY	CME 유로/엔	CME

[자료 1-1] 해외선물의 통화 상품군

통화 | 금리 | 지수 | 금속 | 에너지 | 농산물

상품	상품명	거래소
FGBL	Euro Bund 독일국채10	EUREX
FGBM	Euro Bobl 독일국채5년	EUREX
FGBS	EUREX Shaz 독일국채	EUREX
FGBX	Euro BUXL 30yr Bond	EUREX
GE	CME 유로달러금리	CME
OZB	CBOT 미30년채	ECBOT
OZF	CBOT 미5년채	ECBOT
OZN	CBOT 미10년채	ECBOT
OZT	CBOT 미2년채	ECBOT
SJB	SGX mini 일본국채10년	SGX
TN	울트라 미10년채	ECBOT
UB	울트라 미채권	ECBOT
ZB	CBOT 미30년채	ECBOT
ZF	CBOT 미5년채	ECBOT
ZN	CBOT 미10년채	ECBOT
ZT	CBOT 미2년채	ECBOT

[자료 1-2] 해외선물의 금리 상품군

또한, 지수 상품군에는 경제 뉴스를 통해 많이 접하게 되는 다우존스, 나스닥, 항셍, 니케이 등과 같은 해외국가들의 지수 관련 종목들이 주를 이룬다[자료 1-3]. 그리고 금속군은 금, 은, 구리, 플래티늄 등의 금속원자재 관련 종목들로 구성된다[자료 1-4].

통화 | 금리 | 지수 | 금속 | 에너지 | 농산물

상품	상품명	거래소
EMD	미니MidCap400	CME
ES	CME S&P 500 Mini	CME
FDAX	독일 DAX지수	EUREX
FESX	DJ EURO STOXX 50	EUREX
FSMI	스위스지수	EUREX
HHI	홍콩 H-Shares Index	HKE
HSI	홍콩 항셍지수	HKE
JNI	오사카 니케이 225	OSE
MCH	미니H-Shares지수	HKE
MES	CME S&P 500 Micro E-	CME
MHI	미니항생지수	HKE
MNQ	CME 나스닥 100 Micro	CME
MYM	CBOT 다우존스 Micro I	ECBOT
NIY	CME 니케이 엔	CME
NKD	CME 니케이 225 $	CME
NQ	CME 나스닥 100 Mini	CME
OES	CME SP 500 Mini	CME
OFDAX	독일 DAX지수	EUREX
OFESX	DJ EURO STOXX 50	EUREX
OHHI	홍콩 H-Shares Index	HKE
OHSI	홍콩 Hang Seng Index	HKE
OJNI	오사카 니케이225옵션	OSE
ONQ	CME 나스닥 100 Mini	CME
SCN	싱가폴 FTSE CHINA A5	SGX
SIN	싱가폴 CNX Nifty	SGX
SNK	SGX 니케이 선물	SGX
SSG	싱가폴 MSCI	SGX
STW	MSCI타이완	SGX
YM	CBOT 다우존스 Mini	ECBOT

[자료 1-3] 해외선물의 지수 상품군

통화 | 금리 | 지수 | 금속 | 에너지 | 농산물

상품	상품명	거래소
GC	NYMEX GOLD	CME
HG	COPPER	CME
MGC	NYMEX E-micro GOLD	CME
OGC	NYMEX GOLD	CME
OSI	NYMEX 실버	CME
PA	팔라디움	CME
PL	플래티늄	CME
SI	NYMEX 실버	CME

[자료 1-4] 해외선물의 금속 상품군

한편, 에너지 상품군은 오일, 난방유, 천연가스 등 에너지원료 관련 상품이 주를 이루며[자료 1-5], 농산물 상품군은 커피, 옥수수, 콩, 밀 등의 식자재 관련 상품들로 구성된다[자료 1-6].

이상과 같이, 다양한 해외선물 종목들 모두 시스템 트레이딩으로 매매 거래가 가능하다.

통화 | 금리 | 지수 | 금속 | 에너지 | 농산물

상품	상품명	거래소
BRN	브렌트유	ICE
BZ	브랜트 크루드 오일	CME
CL	NYMEX WTI원유	CME
HO	NYMEX 난방유	CME
NG	NYMEX 천연가스	CME
OBRN	브렌트유 옵션	ICE
OCL	NYMEX WTI원유	CME
ONG	NYMEX 천연가스	CME
QG	NYMEX 천연가스	CME
QM	NYMEX WTI원유	CME
RB	RBOB가솔린	CME

[자료 1-5] 해외선물의 에너지 상품군

통화 | 금리 | 지수 | 금속 | 에너지 | 농산물

상품	상품명	거래소
CT	ICE COTTON No.2	ICE
KC	ICE 커피 C	ICE
OZC	CORN	ECBOT
OZM	대두박	ECBOT
OZS	Soybeans	ECBOT
OZW	Wheat	ECBOT
SB	ICE 원당 No.11	ICE
ZC	CORN	ECBOT
ZL	대두유	ECBOT
ZM	대두박	ECBOT
ZS	Soybeans	ECBOT
ZW	Wheat	ECBOT

[자료 1-6] 해외선물의 농산물 상품군

나아가, 시스템 트레이딩으로 비트코인이나 이더리움 같은 가상화폐(암호화폐)도 거래할 수 있다. (주)예스스탁에서 2018년 말에 예스트레이더코인(YesTraderCoin)이라는 가상화폐 자동매매툴을 공개했다[자료 2]. 이 툴은 가상화폐 시장을 분석하고 매매하기 위한 PC 버전의 HTS(Home Trading System)다. 현재 업비트, 빗썸, 코인원, 코빗, 바이낸스의 시세를 제공 중이다. 그리고 앞서 살펴본 예스트레이더 자동매매툴과 마찬가지로, 똑같은 예스랭귀지 언어를 사용하기 때문에 보다 편리하게 코딩작업을 수행할 수가 있다. 또한 사용자 간 분석한 차트를 공유할 수 있는 차트쉐어(Chart Share) 기능이 있어, 다른 전문가가 구현한 지표나 신호를 공유해볼 수 있는 장점이 있다.

[자료 2] 가상화폐 자동매매툴(예스트레이더코인)

퀀트 투자 매매는 가능한가?

요즘, 각종 미디어를 통해 '퀀트 투자'라는 말을 자주 접하곤 한다. 여기에서 의문이 생긴다. 퀀트 투자도 인간의 감정을 배제하고 컴퓨터가 데이터를 분석해서 투자 결정을 해준다는데, 그럼 퀀트 투자는 뭐고, 시스템 트레이딩은 무엇일까?

우선, 퀀트란 무엇인지 알아보자. 퀀트(Quant)는 Quantitative(계량적인)와 Analyst(분석가)의 합성어다. 이는 수학·통계에 기반을 두어 투자 모델을 만들거나 금융시장 변화를 예측하는 사람을 말한다. 즉, 퀀트 투자는 수학·통계적 투자다. 퀀트의 정의에서도 볼 수 있듯이, 퀀트 투자의 경우는 수학·통계에 기반을 둔 알고리즘을 설계해 투자에 활용한다. 이때, 오로지 '숫자'에만 기반해 투자 결정을 내리는 방식이다. 이에 숫자로 된 모든 것이 퀀트의 분석 대상이 되는 것이다.

예를 들어, 주식의 PER(주가수익비율 price-earning ratio)이나 PBR(주가순자산비율 price on book-value ratio) 등의 숫자·통계 지표들을 조합해 투자전략을 수립하는 것이다. 이렇게 해서 만들어진 전략이 바로 퀀트전략 알고리즘이 되는 것이고, 이를 시스템(컴퓨터와 프로그램)으로 트레이딩(투자 결정·자동매매)하는 것이다. 즉, 퀀트 방식에 기반을 둔 알고리즘 전략으로 시스템 트레이딩을 하는 것이다[자료 1].

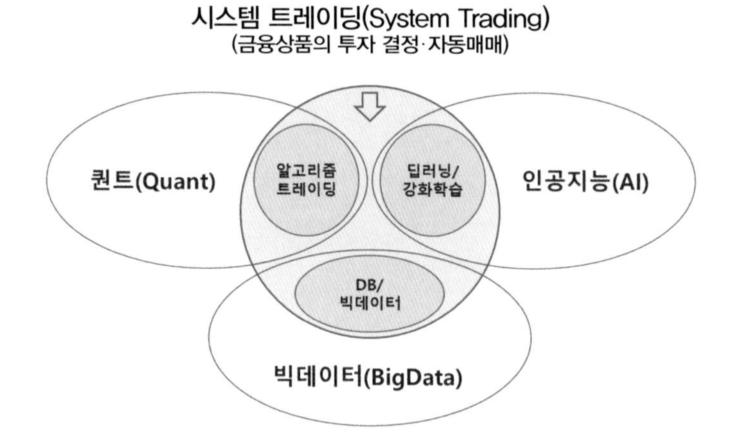

[자료 1] 시스템 트레이딩의 개념도

이처럼, 퀀트 투자 매매와 시스템 트레이딩은 다른 의미가 아니다. [자료 1]에서 보듯이, 시스템 트레이딩을 하는 방법 중에 퀀트 투자 매매가 포함된 것이다. 또한, 인공지능(AI) 분야의 딥러닝 혹은 강화학습 기술이나 빅데이터(Big Data) 분야의 광범위한 DB 분석 기술이, 금융상품의 트레이딩(투자 결정·자동매매)에 활용되는 것이다. 이렇듯, 기반을 둔 소프트웨어 기술의 방식과 개념에 따라, 퀀트, 빅데이터, 인공지능, 딥러닝, 알고리즘 등의 수식어로 각각 명명된다. 하지만 금융상품의 트레이딩(투자 결정·자동매매)을 위한 목적으로 활용될 때는 모두 시스템 트레이딩이 된다.

주식보다 파생상품은 위험한가?

시스템 트레이딩에서 주로 거래하는 대표적인 상품에는 주식과 파생상품이 있다. 이 파생상품 중 대표적인 것으로는 주가지수선물(이하, 선물이라 함)이 있다. 그런데, 흔히들 주식보다 파생상품이 더 위험하다고 인식하는 경향이 있다. 그럼, 왜 파생상품이 위험하다고들 할까? 그 해답은 레버리지(Leverage), 즉 지렛대의 비밀에 있다. 지렛대는 작은 힘으로 무거운 물체를 들어 올리는 도구다. 지렛대의 크기를 키워서 작은 힘으로 더 큰 효과를 본다. [자료 1]에서 보듯이, 지렛대가 길수록 같은 힘으로도 더 무거운 물체를 들어 올릴 수가 있다.

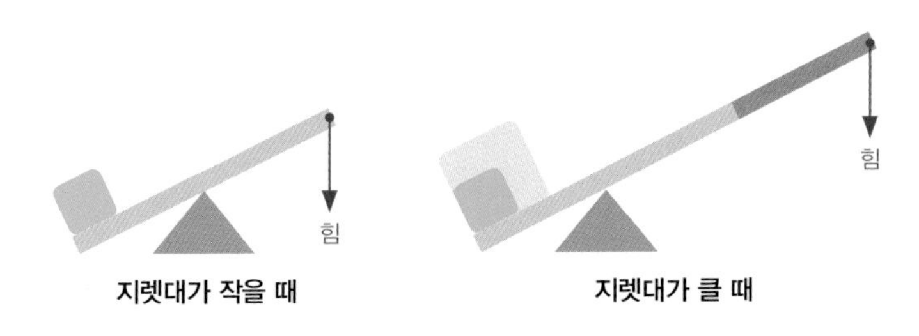

[자료 1] 도구의 길이 변화로 본 지렛대의 원리

그럼, 금융상품에서의 레버리지(지렛대의 원리)란 무엇인가? 바로 차입금을 통해서 수익을 극대화시키는 것을 말한다. 예를 들어보자. 주식 투자를 할 때 1억 원을 가지고 투자를 해서 20%의 수익을 올렸다면 수익금은 2,000만 원이 된다. 그런데 2억 원을 대출해서 총 3억 원을 투자해 20%의 수익을 올렸다면 수익금은 6,000만 원이 될 것이다. 두 경우 모두 수익률은 20%이지만, 자기 자본수익률은 각각 다르다. 첫 번째의 경우는 20%이지만, 두 번째의 경우는 60%가 된다[자료 2].

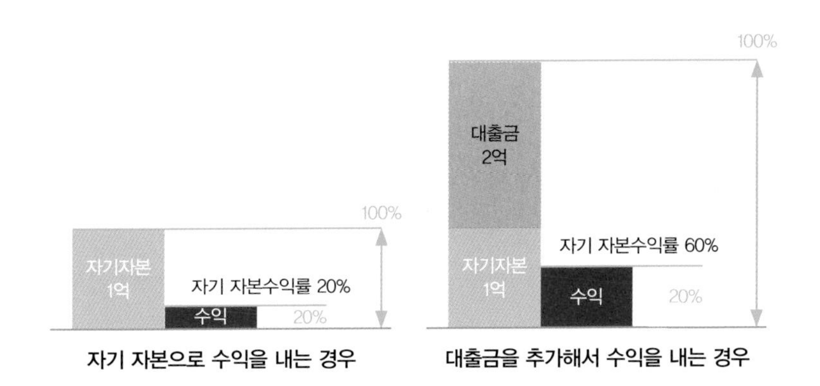

[자료 2] 레버리지 효과에 따른 자기 자본수익률의 변화

두 상황을 비교하면 당현히 레버리지를 적용한 투자를 선호할 수밖에 없다. 그런데 수익이 아니라 손실이 난다면 어떨까? 손실 역시 레버리지 효과로 인해 더 커질 수밖에 없다. -20%의 수익률이 났다면 첫 번째의 경우는 2,000만 원의 손실이 발생하지만, 두 번째의 경우는 6,000만 원의 손실이 발생하게 된다. 두 번째의 경우는 자기 자본수익률이 -60%가 되는 것이다. 여기에서, 비교하기 쉽게 위의 첫 번째 경우를 주식 투자, 두 번째 경우를 선물 투자라고 보면 된다(대체로 지수선물의 레버리지는 약 6배 정도이며, 주식의 레버리지는 신용 거래 시 원금 포함 약 2.4배 정도다).

그렇다면, 선물이 더 위험한 상품이라고 보는 것이 맞는가? 틀린 말도 아니지만, 맞는 말도 아니다. 예를 들어, 첫 번째의 경우에서 주식 투자자가 자기 자본 1,000만 원에 대출을 2,000만 원을 받아서 총 3,000만 원을 주식에 투자했다고 하자. 이렇게 되면, 주식과 선물은 모두 똑같은 위험에 직면하게 된다. 이런 경우, 본래는 주식이 안전한 상품이었는데 갑자기 선물처럼 위험한 상품으로 바뀌는가? 그렇지 않다. 이것은 상품의 위험성 문제가 아니라, 투자 스타일(투자 성향)의 문제다. 투자 스타일이 방어적이냐, 공격적이냐의 차이다. 즉, 대출(레버리지)을 쓸 것이냐 말 것이냐의 선택의 문제다. [자료 3]에서 보듯이 주식과 선물은 손익구조가 똑같다. 내가 추구하는 방향으로 주가나 지수가 움직이면 수익이 나고, 반대 방향이면 손실이 난다. 두 가지 상품 모두 손익곡선이 직선이다. 상품의 손익구조 관점에서는 결코 유리하다거나 불리함이 전혀 존재하지 않는다. 위험도는 똑같다.

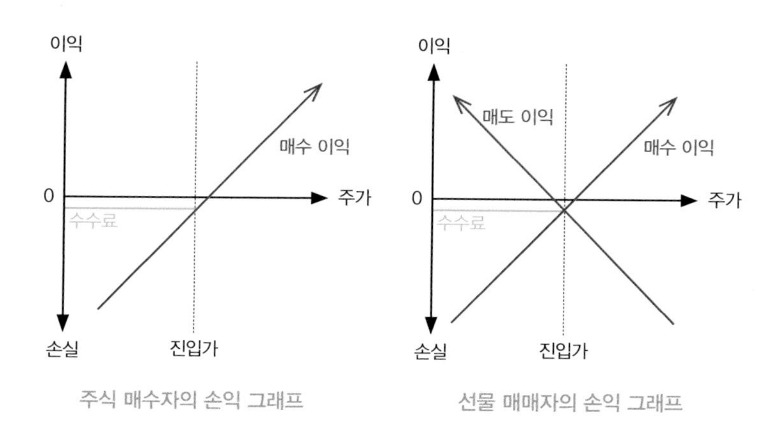

[자료 3] 주식과 선물의 손익구조 그래프

즉, 상품의 위험성 문제가 아니라 투자 방식의 위험성 문제다. 선물 투자자가 선물의 레버리지를 감안해 자기 자본의 1/3만큼만 매매에 투입한다면, 주식 투자자와 위험도가 똑같아진다. 이처럼, 주식이든 선물이든 투자 방식에 따라 위험성이 증가하기도 하고 감소하기도 한다. 한편, 시스템 트레이딩에서도 어떤 자산 운영 방식과 투자 성향으로 매매에 임할 것인지가 매우 중요하다. 그리고 상품 선택의 기준은 어떤 것이 시스템 트레이딩의 성격과 전략 알고리즘의 성능 면에서 더 적합한지가 팩트다. 막연히 어떤 상품이 더 위험하다고 오해하지 말아야 한다.

프로그램 개발은 어떤 순서로 해야 하나?

'나만의 전략'을 시스템 트레이딩(System Trading)에 적용하기 위해서는, 종목 선정에서부터 실전 매매에 이르기까지 여러 단계의 작업 과정을 거치게 된다. 이때 자동매매 프로그램을 개발하는 순서는 사용되는 프로그래밍 언어의 종류와 관계없이, 일반적으로 대동소이(大同小異)하다. 그럼 여기에서 자동매매 프로그램이 개발되는 일반적 순서에 대해 한번 살펴보자.

우선, 자동매매 프로그램은 [자료 1]과 같이 ① 종목 선정, ② 전략 설계, ③ 코딩(Coding), ④ 성능분석, ⑤ 최적화 및 전진분석, ⑥ 모의 투자, ⑦ 실전 매매의 순서를 거쳐 개발된다.

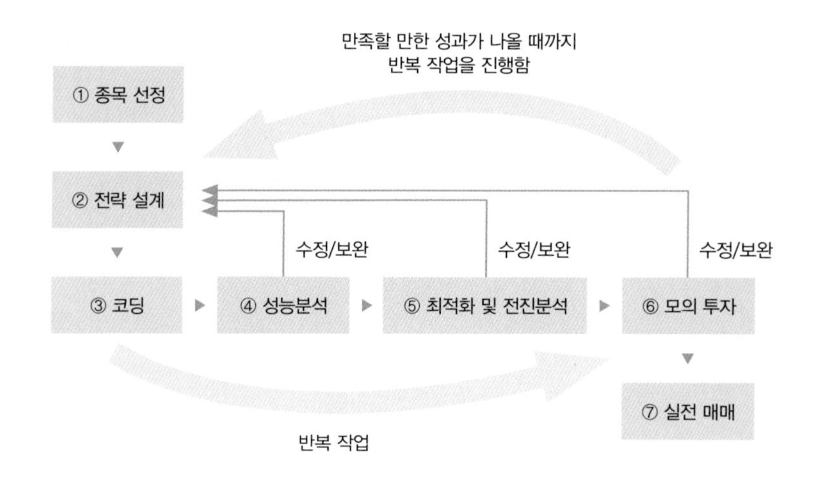

[자료 1] 자동매매 프로그램의 개발 순서

단계별 작업 내용을 좀 더 살펴보면, 다음과 같다.

① 종목 선정

시장 조사를 통해 자동매매 프로그램에 적용할 종목을 선정한다. 주식, 선물, 옵션 등 대부분의 유동성 금융상품이 매매 대상이 될 수 있으며, 본인의 관심 분야 및 자금 규모, 종목의 적합성 등을 고려해 대상 종목을 결정한다.

② 전략 설계

자동매매 프로그램의 성능을 좌우하는 가장 중요한 단계로, 매매 아이디어를 구상하고, 이를 프로그램화하기 위한 구체화 전략을 수립하는 과정이다. 이후 진행될 코딩절차를 미리 고려해 순서도의 형식을 활용하는 것이 더욱 효율적이며, 가능한 범위 내에서 전략을 더욱 구체적으로 정량화한다.

③ 코딩(Coding)

프로그래밍 언어를 이용해, 수립된 전략을 프로그래밍 코드(Code)로 구현한다.

④ 성능분석

전략의 코딩이 완료되면, 시뮬레이션 작업을 통해 산출된 성능보고서를 기준으로 전략의 성능을 평가한다. 여기에서, 예상과는 달리 만족할 만한 성능 결과가 나오지 않을 경우, 원인을 분석해 ② 전략 설계에 반영·수정한 후, 이후 절차를 반복한다.

⑤ 최적화 및 전진분석

전진분석을 통해 완성된 전략의 유효성 및 성능을 분석하고, 실전 매매에서의 최적화 방안 등을 수립한다. 전진분석에서 나타난 전략의 성능이 미흡할 경우, 원인을 분석해 ② 전략 설계에 반영·수정한 후, 이후 절차를 반복한다.

⑥ 모의 투자

실전 매매의 진행에 앞서, 모의 계좌를 개설해 완성된 전략의 성능을 실전과 비슷한 환경에서 재검증하는 절차다. 여기에서, 실전 매매와 거의 유사한 결과를 얻을 수 있으며, 실전 매매에서 실시간 발생 가능한 문제점을 미리 점검할 수 있다.

⑦ 실전 매매

모의 투자에서 발생된 문제점을 보완해, 실전 매매에 최종 전략을 적용한다.

이상과 같이, 자동매매 프로그램 개발은 꽤 여러 단계의 절차를 거쳐 완성된다. 하지만 맨 처음 한차례의 프로세스(Process)가 정립되고 나면, 이후에는 전략의 수정·보완이나 새로운 전략의 개발에서도 계속 단순한 작업과정을 반복하는 절차에 불과하기 때문에 크게 부담감을 가질 필요는 없다.

위의 단계별 세부 내용에 대해서는, 이 책의 중·후반부에서 여러 장('전략 알고리즘 코딩 및 시뮬레이션'과 '실전 시스템 운영' 파트)에 걸쳐 좀 더 자세히 살펴보기로 하자.

느낌과 감으로 하는 손매매 방식도 알고리즘으로 구현할 수 있는가?

알고리즘(Algorism)이란, 어떤 문제를 해결하기 위해 정해진 일련의 절차나 방법을 말한다. 나아가, 이러한 절차와 방법(알고리즘)을 프로그래밍 언어로 기술하면 프로그램이 된다. 즉, 전략 로직(전략 알고리즘)이 되는 것이다[자료 1].

[자료 1] 알고리즘의 정의 및 시스템 반영 절차

시스템 트레이딩의 기본 알고리즘은 비교적 간단하고 볼 수 있다. 설정한 조건들이 충족되면 매매 주문을 실행하고, 충족되지 않으면 계속 루프(반복)를 돌며 조건들을 재확인한다[자료 2]. 이렇게 보면 알고리즘이 간단해 보이나, 대신 조건식이 복잡해지고 까다로워진다. 이 조건식을 어떻게 작성하느냐, 즉 어떤 조건들을 충족할 때 매매를 진행할 것인지가 시스템 트레이딩의 핵심이라고 보면 된다. 그렇다면, 막연한 느낌과 감을 어떻게 일련의 절차나 방법으로 알고리즘화(조건식 작성)할 것인가?

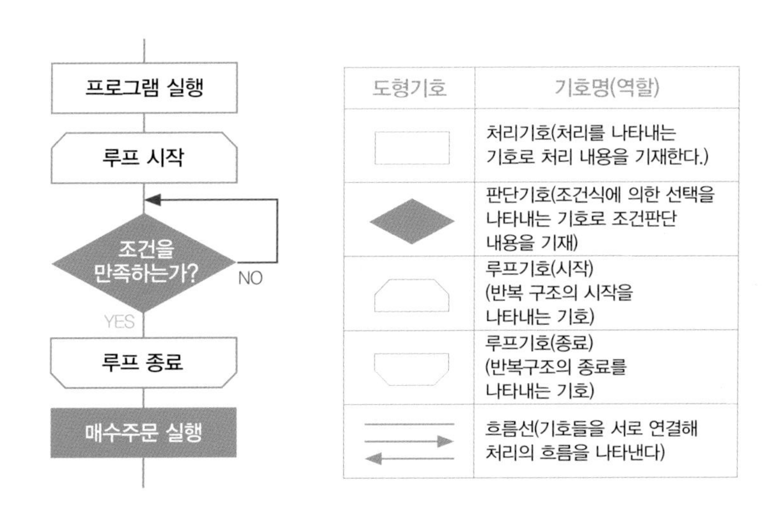

[자료 2] 시스템 트레이딩의 기본 알고리즘 기술 순서도

우선 '느낌과 감을 어떻게 표현해? 안돼!'라고 생각하는 고정관념부터 탈피해야 한다. 예를 들어보자. 요즘은 대학교 입시전형에 논술이 있다. 내가 논술시험을 치른다고 가정해보자. 아침에 집을 나서는데, 오늘은

왠지 막연한 느낌과 감이 비가 올 것 같아서 우산을 챙겼다. 그런데 다음과 같은 논술문제가 나왔다. "당신은 오늘 왜 비가 내릴 거라 예상했나요?"라고. 당초에, 왠지 모를 막연한 느낌과 감을 표현하기는 어렵다고 생각했던 사람들마저도 아마도 조목조목 답안지를 작성해나갈 것이다. 여기서, 그냥 백지 내고 나오는 사람은 시스템 트레이딩을 하면 안 된다.

이렇듯, 막연한 느낌과 감도 조금만 더 생각해보면 그 판단의 이유를 찾아낼 수가 있다. 느낌과 감으로 주식 매수를 결정한 사람 역시도 그 이유가 있다. 어떤 이유가 되었든 주가가 상승할 것이라는 예상과 판단을 내렸기에 주식을 매수했을 것이다. 최근에 주가가 너무 많이 내려서 이젠 올라갈 때가 됐다고 판단했을 수도 있고, 최근 시세가 좋아서 앞으로도 계속 오를 거라고 판단했을 수도 있다. 나아가, 주가 차트의 보조지표를 활용해 판단의 기준에 참고했을 수도 있다. 이렇듯, 느낌과 감이라고 치부해버리는 대부분의 판단에는 자세히 살펴보면 나름의 이유가 있다. 이유를 단 한 개도 찾을 수 없다면, 그건 찍은 거다. 한편, 찍는 것은 조건이 안 될 것 같지만, 심지어는 이것마저도 프로그래밍할 수 있다는 사실이다. 프로그래밍 언어에 랜덤 함수라는 것이 있어 무작위로 알아서 찍어준다. 물론 오로지 찍는 시스템을 만들 수는 없는 노릇이지만, 그만큼 생각보다 프로그램이 할 수 있는 일의 범위가 무궁무진하게 넓다는 이야기다.

아침에 날씨가 흐려서 우산을 챙겼다거나, 최근 주가 시세가 좋아서 주식을 매수했다면, 여기에서 그 이유가 바로 조건식이 될 수 있다.

if (아침 and 날씨가 흐리다) then (우산을 챙긴다) ;

if (최근 and 주가 시세가 좋다) then (매수 주문을 한다) ;

이제는 조건식 안의 내용을 구체적으로 표현해나가면 된다. 즉, 애매모호한 내용을 수치화해야 한다. 아침이라면 몇 시로 특정할 것인지, 최근이라면 어느 정도의 기간으로 범위를 설정할 것인지를 정해서 나가면 되는 것이다. 여기에서 '어떻게 그 시간을 딱 정하지?'라는 의문이 생긴다. 해답이 있다. 자동매매툴에는 시뮬레이션이라는 강력한 기능이 포함되어 있다. 이 기능을 활용해 조건식의 모호한 내용을 구체적으로 수치화해나갈 수 있다. 예를 들어, 아침이라는 시간을 특정해보자. 변수로 평가 기간 10년, 시간 범위 5시~10시, 체크 간격 1분, 이렇게 설정하고 시뮬레이션해보면 된다. 해당 시간별로 그 결과값을 빠른 시간(분) 안에 바로 산출해준다. 즉, 10년 동안 아침 몇 시 몇 분에 판단해 우산을 챙겼을 때, 그날 비를 맞지 않을 확률이 가장 높은지 말이다.

정리해보면, 우선 막연한 느낌과 감 속에 가려져 모습을 감추고 있던 이유를 찾아낸다. 그리고, 그 이유를 조건식으로 만든 후, 시뮬레이션을 통해 변수의 수치를 구체적으로 특정화(최적화)해나가면 된다[자료 3].

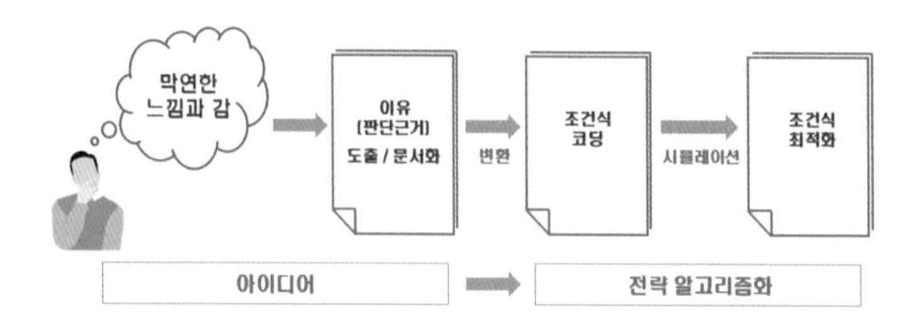

[자료 3] 막연한 느낌과 감을 전략 알고리즘화하는 과정

어렴풋한 매매 규칙들을 어떻게 코딩으로 구현해나갈 것인가?

주식이든 선물이든, 해당 종목의 주가나 차트를 한 번도 열어보지 않고, 매매 주문 결정을 하는 투자자는 아마 없을 것이다. 의사결정에 앞서 주가 차트는 물론, 보조지표나 관련 데이터 등 이것저것을 각자의 판단 기준으로 먼저 두루두루 살펴본다. 여기에서 이 '이것저것'이 바로 어렴풋한 매매 규칙(이하, 전략이라고도 함)들에 해당할 것이다. 그럼, 어렴풋한 매매 규칙들(이것저것)을 어떻게 코딩으로 구현해나갈 것인지 한번 살펴보자.

우선, 기준으로 삼고 있는 매매 규칙들을 간략하게 리스트(List)화한다. 이때, 너무 구체적일 필요까지는 없다. 매매 규칙마다 한두 줄 정도로 간단하고 쉽게 표현하면 된다. 또한, 처음부터 리스트 전체를 완벽하게 구성하지 않아도 상관없다. 우선 생각나는 대로 선호하는 한두 개 정도의 규칙을 먼저 코딩한 후, 시뮬레이션과 병행해가면서 나머지 규칙들을 추가·수정해가면 된다.

예를 들어, 볼린저 밴드(Bollinger Band)와 MACD(Moving Average Convergence & Divergence) 지표를 주로 보는 투자자가 다음과 같은 전략을 작성했다고 가정하자.

주가가 볼린저 밴드의 상단범위에 위치하고 MACD가 기준선을 상향돌파하면, 매수진입 / 주가가 볼린저 밴드의 하단범위에 위치하고 MACD가 기준선을 하향돌파하면, 매도진입

이제, 이 전략을 코딩으로 한번 구현해보자.

```
01-샘플예제-볼린저밴드&MACD <시스템>

////////////////////////////////////////////////////////////////////////////////////////////
//                                         [샘플 예제]                                        //
// 1) 주가가 볼린저밴드 상단에 위치(차트주기 X 횟수 기간내내)하고, MACD가 기준선(0선)을 상향돌파하면 매수 //
// 2) 주가가 볼린저밴드 하단에 위치(차트주기 X 횟수 기간내내)하고, MACD가 기준선(0선)을 하향돌파하면 매도 //
//                                                                                          //
////////////////////////////////////////////////////////////////////////////////////////////

    Input : P(80),dv(2);                     //  Input 함수 : 값지정 (볼린저밴드:80,2)
    Input : short(25),long(50),sig(9);       //  Input 함수 : 값지정 (MACD:25,50,9)
    Input : cnt_no(20);                      //  Input 함수 : 값지정 (차트주기 카운트 횟수:20)
    Var   : BBup(0),BBdn(0);                 //  Var 변수 : 볼린저밴드 상단선과 하단선
    Var   : MACDV(0);                        //  Var 변수 : MACD


    BBup  = BollBandUp(P,dv);                //  변수값 정의 : 볼린저밴드 상단선 정의
    BBdn  = BollBandDown(P,dv);              //  변수값 정의 : 볼린저밴드 하단선 정의
    MACDV = MACD(Short,long);                //  변수값 정의 : MACD값 정의


    If countif(O<BBdn,cnt_no) >= 1 and       //  볼린저밴드 상단에 위치(차트주기 X 횟수 기간내내)하고, &
          CrossUp(MACDV,0) Then              //  MACD가 기준선(0선)을 상향돌파(Golden Close)하면,
          buy();                             //  매수진입

    If countif(O>BBup,cnt_no) >= 1 and       //  볼린저밴드 하단에 위치(차트주기 X 횟수 기간내내)하고, &
          CrossDown(MACDV,0) Then            //  MACD가 기준선(0선)을 하향돌파(Dead Close)하면,
          sell();                            //  매도진입


////////////////////////////////////////////////////////////////////////////////////////////
```

[자료 1] 예스랭귀지 프로그래밍 언어를 사용한 전략 코딩 예시

전략 코딩 시, 변수설정과 정의를 먼저 한 후, 조건식을 만들어나간다. 예스랭귀지 프로그래밍 언어를 사용해, 위 예제 전략의 코딩을 작성한 결과물은 [자료 1]과 같다. 자동매매툴에서는 수많은 지표를 간단한 지표함수로 지원하기 때문에, [자료 1]과 같이 편리하게 코딩을 작성할 수가 있다. 코딩 윗부분의 변수설정을 제외하면 실제 중요한 조건식 코딩은 몇 줄 되지도 않는다. 코딩의 가독성과 분석 목적상 어쩔 수 없이 줄을 바꿔가면서 작성해서 그렇지, 전략예제 문장이나 이를 코딩한 문장이나 길이가 비슷하다. 이처럼, 규칙(전략)을 생각보다 간편하게 코딩으로 구현할 수 있다.

한편, 프로그래밍 언어를 처음 접해서 코딩이 엄두조차 나지 않는다 해도, 너무 걱정하지 마라. 내가 구현하고자 하는 전략(규칙)을 대신 좀 코딩해달라고 의뢰하면 된다. 그것도 무료로 말이다. [자료 2]와 같이, 자동매매툴 커뮤니티 사이트에 시스템(전략)·강조·종목 검색·지표의 코딩 작성을 의뢰하면, 전문가가 친절히 코딩해서 답해준다.

[자료 2] 예스트레이더 자동매매툴의 커뮤니티 사이트(https://www.yesstock.com/)

아울러, 이 커뮤니티의 아주 큰 장점이 또 하나 있다. 솔루션(Solution)과 아이디어(Idea)의 뱅크(Bank)다. 이심전심(以心傳心)이고 동병상련(同病相憐)이라 대부분의 시스템 트레이더들이 거의 똑같은 고민을 하게 되고, 거의 똑같은 질문을 하게 된다. 여기에 약 13만 개의 질문과 대답이 있다. 이 안에서 내가 찾고자 하는 해답을 찾을 수도 있다. 또한, 다른 트레이더들의 질문과 대답 속에서 새로운 아이디어를 얻을 수도 있다.

열정이 없는 것이지, 코딩을 못해서 시스템 트레이딩을 못 하지는 않는다.

3장

전략 알고리즘 코딩 및 시뮬레이션

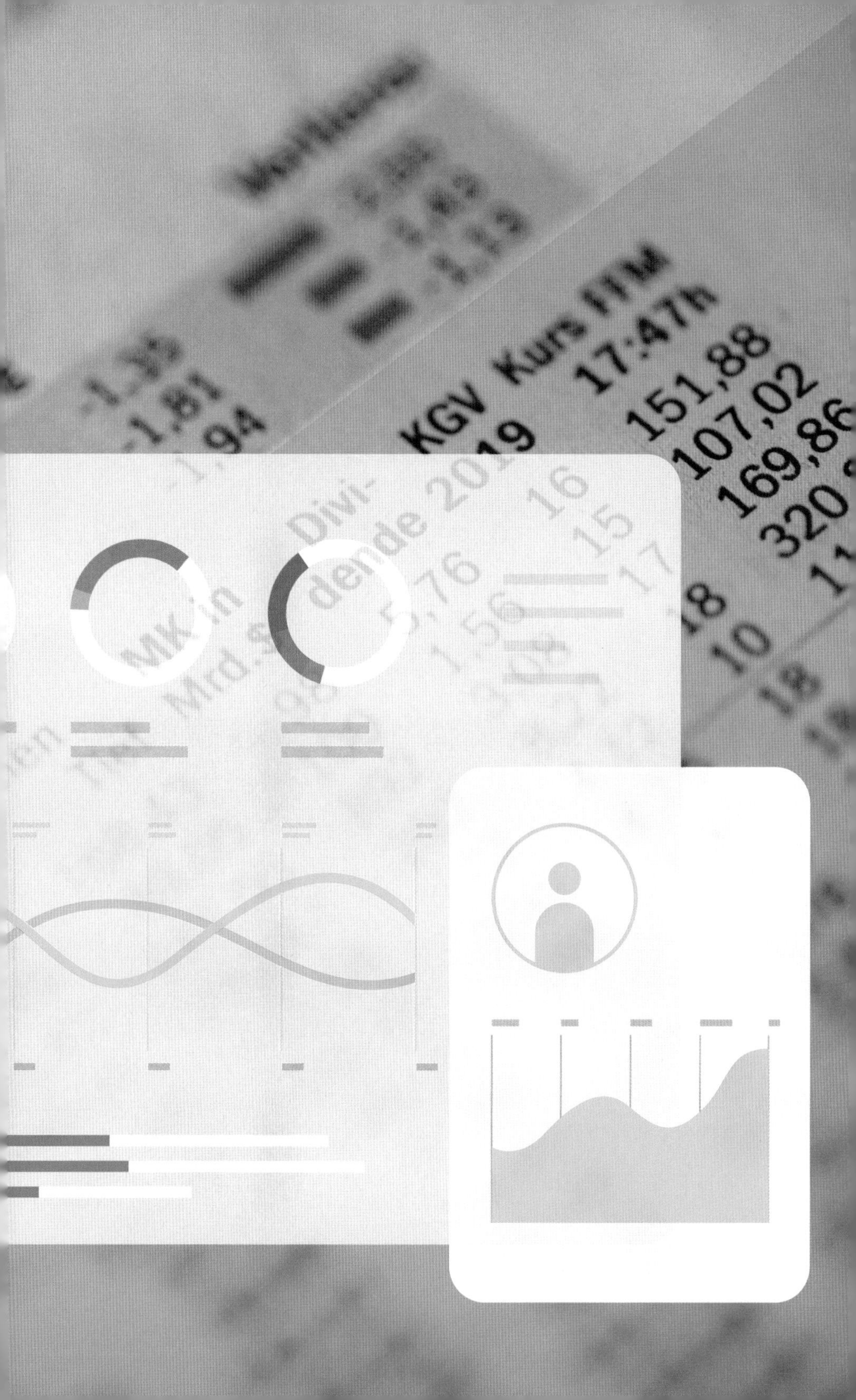
KGV
Kurs ITM
17:47h
151,88
107,02
169,86
Divi-
MK in

알고리즘의 전략 유형에는 어떤 것이 있는가?

시스템 트레이딩에서 전략 알고리즘이란, 의사결정(매매)의 논리와 방법을 각종 이론이나 데이터에 기반을 두어 정형화한 것이다. 여기에서 이 논리·방법이 추구하는 매매 구조에 따라, 전략을 몇 가지 유형으로 나눠볼 수가 있다. 그럼 알고리즘의 전략 유형에는 어떤 것이 있는지 한번 살펴보자.

전략의 유형에는 크게 추세 관련 전략과 그 외 기타 전략으로 나눌 수 있다[자료 1]. 여기에서, 추세 전략은 다시 추세추종 전략(Trend Following Strategy)과 역추세 전략(Counter-Trend Strategy)으로 나뉜다. 또한, 그 외 기타 전략에는 패턴인식 전략(Pattern Recognition Strategy)이나 변동성 돌파 전략(Volatility Range Breakout Strategy) 등이 있다. 그럼, 이들 전략 유형의 의미와 특성에 대해 좀 더 알아보자.

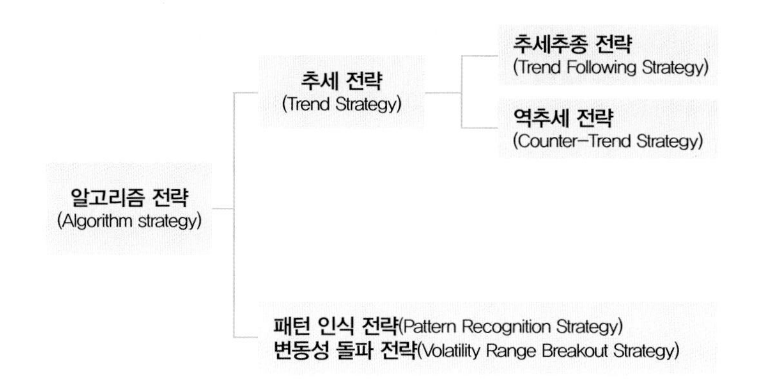

[자료 1] 알고리즘의 전략 유형

먼저, 추세추종 전략은 중장기적으로 형성된 추세가 계속 유지될 것이라 기대하고, 그 추세의 방향과 같은 방향으로 포지션을 구축하는 전략이다[자료 2-A]. '무릎에 사서, 어깨에 팔아라!'라는 격언과 비슷한 의미다. 대표적인 추세추종 전략으로는 이동평균선 교차 전략이 있다. 즉, 주가가 이동평균선을 상향돌파하면 매수하고, 반대로 하향돌파하면 매도하는 형태의 전략이다. 이 외에도, MACD(Moving Average Convergence and Divergence), RSI(Relative Strength Index) 등의 지표들이 이용되기도 한다. 이 전략은 큰 추세가 발생될 때는 그 추세를 취할 수 있지만, 박스권의 횡보 추세에서는 잦은 손실을 보게 되는 단점이 있다.

반면, 역추세형 전략은 단기 혹은 중기적으로 추세와는 반대로 가격이 움직일 것이라 기대하고, 지금까지의 짧은 추세의 방향과는 반대 방향의 포지션을 구축하는 전략이다[자료 2-B]. 대체로 짧은 기간 동안 주가가 형성한 가격 범위대를 이용해 과열 혹은 침체를 판단하며, 스캘핑(Scalping) 형태의 거래 방식을 주로 사용한다. 아울러, 스토캐스틱 오실레이터(Stochastic Oscillator)의 과매수·과매도 구간을 정의해 역추세 전략에 사용하기도 한다. 또한 이격도(Estrangement Ratio), 볼린저 밴드(Bollinger Band) 등의 지표들을 이용하기도 한다. 이 전략은 박스권의 횡보 추세에서는 높은 적중률을 보이지만, 추세가 크게 형성될 경우에는 취약해지는 단점이 있다.

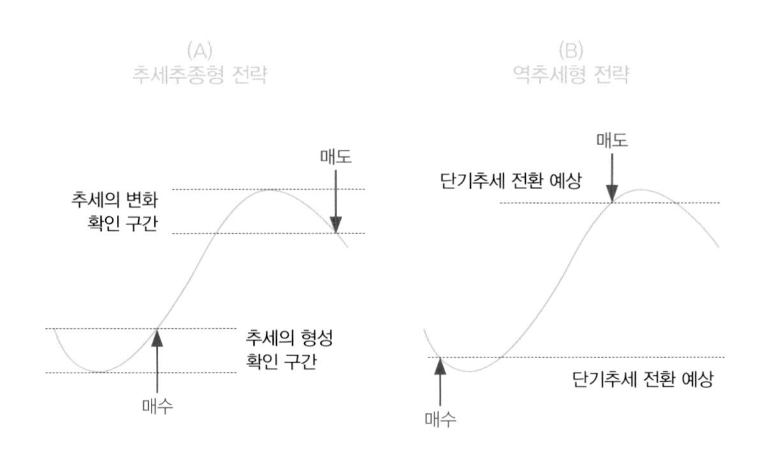

[자료 2] 추세추종형 전략과 역추세형 전략의 예시

패턴인식 전략은 표준 패턴(Standard Pattern)과 입력 패턴(Input Pattern)

을 비교(패턴 정합, Pattern Matching)하는 방식을 사용한다. 주가 차트나 데이터 변화 등의 인식 대상 패턴을 미리 표준 패턴으로 작성해두었다가, 패턴 정합 시에 표준 패턴과 가장 유사한 것을 인식 결과치로 사용한다. 즉 식별(discrimination, classification) 대상이 표준 패턴과 일치할 때, 미리 정해진 방향으로 포지션을 구축하는 방식이다.

한편, 변동성 돌파 전략은 설정된 임계치(Threshold)나 범위(Range) 이상의 변동성이 발생(Breakout)되는 시점을 포착해, 그 방향으로 포지션을 구축하는 전략이다. 즉, 가격의 변동성이 급격히 움직이는 방향으로 진입해 짧게 수익을 실현하는 단기 트레이딩 전략이다. 추세의 방향으로 진입한다는 의미에서 한편으로는 추세추종형 전략의 성격도 함께 가지고 있다.

이와 같이, 다양한 전략의 유형들이 존재한다. 물론, 여기에 못다 소개한 유형도 더 있을 수 있다. 그럼, 이 많은 유형 중에서 어떤 것을 선택해야 하는지 의문이다. 과거나 지금이나, 추세추종형 전략이 대세이긴 하다. 하지만 흑묘백묘론(黑猫白描論)이다. 검은 고양이든 흰 고양이든 고양이는 쥐만 잘 잡으면 되듯이, 전략의 유형 또한 마찬가지다. 어떤 유형의 전략이 좋고 나쁨은 없다. 전략 알고리즘의 성능만 좋다면, 어느 유형인들 무슨 상관이겠는가?

매매 프로그램은 어떻게 작성하나?

매매 프로그램(이하, 전략식이라고도 함)은 프로그래밍 언어가 가지고 있는 고유의 함수나 문법을 기준으로 작성(Coding)된다. 이에, 동일한 전략을 기술하더라도, 사용하는 프로그래밍 언어에 따라 코딩의 내용이 조금씩은 달라진다. 하지만, 전략식을 구성하는 기본적인 형식과 구조는 프로그래밍 언어에 상관없이 모두 동일하다. 그럼, 여기에서 간단한 예제전략을 통해 매매 프로그램(전략식)은 어떻게 작성되는지 한번 살펴보자. 예제 전략식은 예스트레이더(YesTrader) 자동매매툴의 예스랭귀지(YesLanguage)를 기반으로 작성했으며, 다른 프로그래밍 언어를 사용 할 경우, 함수나 문법 등은 각 언어의 매뉴얼을 참조하면 된다.

먼저, 매매 프로그램(전략식) 코딩(Coding)은 일반적으로, [자료 1]과 같이 크게 ① 변수 선언, ② 진입 조건식, ③ 진입, ④ 청산 조건식, ⑤ 청산의 구조(순서)로 이루어진다.

```
Var : ShortEMA(0), LongEMA(0);
Var : BuyCondition(0), SellCondition(0), ExitCondition(0);
```

① 변수 선언

```
5 ShortEMA = EMA(C, 10);
  LongEMA = EMA(C, 100);

  BuyCondition = 0;
  SellCondition = 0;
10ExitCondition = 0;

  If CrossUp(ShortEMA, LongEMA) Then BuyCondition = 1;
  If CrossDown(ShortEMA, LongEMA) Then SellCondition = 1;
```

② 진입 조건식

```
15If BuyCondition == 1 Then Buy("B");
  If SellCondition == 1 Then Sell("S");
```

③ 진입

```
  If MarketPosition != 0 Then
      If OpenPositionProfit > 5 or OpenPositionProfit < -5 Then
20        ExitCondition = 1;
```

④ 청산 조건식

```
  If ExitCondition == 1 Then
      If MarketPosition == 1 Then ExitLong("EL");
      Else If MarketPosition == -1 Then ExitShort("ES");
```

⑤ 청산

[자료 1] 매매 프로그램(전략식)의 코딩 및 작성 순서

예제 전략
진입 규칙
*단기 지수이동평균선이 장기 지수이동평균선을 상향 돌파 시 매수 진입
*단기 지수이동평균선이 장기 지수이동평균선을 하향 돌파 시 매도 진입

청산 규칙
*진입 후 5포인트 이상 수익이 발생하거나 -5 포인트 이상 손실 발생 시 청산

이를 단계별로 정리해보면, 다음과 같다.

① 변수 선언

프로그램에서 사용할 변수를 선언하고 초깃값을 설정하는 단계로, 프로그램 시작 시 한 번만 진행이 된다. 변수는 프로그램에서 사용할 임의의 데이터를 저장하는 공간으로 시작 시 임의 값을 설정하고, 이후 수식에 의해 생성되어진 결과값을 저장하는 공간으로 사용된다. 변수는 특정한 이름을 지정해 사용하게 되는데, 이것을 변수 선언이라 하며, 다른 변수와의 혼돈을 막기 위해 유일한 이름을 지정해 사용해야 한다.

② 진입 조건식

전략 알고리즘 중 진입 규칙을 수식으로 구현하는 단계다. 주가(종가, 시가, 최고가, 최저가 등) 및 각종 지표 등을 이용해 진입 규칙을 구상하고, 이를 수식으로 구현한다. 주가 및 일반적으로 많이 사용되는 지표들은 프로그램 언어에서 함수 및 데이터로 제공되며, 이를 이용해 수식을 작성한다.

③ 진입

진입 규칙에 의해 진입 상황이 발생했을 경우, 매매 신호를 발생시키는 단계이다. 신규로 매수 진입을 하려면 Buy 함수를 사용하고, 매도 진입을 하려면 Sell 함수를 사용한다. Buy와 Sell 두 진입 함수는 기존의 포지션이 없는 상태이면 신규로 포지션을 취하지만, 기존에 반대 포지션이 있다면 반대 포지션을 모두 청산하고 새로운 포지션을 취한다. 만약, 같은 포지션이 이미 있는 상태라면 피라미딩(진입누적) 설정이 되어 있지 않는 이상 추가로 진입하지 않고 무시된다. 신호가 발생되면 Buy, Sell 함수에서 지정한 다양한 신호타입(Onclose, Atmarket, Atstop, Atlimit 등)과 매매설정에서 지정한 매매 가격(상대호가, 현재가, 종가 등) 설정에 따라 주문 시간 및 가격이 결정되어, 실제 주문이 발생한다.

④ 청산 조건식

전략 알고리즘 중 청산 규칙을 수식으로 구현하는 단계다. 진입 조건식과 마찬가지로, 주가(종가, 시가, 최고가, 최저가 등) 및 각종 지표 등을 이용해 청산 규칙을 구상하고, 이를 수식으로 구현한다. 또한, 수식으로 직접 구현하는 방법 외에도 각 프로그래밍 언어별로 청산 함수를 제공하고 있으므로, 매뉴얼을 참조해 적절한 함수를 선택해 사용할 수도 있다.

예스랭귀지에서는 다음과 같이 다양한 청산 함수를 제공하고 있다.

* SetStopEndofday : 당일 청산 시간을 지정해 청산

* SetStopProfitTarget : 목표이익에 따른 청산

* SetStopLoss : 손절매 청산

* SetStopTrailing : 최대 수익 대비 하락에 따른 청산

* SetStopInactivity : 특정 기간 동안 최소 가격 변화에 따른 청산

⑤ 청산

청산 규칙에 의해 청산 상황이 되었을 경우, 청산 신호를 발생시키는

단계이다. 매수 청산의 경우 ExitLong, 매도 청산의 경우 ExitShort 함수를 사용한다. 청산 신호가 발생되면, ExitLong, ExitShort 함수에서 지정한 다양한 신호타입(Onclose, Atmarket, Atstop, Atlimit 등)과 매매 설정에서 지정한 매매 가격(상대호가, 현재가, 종가 등) 설정에 따라서 주문 시간 및 가격이 결정되어, 실제 주문이 발생한다.

여기에서, ① 변수 선언 파트는 프로그램 시작 시 한 번만 실행되고, 다른 나머지(②,③,④,⑤) 파트는 차트에 적용된 주기(틱 또는 봉)마다 코딩된 순서(위에서부터 아래로)에 따라 순차적으로 반복해 실행된다.

또한, 작성된 전략식은 전략실행 차트나 시뮬레이션 차트에서 실행이 된다. 예제 전략식을 시뮬레이션(혹은 전략실행) 차트에서 실행할 경우, [자료 2]와 같은 매매 신호 결과를 얻을 수 있다.

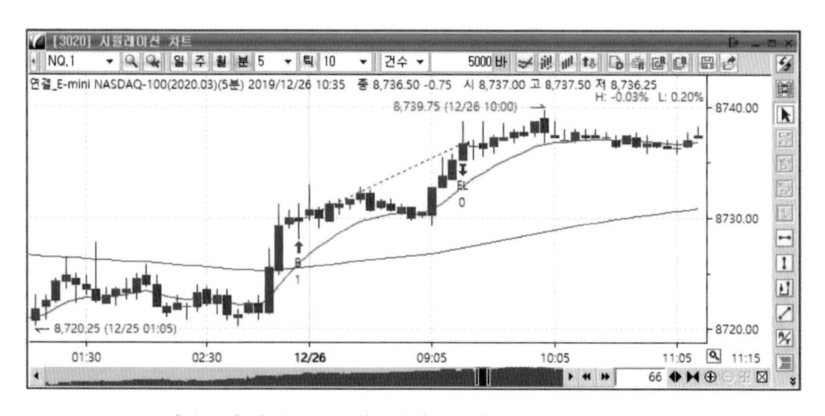

[자료 2] 매매 프로그램(전략식)이 적용된 시뮬레이션 차트

매매 프로그램(전략식)을 작성하는 방법에 대해 살펴보았다. 어떤 프로그래밍 언어를 선택하든, 매매 프로그램을 작성하는 기본적인 형식과 구조는 이와 별반 다르지 않다.

지표 프로그램은 어떻게 작성하나?

차트에 표현되는 여러 종류의 보조지표들은 금융상품의 기술적 분석에 있어 아주 중요한 데이터다. 손매매 시 차트에 보조 지표들을 함께 표현해 분석하듯이, 자동매매툴 역시 매매 프로그램(전략식)에서 지표 데이터를 바로 사용할 수 있도록, 라이브러리 형태의 지표함수를 제공한다. 그럼 함수로 제공되는 대표적인 지표의 종류를 살펴보고, 아울러 지표 함수로 제공되지 않는 지표들은 어떻게 작성(Coding)하는지 한번 살펴보자.

우선, 프로그램 언어에서 함수로 제공하는 지표의 종류로는 가격지표, 거래량지표, 모멘텀지표, 변동성지표, 추세지표 등이 있다. 일반 HTS(Home Trading System)에서 지원하는 대부분의 지표들이 포함되어 있기 때문에, 기술적 분석에 주로 활용되는 주요 지표들을 편리하게 지표 함수로 코딩에 적용할 수가 있다. 여기에서 대표적인 지표함수를 종류별로 간단히 살펴보면, 다음과 같다.

1) 이동평균 (추세지표)

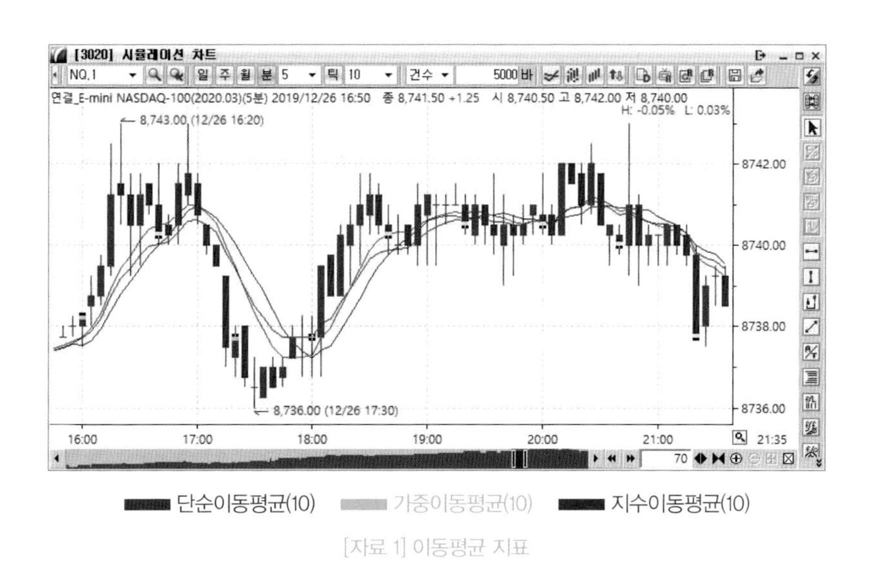

[자료 1] 이동평균 지표

일정 기간 동안의 주가의 합과 기간을 이용해 주가의 이동 평균치를 나타내는 지표이며, 향후 주가 추이를 전망하는 데 사용된다. 수식은 다음과 같다.

MA = (N기간의 종가의 합)/N기간

EMA = 금일 종가 * EP + 전일의 지수 이동평균 * (1-EP)

※ EP(평활계수) = 2/(기간 + 1)

WMA= (Price× N + Price[1]×(N-1)+....Price[N]×1)/(N+(N-1)+(N-2).... +1)

또한, 프로그램 언어에서 제공하는 관련 지표함수는 다음과 같다.

* MA(value,Period) : 단순 이동 평균

* EMA(value,Period) : 지수 이동 평균

* WMA(value,Period) : 가중 이동 평균

2) 볼린저 밴드(Bollinger Bands) (가격지표)

[자료 2] 볼린저 밴드(Bollinger Bands) 지표

John Bollinger가 개발한 가격 변동 분석 지표이며, 상하 밴드의 폭을 이용해 주가의 상승 및 하락, 횡보를 분석한다. 수식은 다음과 같다.

추세중심선 = N일 이동평균

상단밴드 = 추세중심선 + 2*표준편차

하단밴드 = 추세중심선 - 2*표준편차

또한, 프로그램 언어에서 제공하는 관련 지표함수는 다음과 같다.

* Ma(value,Period) - 추세중심선(이동평균)

* BollBandUp(Period, D) - 상단선

* BollBandDown(Period, D) - 하단선

3) 스토캐스틱(Stochastic) (모멘텀지표)

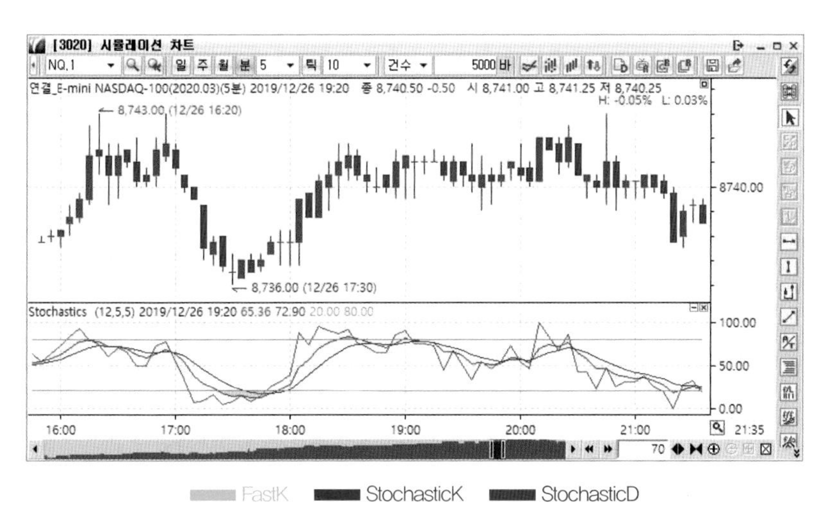

[자료 3] 스토캐스틱(Stochastic) 지표

현재의 주가가 해당 기간 동안의 주가 범위 중 어느 위치에 있느냐를 분석해 향후 주가 방향을 예측한다. 수식은 다음과 같다.

FaskK = (현재 종가-n일 기간 최저가) / (n일 기간 최고가 - n일기간 최저가)*100

StochasticsK = FaskK의 n지수 이동 평균

StochasticsD = StochasticsK의 n지수 이동 평균

또한, 프로그램 언어에서 제공하는 관련 지표함수는 다음과 같다.

* FastK(Period1) - 기본 Stochastics

* StochasticsK(Period1,Period2) - FastK의 지수 이동 평균

* StochasticsD(Period1,Period2,Period) - StochasticsK의 지수 이동 평균

4) OBV(On Balance Volume) 지표 (거래량지표)

거래량의 상승·감소에 관한 지표로 주식 시장이 매집 단계인지 분산 단계인지 분석에 사용된다. 수식은 다음과 같다.

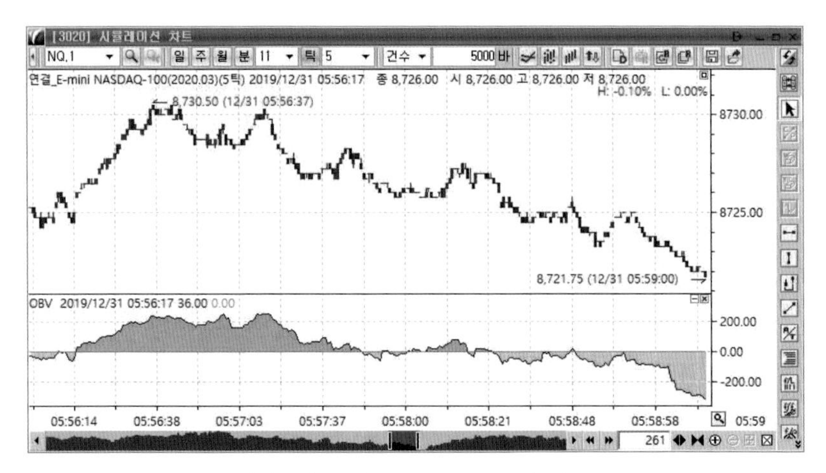

[자료 4] OBV(On Balance Volume) 지표

당일 종가 > 전일 종가 : OBV = 전일 OBV + 당일 거래량

당일 종가 < 전일 종가 : OBV = 전일 OBV - 당일 거래량

당일 종가 = 전일 종가 : OBV = 전일 OBV

또한, 프로그램 언어에서 제공하는 관련 지표함수는 다음과 같다.

* OBV

이상으로, 프로그램 언어에서 제공되는 대표적인 지표함수를 몇 가지 살펴보았다(여기에 소개된 지표 이외의 수많은 지표함수에 대해서는 프로그램 언어의 매뉴얼에서 참조가 가능하다).

이어, 지표 프로그램을 통해, 이러한 지표함수를 활용하거나 자체적으로 작성한 지표 데이터를 차트에 표시하는 방법에 대해 한번 살펴보자. 예시로, 이동평균(10)과 이동평균(20)을 코딩해 모두 차트에 표시해 보자.

일반적으로, 지표 프로그램은 [자료 5]와 같이, ① 변수 선언, ② 지표 연산, ③ 출력의 구조(순서)로 작성(Coding)된다. 여기에서, ① 변수 선언을 제외한 각(②, ③) 단계는 차트에서 설정된 주기마다 한 번씩, 순차적(위에서 아래로)으로 반복해 실행된다.

```
Input : Period1(10),Period2(20);
Var : MAV1(0), MAV2(0);

5 MAV1 = MA(C, Period1);
  MAV2 = MA(C, Period2);

  Plot1(MAV1, "이동평균1");
  Plot2(MAV2, "이동평균2");
10
```

① 변수 선언

② 지표 연산

③ 출력

[자료 5] 지표 프로그램 코드(Code) 및 작성 순서 [이동평균(10)과 이동평균(20)]

이어, 단계별 세부 내용을 살펴보면, 다음과 같다.

① 변수 선언

프로그램에서 사용할 변수를 선언하고 초깃값을 설정하는 단계로, 프로그램 실행 시 옵션으로 입력을 받기 위해 Input 변수를 사용할 수도 있다. 예제 프로그램에서는 Period1 과 Period2를 Input 변수로 선언해, 프로그램 실행 시 옵션으로 입력할 수 있도록 선언했다.

② 지표 연산

차트에 표시될 지표 값을 계산한 후, 변수에 저장한다. MA 등의 지표 함수를 사용할 수도 있고, 일반 수식을 사용해 작성할 수도 있다. 예제 프로그램에서는 이동평균(10)과 이동평균(20)을 계산해, 변수 MAV1 과 MAV2에 저장한다.

③ 출력

Plot 함수는 ② 지표 연산 단계에서 계산된 지표의 결과값을 차트에 출력하며, 형식은 다음과 같다.

Plot1(출력 대상, "이름",색상, def, 굵기)

또한, 차트 적용 시 선 그래프로 선의 굵기와 색의 지정이 가능하고, 속성에서 막대 그래프, 점 그래프 등 다양한 형태로 변경할 수도 있다.

지표함수 프로그램을 차트에 적용(실행)해보면, [자료6]과 같이 차트에 표시된 지표의 결과를 얻을 수 있다.

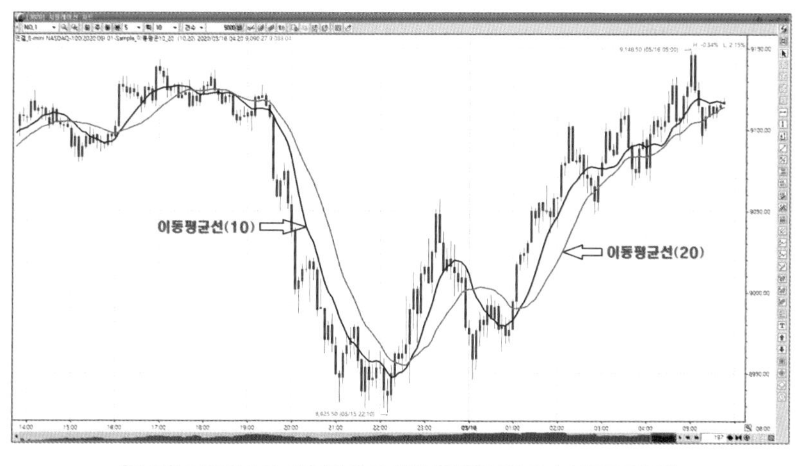

[자료6] 지표함수가 적용된 차트 예시 [이동평균(10)과 이동평균(20)]

종목 검색 프로그램은 어떻게 작성하나?

금융상품의 종목 중에서, 가장 많은 거래 대상을 포함하고 있는 곳은 주식 시장이다. 최근, 코스피(KOSPI)는 900여 개, 코스닥(KOSDAQ)은 1,400여 개로, 모두 합쳐서 2,300개가 넘는 주식 종목들이 상장되어 거래되고 있다. 이처럼 수많은 대상 종목 중에서 어떤 종목을 거래할 것인지에 관한 문제는, 성공 투자를 위한 관건이자 난제(難題)이기도 하다. 그럼, 시스템 트레이딩에서 종목 선정을 위한 종목 검색 프로그램은 어떻게 작성하는지 한번 살펴보자.

우선, 대부분의 HTS(Home Trading System)는 종목 검색 기능을 지원하고 있다. 여기에서, 가격, 거래량 등의 간단한 지표로부터 볼린저 밴드,

스토캐스틱 등의 다양한 지표들이 검색 조건으로 활용된다. 또한, 이러한 지표와 특정 조건들을 조합함으로써, 최적화된 검색 조건을 사용자가 직접 만들어 검색할 수도 있다.

이렇듯, 자동매매툴 역시 실시간의 종목 검색 기능이 지원된다. 그럼, 예스트레이더(YesTrader)로 간단한 예시를 들어 종목 검색을 한번 실행해보자. [자료 1]과 같이, 종목 검색 기능은 종목 검색창을 통해 실행된다. 또한, 종목 검색창의 좌측 메뉴에서 일반적인 지표와 데이터를 불러와 간편하게 조건으로 설정할 수가 있다.

예를 들어, 코스피(KOSPI) 종목 중에서 일봉을 기준으로, 조건A(이동평균선의 골든크로스)와 조건B(스토캐스틱의 골든크로스)를 동시에 충족(조건식: A and B)하는 종목을 검색해보면, [자료 1]과 같이 총 14종목의 검색 결과를 얻을 수 있다.

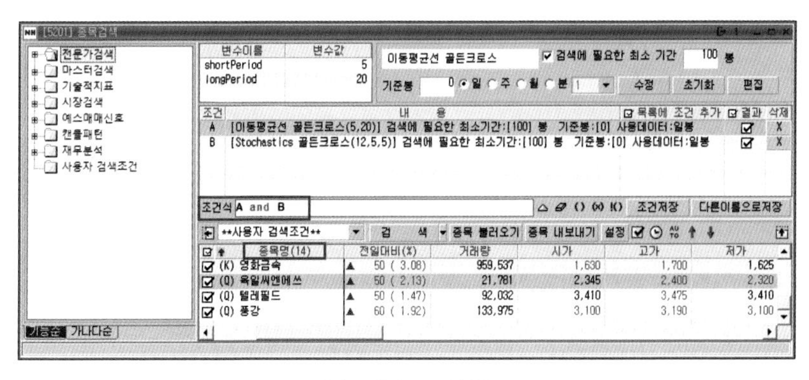

[자료 1] 종목 검색창

또한, [자료 2]에서 보는 바와 같이, 검색된 종목 중에서 한 종목을 차트로 직접 검증해보면, A조건과 B조건을 동시에 충족하는 종목이 제대로 검색되었음을 확인할 수 있다.

[자료 2] 검색 종목의 차트 (조건 A와 B를 동시에 충족하는지를 확인)

일반적으로, 종목 검색에 사용되는 모든 조건은 프로그램 언어로 작성이 되며, 사용자가 직접 검색 프로그램을 작성(Coding)해 추가하는 것 또한 가능하다. 그럼, 검색 프로그램은 어떻게 작성되는지 한번 살펴보자.

검색 프로그램의 작성(Coding)은, [자료 3]과 같이 ① 변수 선언, ②검색식, ③ 검색 결과 반환의 절차(순서)로 구성된다.

```
Input : shortPeriod(5), longPeriod(20);

value1 = MA(Close, shortPeriod);
value2 = Ma(Close, longPeriod);
5
If CrossUp(value1,value2) Then
{
    If C == C[1] Then value3 = 0.001;
    Else value3 = (C - C[1]) / C[1] * 100;
10}
Else
    value3 = 0;

Find(value3);
```

① 변수 선언

② 검색식

③ 검색 결과 반환

[자료 3] 종목 검색 코드 및 작성 순서

[자료 3]의 예시된 검색 프로그램은, 이동평균선(5, 20)의 골든크로스 조건을 가정했다. 여기에서, 사용되는 봉의 주기, 검색에 필요한 최소 기간, 종목군 등은 종목 검색창의 설정에서 별도로 지정할 수 있다. 또한, 앞서 살펴본 매매나 지표 프로그램과 마찬가지로 ① 변수 선언을 제외한 나머지(②, ③) 단계는, 설정된 봉의 주기마다 위에서 아래로 순차적으로 반복해 실행된다.

이어, 단계별 세부 내용을 살펴보면, 다음과 같다.

① 변수 선언

프로그램에서 사용할 변수 및 입력 변수를 선언하고 초기화한다. 입력 변수의 변수명과 변수값은 종목 검색창에서 수정 입력이 가능하며, 예제 프로그램에서는 단기, 장기 주기 값을 입력받기 위해, shortPeriod와 longPeriod를 Input 변수로 선언했다.

② 검색식

지표 데이터, 변수, 수식들을 이용해 현재 봉의 상황이 검색 조건에 부합하는지를 확인한다. 예제 프로그램에서는 단기 이동평균선이 장기 이동평균선을 골든크로스하면 변수 value3 에 특정한 값을, 아닐 경우 0 값을 저장한다.

③ 검색 결과 반환

검색 결과는 Find(value) 함수를 이용해 반환한다. 설정 주기에서 value 가 0 이 아닌 값이 반환되면, 해당 종목이 검색 조건에 부합한 것으로 간주되어 검색 결과 목록에 등록된다. 또한, value 값은 종목 검색창의 검색 결과값 필드에 표시가 된다. 0일 경우는 무시된다.

이에, 위 [자료 3]의 예시 프로그램을 조건으로 등록해 해당 종목을 검색한 결과는, [자료 4]와 같다.

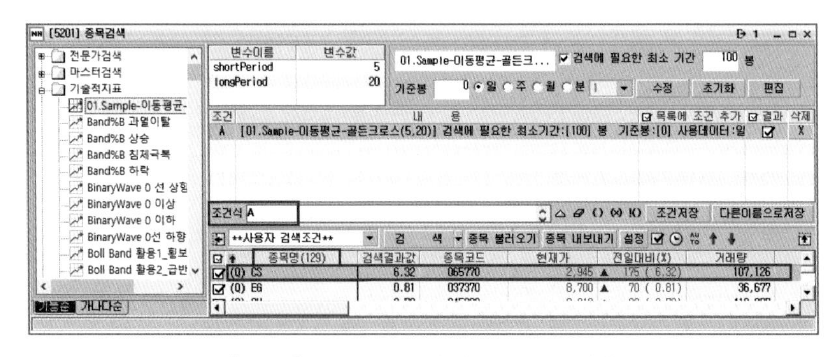

[자료 4] 예시 프로그램이 실행된 종목 검색창

또한, [자료 5]에서 보는 바와 같이, 검색된 종목 중에서 한 종목을 차트로 직접 검증해보면, A조건을 충족하는 종목이 제대로 검색되었음을 확인할 수 있다.

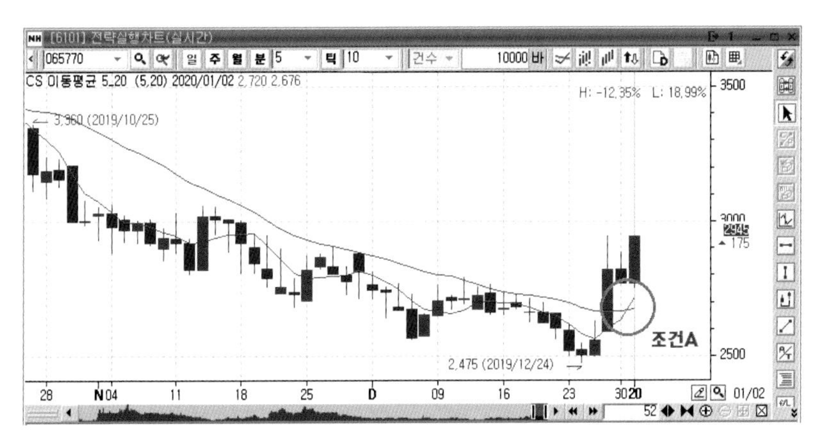

[자료 5] 검색 종목의 차트(A조건을 충족하는지를 확인)

시뮬레이션 진행 및 결과 확인은 어떻게 하나?

시뮬레이션(Simulation)이란, 작성(Coding)한 매매 프로그램을 백테스트(Back Test)하는 과정을 말한다. 이 과정을 통해 구상한 전략이 제대로 구현되었는지를 확인할 수 있을 뿐만 아니라, 산출된 성능보고서를 통해 전략의 성능을 평가해볼 수도 있다. 그럼, 시뮬레이션의 진행과 결과 확인은 어떻게 하는지 한번 살펴보자.

시뮬레이션의 진행과 결과 확인은 [자료 1]과 같이 ① 매매 프로그램 작성, ② 차트 적용, ③ 결과 확인, ④ 코드 수정의 절차(순서)로 진행한다. 여기에서 ①, ②, ③항은 기본적 절차이며, 만족할 만한 성능이 나올 때까지 필요에 따라 ④ 코드 수정(보완) 작업을 반복해 수행하게 된다.

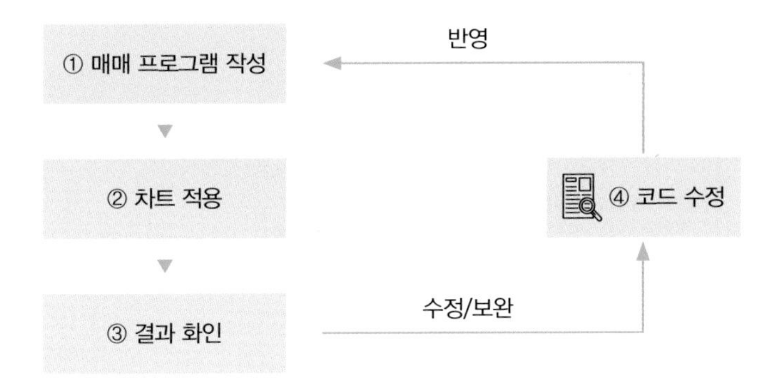

[자료 1] 시뮬레이션 진행 및 결과 확인 순서

이어서 단계별 세부 내용을 살펴보면 다음과 같다.

① 매매 프로그램 작성

구상한 매매 전략을 앞선 장에서 살펴본 매매 프로그램 작성 방법에 따라 [자료 2]와 같이 작성(Coding)한다. 여기에서 시뮬레이션 용도를 위한 별도의 매매 프로그램이 존재하거나 필요한 것은 아니다. 이 매매 프로그램이 시뮬레이션과 실전 투자 용도에 모두 동일하게 쓰인다.

```
Input : ShortPeriod(22), LongPeriod(100);
Var : ShortMA(0), LongMA(0);

ShortMA = MA(C, ShortPeriod);
LongMA = MA(C, LongPeriod);

If CrossUp(ShortMA, LongMA) Then Buy("B");
If CrossDown(ShortMA, LongMA) Then Sell("S");

SetStopLoss(2, PointStop);
SetStopProfittarget(2, PointStop);
```

[자료 2] 매매 프로그램 코드

② 차트 적용

예스트레이더(YesTrader)의 경우, 시스템 트레이딩을 위해 '전략실행 차트'와 '시뮬레이션 차트', 두 가지의 기능을 제공하고 있다. 여기에서, 시뮬레이션을 위해서는 '시뮬레이션 차트'를 사용한다. 우선, [자료 3]과 같이 시뮬레이션을 위한 대상 종목, 적용주기, 대상 기간 등을 설정한다.

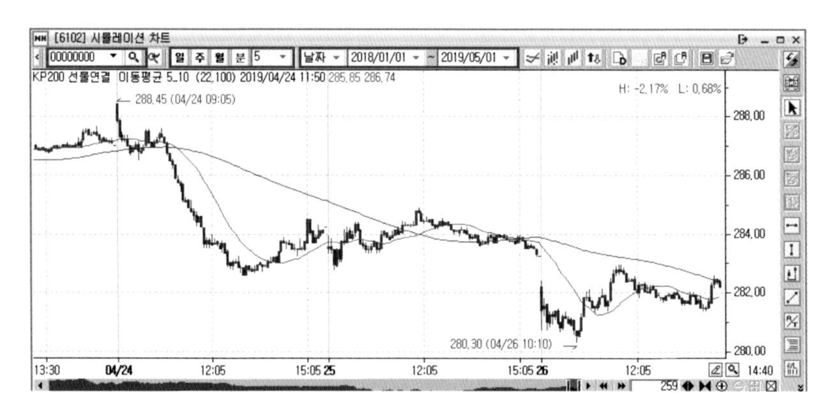

[자료 3] 시뮬레이션 차트 설정

이어, 차트 설정이 완료되면, 작성한 매매 프로그램을 차트에 적용한다. 이때, 변수, 피라미딩(Pyramiding), 비용·수량, 강제청산 등 매매와 관련된 부분은 실전 투자와 동일하게 설정한다. 설정 메뉴가 [자료 4]와 같이, 팝업창 형식으로 지원되기 때문에 직관적으로 편리하게 설정할 수 있다. 특히, 거래비용에 해당하는 수수료와 슬리피지(Slippage)는 현실성 있게 반영해야 한다. 이는, 적정한 거래비용을 시뮬레이션에 반영함으로써, 실전 투자와의 성과 괴리를 줄여줄 수가 있기 때문이다. 해당 증권사와 상품에 따라 이미 확정된 수수료는 선택 단위(%, pt, 틱)로 환산해 적용하고, 슬리피지는 상품과 관계없이 진입과 청산 시 각각 1틱씩 반영하면 충분(적정)하다.

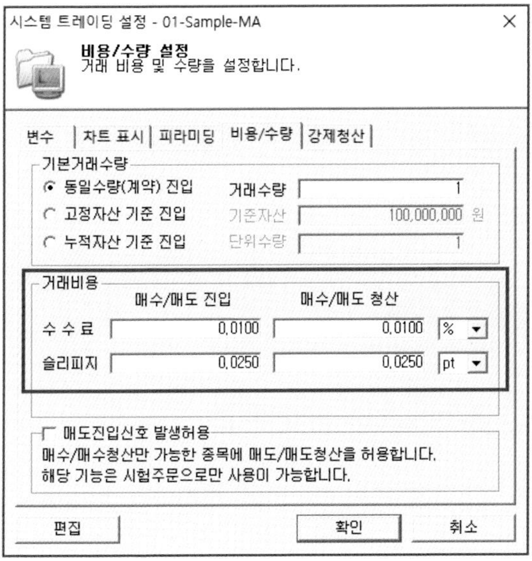

시스템 트레이딩 설정 - 01-Sample-MA
비용/수량 설정
거래 비용 및 수량을 설정합니다.
변수 | 차트 표시 | 피라미딩 | 비용/수량 | 강제청산
기본거래수량
동일수량(계약) 진입 거래수량 1
고정자산 기준 진입 기준자산 100,000,000 원
누적자산 기준 진입 단위수량 1
거래비용
매수/매도 진입 매수/매도 청산
수 수 료 0,0100 0,0100 %
슬리피지 0,0250 0,0250 pt
매도진입신호 발생허용
매수/매수청산만 가능한 종목에 매도/매도청산을 허용합니다.
해당 기능은 시험주문으로만 사용이 가능합니다.
편집 확인 취소

[자료 4] 매매 프로그램 적용에 대한 환경설정 팝업창

③ 결과 확인

① 매매 프로그램을 ② 시뮬레이션 차트에 적용하면, [자료 5]와 같이 시뮬레이션 결과를 확인할 수 있다. 여기에서, 당초 의도한 바대로 매매 프로그램이 잘 작성(Coding)되었는지, 또한 조건 지점에서 진입과 청산이 제대로 이루어지는지를 확인한다. 나아가, 설정 주기나 적용 기간 등을 변경해 결과가 어떻게 바뀌는지를 확인할 수도 있다.

[자료 5] 매매 프로그램이 적용된 시뮬레이션 차트

한편 성능보고서([자료6])의 각 탭에서, 종합, 거래 내역, 기간 분석, 전략 분석, 수익손실거래, 그래프([자료7]), 설정 등의 보고서들을 통해 전략의 성능을 분석한다.

시스템 성능 보고서

종목명(시스템명) : KP200 선물연결(01-Sample-MA(22,100))
주기(기간) : 5분 (2018/01/02 ~ 2019/04/30)

	전체	매수	매도
총손익(pt)	48.23	10.07	38.16
미청산포함 총손익(pt)	47.52	9.36	38.16
총수익(pt)	265.70	124.59	141.10
총손실(pt)	-217.47	-114.52	-102.94
기간 가격 변화(pt)		-40.65	40.65
가격 변화대비 수익률(%)		180.78	206.07
연평균 가격변화(pt)		-30.66	30.66
연평균 손익(pt)	36.37	7.59	28.78
총거래 횟수	295	147	148
수익거래 횟수	133	66	67
손실거래 횟수	162	81	81
승률(%)	45.08	44.90	45.27
평균손익(pt)	0.16	0.07	0.26
평균손익비	1.49	1.34	1.66
최대수익(pt)	7.19	3.74	7.19
평균수익(pt)	2.00	1.89	2.11

종합 | 거래내역 | 기간분석 | 전략분석 | 수익손실거래 | 그래프 | 설정

[자료 6] 시스템 성능보고서 – 종합 탭

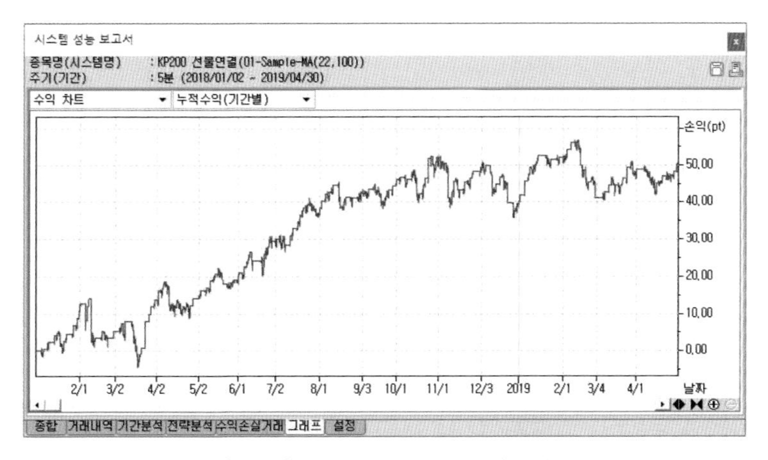

[자료 7] 시스템 성능보고서 - 그래프 탭

④ 코드 수정

매매 프로그램의 동작과 성능을 분석한 후, 필요에 따라 코드를 수정(보완)한다. 여기에서, 코드 수정이 이루어진 경우, 기본 절차(①, ②, ③)를 다시 반복해 진행한다.

외부 참조 데이터는 어떻게 사용하는가?

시스템 프로그래밍에서 외부 데이터를 참조하는 방법은 Data Manager 방식과 DB(Database) 접속 방식이 있다. 우선, 여기에서 Data Manager 방식에 대해 살펴보자. DB 접속 방식은 뒤에서 다시 살펴보기로 하자.

Data Manager는 [자료 1]과 같이, 타 증권사/선물사의 프로그램, 엑셀, 파일 등으로부터 데이터를 수집·관리하고, 이 데이터를 차트에 적용해 매매에 이용할 수 있도록 지원해주는 기능이다. 또한, 사용자가 자체 제작한 프로그램에서도 DMLib.dll 또는 DDE(Dynamic Data Exchange : Windows 운영체제에서 응용 프로그램 간 데이터 전송을 위해 제공되는 통신 프로토콜(Protocol)을 말하며, 워드(Word), 엑셀(Excel), Visual Basic 등 다양한 응용 프로그램에 사용됨) API를 통해 Data Manager로 데이터를 전달해줄 수도 있다.

여기에서, Data Manager는 타 증권사 프로그램, 엑셀과 같은 외부 프로그램으로부터는 DDE를 이용해 데이터를 수집하고, 텍스트 파일의 경우는 ASCII 형태로 수집한다.

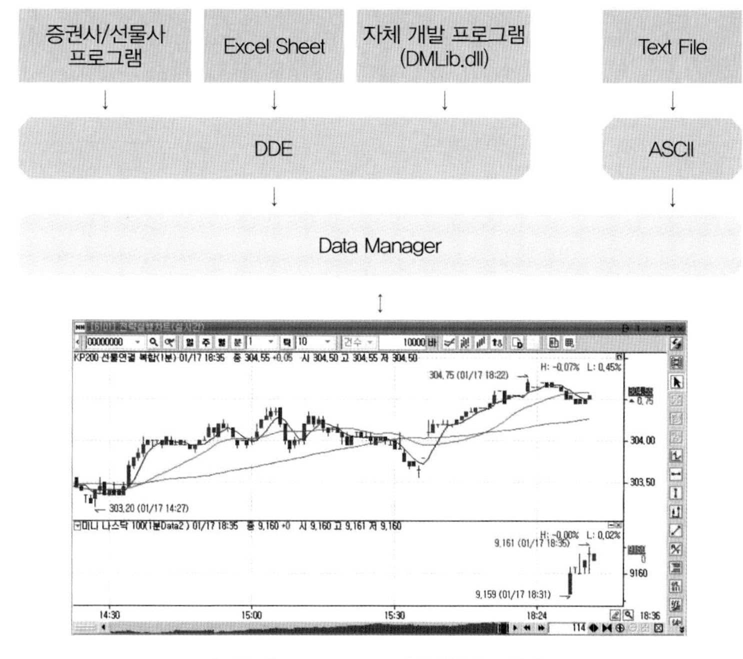

[자료 1] Data Manager의 동작구조 체계

그럼 한 예로, 타 증권사 프로그램(영웅문 Global)으로부터 데이터(Nasdaq100선물 현재가)를 가져와, 예스트레이더(YesTrader)에서 참조하는 방법(Data Manager 방식)을 한번 살펴보자.

우선, 영웅문 Global의 '엑셀 데이터 연동서비스(DDE)'를 실행한 후, Nasdaq100선물 현재가를 엑셀(Excel)로 내보내기 위해, [자료 2]와 같이 종목과 필드를 설정한다.

[자료 2] 영웅문 Global의 엑셀 데이터 연동서비스(DDE) 설정

설정 후 '엑셀로 보내기'를 실행하면, [자료 3]과 같이 DDE를 통해서 Nasdaq100선물 현재가 데이터가 엑셀(Excel)에 실시간으로 업데이트된다.

C2 =NFRun|'NQH20'!'10'

	A	B	C	D	E
1	종목코드	종목명	현재가		
2	'F0NQH20	미니 나스닥 100(20.03)	9,161.00		
3					
4					

[자료 3] Nasdaq100선물 현재가의 엑셀(Excel) 업데이트

이어, DDE를 통해 엑셀로 업데이트된 데이터를 예스트레이더에서 받을 수 있도록, 내부의 Data Manager 기능 프로그램을 실행한다. 여기에서, [자료 4]와 같이 종목을 추가하고 난 후, [자료 5]와 같이 데이터를 연결(데이터 추가)시킨다.

[자료 4] Data Manager - 종목 추가

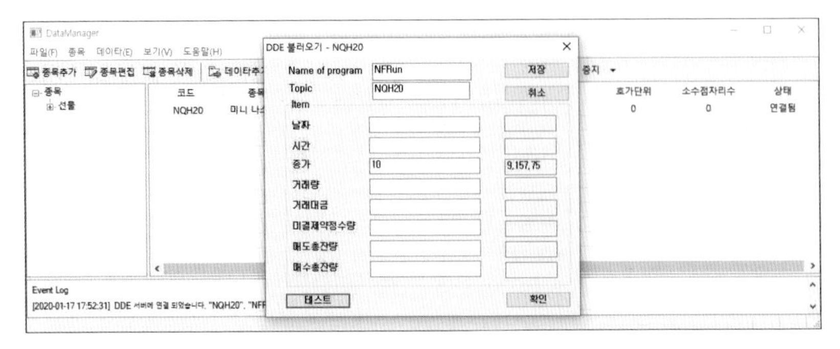

[자료 5] Data Manager - 데이터 추가

위와 같이 설정이 완료되면, '업데이트 시작' 버튼을 클릭해 업데이트를 시작한다. 이제, 전략실행 차트에서 [자료 6]과 같이, 종목 추가 기능을 통해 외부 데이터(종목명: 미니 나스닥 100)를 실시간으로 불러와 참조할 수가 있게 된다.

[자료 6] 외부 참조 데이터가 적용된 전략실행 차트

데이터베이스(DB)와의 연동은 어떻게 구현되나?

앞서 살펴본 바와 같이 외부 데이터를 참조하는 방법에는, 크게 Data Manager 방식과 DB(Database) 접속 방식이 있다. 앞선 장에서 살펴보았던 Data Manager 방식에 이어, 이 장에서는 DB(Database) 접속 방식에 대해 살펴보자.

DB(Database) 접속 방식은, 별도로 구축된 DB 서버(MSSQL, Oracle, mySQL 등)를 자동매매 프로그램과 연동함으로써, DB 서버의 데이터를 매매에 활용하는 방식이다. 그럼, 예제를 들어 DB 접속 방식의 절차와 내용에 대해 한번 살펴보자[예제로, (DB서버와의 연동을 위한) 프로그래밍 언어는 예스스팟(YesSpot)을, DB는 MSSQL을 사용했다].

우선 예제에 사용된 예스스팟(YesSpot)은, 자바스크립트(Javascript) 언어기반의 트레이딩 플랫폼으로서, 예스트레이더(YesTrader) 자동매매툴에서 지원·제공되는 프로그래밍 언어의 하나다. 그 주요 내용은 다음과 같다(출처: 예스스탁 홈페이지).

예스스팟(YesSpot)이란?

예스스팟은 전문 IT 인력을 보유하지 못한 개인 투자자나 중소 규모의 기관들에게 좀 더 쉽게 접근해 사용할 수 있는 종합 트레이딩 플랫폼을 제공하기 위해 개발되었습니다. 기존에 서비스되는 시스템 트레이딩 프로그램의 기능만으로 구현이 어렵거나 불가능한 부분을 확장 보완할 수 있으며 여러 상품을 동시에 거래하거나 다양한 데이터를 참조하는 거래전략에도 이용할 수 있습니다.

예스스팟은 자바스크립트 언어기반에 가격 데이터와 계좌 등 거래에 필요한 제반 데이터를 기본적으로 제공해 사용자가 데이터의 구축 등에 소비되는 시간 없이 거래전략을 만들어 사용할 수 있도록 지원합니다.

예스스팟은 다음과 같은 전략의 구현이 가능합니다(아래 내용은 단순한 예시이며, 이외에도 다양한 전략 구현이 가능합니다).

- 주식 포트폴리오 매매나 페어 트레이딩과 같이 복수 종목의 데이터를 처리해 전략을 만들고 주문을 실행할 수 있습니다.
- 신호 발생 시 주문을 일정한 방법으로 분산해 실행함으로써 대량주문의 슬리피지를 줄일 수 있습니다.

- 미완성 신호가 발생될 때 신호를 참조해 주문을 실행할 수 있습니다.
- 여러 개의 차트에서 나온 신호를 활용해 자동주문을 실행할 수 있습니다(예: 총 5개의 차트 중 3개의 차트에서 매수신호가 발생될 때 매수).
- 타 종목, 복수 종목, 복수계좌 주문이 가능합니다(예: 선물 매수 신호 발생 시 10만 원에 가장 근접한 콜옵션 매수, 풋옵션 매도).
- 계좌잔고와 연동해 자동으로 정정주문이나 취소주문을 실행할 수 있습니다.
- 계좌평가손익이 일정 금액 이상이거나 이하일 때 일괄로 청산주문을 실행할 수 있습니다.
- 보유하고 있는 개별 옵션 종목의 손익이나 그릭(Greek, 옵션 가격결정 함수의 변수) 또는 합산된 손익이나 그릭을 이용한 전략 작성과 자동주문이 가능합니다(옵션 합성매매 기능).

출처 : 에스스틱

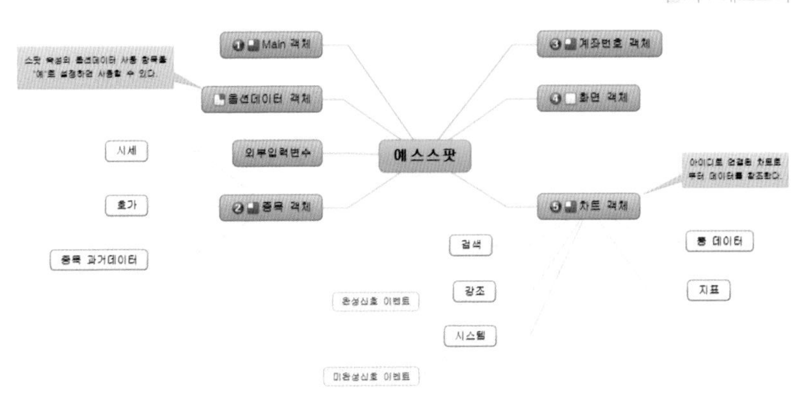

[자료 1] 에스스팟 구조

한편, 데이터베이스(DB) 접속 방식은 [자료 2]와 같이, ① DB 서버 구축, ② DB 서버 접속 설정, ③ 예스스팟 DB 접속 부분으로 구성되며, 그 주요 내용은 다음과 같다.

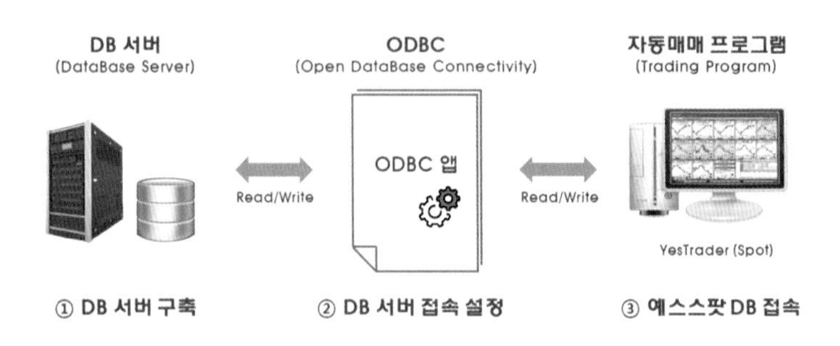

[자료 2] DB 접속 방식의 동작 절차 및 구성

① DB 서버 구축

먼저, 참조할 데이터가 저장될 데이터베이스 서버(Database Server)가 필요하다. 기존에 구축된 DB 서버가 없다면, DB 소프트웨어(MSSQL, Oracle, mySQL 등)를 이용해 자신의 용도에 맞게 DB 서버를 구축해야 한다. 이때, 자동매매 프로그램이 동작하는 컴퓨터의 내부에 DB 서버를 구축할 수도 있고, 물론 외부에 구축된 DB 서버를 연동할 수도 있다(각 DB 서버의 구축 방법에 대해서는 해당 DB 소프트웨어의 매뉴얼을 참조한다). 여기에서는 마이크로소프트사의 MSSQL DB를 사용해, [자료 3]과 같이 (예제로 사용할) 테이블 및 데이터를 세팅했다.

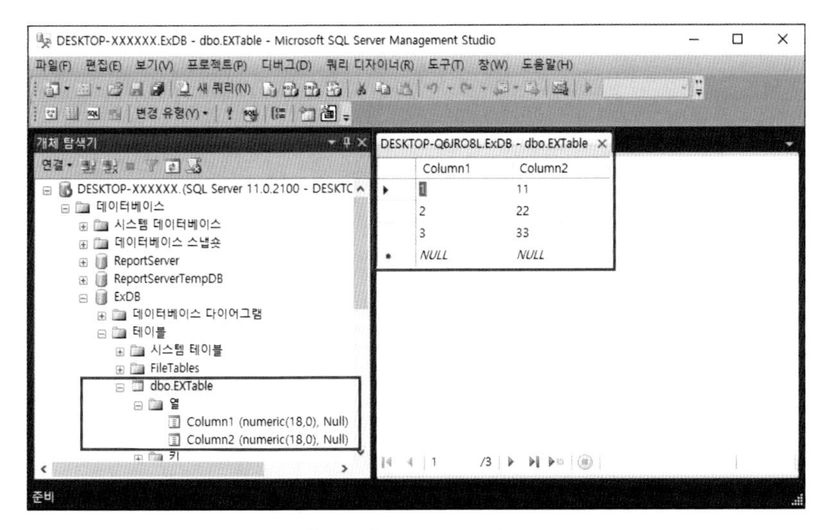

[자료 3] MSSQL DB 세팅

② DB 서버 접속 설정

구축된 DB 서버에 접속하기 위해서는, 자동매매 프로그램이 설치된 컴퓨터의 윈도우 환경에서 ODBC(Open DataBase Connectivity)를 설정해야 한다. ODBC는 마이크로소프트가 제공하는 데이터베이스에 접근하기 위한 소프트웨어의 표준 규격으로서, [자료 4]와 같이 관리 도구 내의 'ODBC 데이터 원본(64비트)' 앱을 실행해 설정할 수 있다.

제어판 › 모든 제어판 항목 › 관리 도구

이름	수정한 날짜	유형	크기
iSCSI 초기자	2019-03-19 오후 1:45	바로 가기	2KB
ODBC Data Sources (32-bit)	2019-03-19 오후 1:46	바로 가기	2KB
ODBC 데이터 원본(64비트)	2019-03-19 오후 1:45	바로 가기	2KB
System Configuration	2019-03-19 오후 1:45	바로 가기	2KB
Windows 메모리 진단	2019-03-19 오후 1:45	바로 가기	2KB
고급 보안이 포함된 Windows Defender ...	2019-03-19 오후 1:44	바로 가기	2KB

[자료 4] 윈도우 환경의 ODBC 앱 실행

이후 [자료 5]와 같이 'ODBC 데이터 원본 관리자'의 설정 팝업창에서 구축된 DB 서버와의 연결을 위한 ODBC 항목을 추가한다. 이 예제에서는 ① 구축된 DB 서버의 데이터를 'ExDBDSN'이라는 이름(사용자 임의로 설정)으로 접속할 수 있도록 ② ODBC 항목을 추가했다. 즉, ODBC를 통해 예스스팟에서 DB 서버의 Data를 읽거나 업데이트할 수 있는 접속환경이 구축되는 것이다.

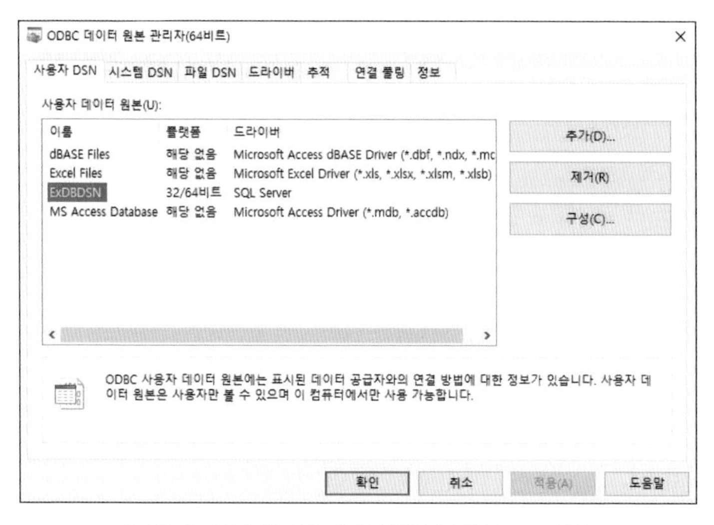

[자료 5] 데이터베이스(DB)에 접근하기 위한 ODBC 설정

③ 예스스팟 DB 접속

이제, 예스스팟 편집기를 사용해, [자료 6]과 같이 데이터베이스 객체를 설정하고, DB 데이터를 읽어오는 Query문(스팟식)을 작성(Coding)한다.

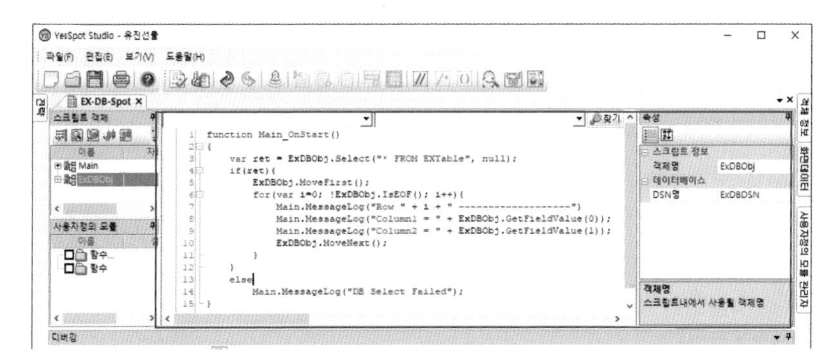

[자료 6] 예스스팟 프로그래밍 및 DB 객체 설정

그럼 [자료 7]과 같이, 예스스팟(YesSpot) 실행창의 왼쪽 영역에 작성된 프로그램(스팟식)의 항목이 생성된다. 이 스팟식(EX-DB-Spot)을 클릭해 실행함으로써, 데이터베이스(DB) 연동(데이터 읽기와 쓰기 모두)에 대한 모든 절차가 완성된다.

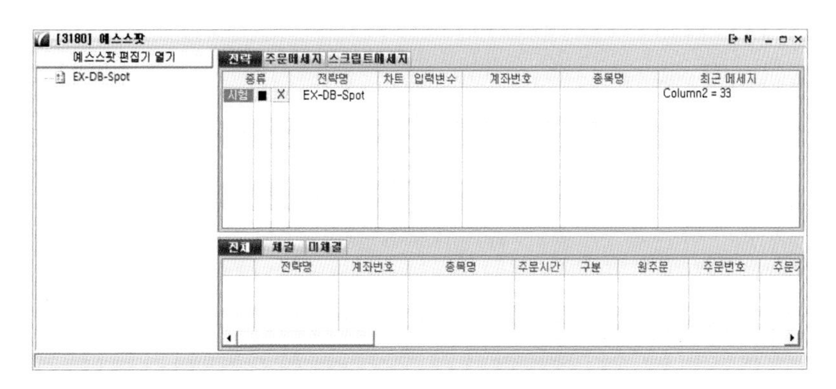

[자료 7] 예스스팟에서 프로그램(스팟식) 실행

이에, [자료 8]의 '프로그램(스팟식) 실행 결과'에서 보는 바와 같이, ① DB 서버의 데이터가 ② ODBC(이름: ExDBDSN)를 통해 ③ 예스스팟(YesSpot)과 연동되는 것을 확인할 수가 있다.

[자료 8] 프로그램(스팟식) 실행 결과

성능보고서에서 가장 중요한 팩터는 무엇인가?

전략 알고리즘의 개발에서, 전략의 성능은 시뮬레이션 결과가 요약된 시스템 성능보고서를 통해 평가된다. 이때, 성능보고서에 요약된 수십 가지 항목들은 모두 성능평가에 나름의 의미가 있는 중요한 데이터들로 구성되어 있다. 하지만 모두 중요하다고 해서 수십 가지에 이르는 항목들 모두 같은 가중치를 두어 평가할 수는 없는 노릇이다. 그러기엔 항목들이 너무 많다. 이에 전략의 성능을 평가하는 데 가장 핵심적인 항목들을 선별해 우선·중점적으로 살펴볼 필요성이 있다. 그럼, 성능보고서에서 가장 중요한 팩터(Factor), 즉 어떤 항목을 중심으로 무엇을 평가해야 하는지 한번 살펴보자.

시스템(전략) 성능보고서의 구성 항목과 내용은 자동매매툴의 종류와 관계없이 모두 대동소이(大同小異)하다. 이 장에서는 대표적인 자동매매툴의 하나인 예스트레이더(YesTrader)의 예시를 들어 살펴보고자 한다.

시스템 성능 보고서

종목명(시스템명) : 연결_Crude Oil(2020.01)(CludeOil-Macadamia_Sample_Ver1.00(148,0.12,0,0,12,22,31,6,25,9,1.89,

주기(기간) : 8분 (2016/02/27 ~ 2019/06/29)

	전체	매수	매도
총손익(pt)	144.03	94.82	49.20
미청산포함 총손익(pt)	144.03	94.82	49.20
총수익(pt) ①	208.81	130.06	78.75
총손실(pt)	-64.78	-35.23	-29.55
기간 가격 변화(pt)		24.30	-24.30
가격 변화대비 수익률(%)		32.29	168.64
연평균 가격변화(pt)		7.28	-7.28
연평균 손익(pt)	43.13	28.39	14.73
총거래 횟수	111	62	49
수익거래 횟수	73	44	29
손실거래 횟수	38	18	20
승률(%) ②	65.77	70.97	59.18
평균손익(pt)	1.30	1.53	1.00
평균손익비 ③	1.68	1.51	1.84
최대수익(pt)	13.72	10.30	13.72
평균수익(pt)	2.86	2.96	2.72
최대연속 수익거래 횟수	9	9	4
수익거래 평균 봉 개수	976	1,135	735
최대손실(pt)	-2.34	-2.34	-1.79
평균손실(pt)	-1.70	-1.96	-1.48
최대연속 손실거래 횟수	3	2	4
손실거래 평균 봉 개수	681	907	478
최대손실폭(pt) ④	-5.51	-6.15	-6.17
보상비율(%)	26.15	15.41	7.97
총수익/총손실(pt)	3.22	3.69	2.67
투자요구금액(pt)	41.75	42.39	44.34
수익률(%)	344.99	223.67	110.96

종합 | 거래내역 | 기간분석 | 전략분석 | 수익손실거래 | 그래프 | 설정

[자료 1] 시스템 성능보고서의 종합 탭(테이블) 화면

우선, [자료 1]과 같이, 시스템 성능보고서 내의 '종합 테이블'은 다음과 같은 세부 항목들로 구성된다.

- 총손익 : 총수익에서 총손실을 뺀 값이다.
- 미청산 포함 총손익 : 미청산 포지션의 손익을 포함한 총 손익이다. 미청산 포지션의 손익은 최종 종가에서 마지막 진입 시점의 가격을 차감해 계산된다.
- 총수익 : 대상 기간의 거래 중 수익거래에서의 수익 금액을 합산한 금액이다.
- 총손실 : 대상 기간의 거래 중 손실거래에서의 손실금액을 합산한 금액이다.
- 기간 가격 변화 : 적용 기간 첫날의 종가와 마지막날의 종가 변화 값이다.
- 가격 변화 대비 수익률 : 기간 가격 변화를 백분율로 나타낸 값이다.
- 연평균 가격 변화 : 기간 가격 변화를 연평균으로 환산한 값이다.
- 연평균 손익 : 총손익을 연간 손익으로 환산한 값이다.
- 총거래횟수 : 기간 내의 전체 거래횟수다.
- 수익거래횟수 : 총거래횟수 중에서 수익을 발생시킨 거래의 횟수다.
- 손실거래횟수 : 총거래횟수 중에서 손실을 발생시킨 거래의 횟수이다. 보합거래는 손실거래로 포함된다.
- 승률 : 수익거래횟수를 총거래횟수로 나눈 백분율이다.
- 평균 손익 : 총손익의 전체 거래에 대한 비율이다(총손익/총거래횟수).
- 평균 손익비 : 평균 수익을 평균 손실로 나눈 값이다.
- 최대 수익 : 최대의 수익을 기록한 매매의 수익 값이다.

- 평균 수익 : 수익거래의 평균 수익이다(총수익/수익거래횟수).
- 최대 연속 수익 거래횟수 : 연속해서 수익거래를 발생시킨 경우 중에서 최대 횟수를 기록한 값이다.
- 수익거래 평균 봉 개수 : 수익거래들의 평균 보유 봉 수다.
- 최대 손실 : 거래 중 한 번의 거래에서 최대의 손실을 기록한 거래의 손실값이다.
- 평균 손실 : 손실거래의 평균 손실값이다(총손실/손실거래횟수).
- 최대 연속 손실거래횟수 : 연속해서 손실거래를 발생시킨 경우, 중에서 최대 횟수를 기록한 값이다.
- 손실거래 평균 봉 개수 : 손실거래를 일으킨 매매의 평균 보유 봉 수이다.
- 최대 손실폭 : (MDD, Maximum Draw Down) 수익 곡선을 그렸을 때 특정 진입 시점 이후 가장 큰 손해를 볼 때의 폭이다.
- 보상 비율 : 총손익 대비 최대손실폭으로, 보상 비율이 높을수록 위험대비 기대수익이 높은 시스템이 된다(총손익/abs(최대손실폭)).

  ※ abs (절댓값, Absolute value)
- 총수익/총손실 : 총손실 대비 총 수익의 비율이다.
- 투자 요구 금액 : 최초 진입가격에 최대손실폭(MDD)을 더한 값이다(선물상품의 경우, 이 항목은 투자 시 요구되는 위탁증거금과는 의미가 다르기 때문에 별도의 계산이 필요하다).
- 수익률 : 총손익을 투자 요구 금액으로 나누어서 계산한 값이다(선

물상품의 경우, 이 항목은 투자 시 요구되는 위탁증거금과는 의미가 다르기 때문에 별도의 계산이 필요하다).

시스템 성능 보고서

종목명(시스템명) : 연결_Crude Oil(2020.01)(CludeOil-Macadamia_Sample_Ver1.00(148,0.12,0,0,12,22,31,6,25,9,1.89,

주기(기간) : 8분 (2016/02/27 ~ 2019/06/29)

표준편차승수 3

	전체	매수	매도
총손익(pt)	144.03	94.82	49.20
총수익(pt)	208.81	130.06	78.75
총손실(pt)	-64.78	-35.23	-29.55
총수익/총손실	3.22	3.69	2.67
평균 손익(pt)	1.30	1.53	1.00
평균 손익비(pt)	1.68	1.51	1.84
승률(%)	65.77	70.97	59.18
조정총손익(pt)	109.08	66.91	27.97
조정총수익(pt)	184.37	110.45	64.13
조정총손실(pt)	-75.29	-43.54	-36.16
조정총수익/조정총손실	2.45	2.54	1.77
손익표준편차	2.74	2.66	2.81
수익표준편차	2.05	1.71	2.48
손실표준편차	0.38	0.35	0.24
특이치제거 총손익(pt)	120.01	84.53	35.49
특이치제거 총수익(pt)	184.80	119.76	65.04
특이치제거 총손실(pt)	-64.78	-35.23	-29.55
변동계수(%)	211.26	174.00	280.01
Sharpe Ratio ⑤	1.07	0.95	0.42
RINA Index	173.26	169.05	173.97
평균진입효율(%)	64.39	67.23	60.80
평균청산효율(%)	58.52	63.27	52.51
평균총효율(%)	22.91	30.50	13.31
수수료(pt) ⑥	0.33	0.19	0.15
슬리피지(pt)	2.22	1.24	0.98

종합 | 거래내역 | 기간분석 | 전략분석 | 수익손실거래 | 그래프 | 설정

[자료 2] 시스템 성능보고서의 전략 분석 탭(테이블) 화면

또한, [자료 2]와 같이, 시스템 성능보고서 내의 '전략 분석 테이블'은 다음과 같은 세부 항목들로 구성된다(위의 종합 테이블 내의 항목과 중복된 내용은 제외함).

- 표준편차승수 : 특이치제거 관련 항목을 계산할 때 표준편차 범위를 조절하는 입력박스다. 1, 2, 3 중에서 선택할 수 있으며, 1을 선택하면 표준편차를 벗어나는 수익과 손실이 많아지고, 3을 선택하면 표준편차를 벗어나는 수익과 손실이 그만큼 적어지게 된다.
- 조정총손익 : 조정총수익과 조정총손실을 더한 값이다.
- 조정총수익 : 수익거래횟수를 조정해 평균수익과 곱한 값이다.

  조정총수익 = (수익거래횟수 - sqrt(수익거래횟수))*평균수익

  ※ sqrt (제곱근, Square root)
- 조정총손실 : 손실거래횟수를 조정해 평균손실과 곱한 값이다.

  조정총손실 = (손실거래횟수 - sqrt(손실거래횟수))*평균손실
- 조정총수익/조정총손실 : 조정총손실에 대한 조정총수익의 비율이다.

여기에서, 위의 조정총손익, 조정총수익, 조정총손실, 조정총수익/조정총손실은 모두 수익은 좀 더 적게, 손실은 좀 더 크게 조정해 보수적인 관점에서 수익과 손실을 분석하는 방법이다. 이어,

- 손익표준편차 : 각 거래에서의 손익에 대한 표준편차다.

- 수익표준편차 : 각 거래 중 수익에 대한 거래의 표준편차다.
- 손실표준편차 : 각 거래 중 손실에 대한 거래의 표준편차다.
- 특이치제거 총손익 : 특이치제거 총수익과 특이치제거 총손실을 합한 값이다. 즉, 표준편차를 벗어나는 손익을 제외한 총손익이다.
- 특이치제거 총수익 : 표준편차를 벗어나는 수익을 제외한 총수익이다. 즉, N 표준편차 범위 내의 총수익 누적값이다(여기에서, N은 위의 표준편차 승수임).
- 특이치제거 총손실 : 표준편차를 벗어나는 손실을 제외한 총손실이다. 즉, N 표준편차 범위 내의 총손실 누적값이다.
- 변동계수 : 손익표준편차와 평균손익의 비율에 대한 백분율 값으로서, 값이 클수록 손익의 변동이 심하다는 것을 의미한다.
- Sharpe Ratio : 월평균손익을 월평균손익의 표준편차로 나누어서 산출되며, 값이 클수록 시스템이 안정적이라는 것을 의미한다.

  Sharpe Ratio = 월평균손익 / 월평균손익의 표준편차
- RINA Index : RINA사에서 개발한 지수로서, 특이치제거 총손익을 평균최대손실과 시장참여비율의 곱으로 나눈 값이다.

  RINA Index = 특이치제거 총손익 / (평균최대손실 * 시장참여비율)
- 평균진입효율 : 각 거래에서의 진입효율에 대한 평균값이다.
- 평균청산효율 : 각 거래에서의 청산효율에 대한 평균값이다.
- 평균총효율 : 진입청산의 평균효율을 나타낸다. (평균진입효율+평균청산효율-100)

• 수수료 : 전체 거래에서 발생된 수수료의 합계다.

• 슬리피지 : 전체 거래에서 발생된 슬리피지의 합계다.

위와 같이, 종합 테이블 및 전략 분석 테이블은 많은 세부항목들로 구성된다. 이 중에서, 전략의 성능을 평가하는 데 우선·중점적으로 살펴봐야 할 항목은 [자료 1]과 [자료 2]에서 보는 바와 같이, ① 총수익과 총손실, ② 승률, ③ 평균손익비, ④ 최대손실폭(MDD), ⑤ Sharpe Ratio, ⑥ 수수료와 슬리피지 등이다.

이를 좀 더 살펴보면, ① 총수익과 총손실은 전략의 손익성능을 대표하는 항목으로, 총수익에서 총손실을 뺀 값은 총손익이 된다. 이 총손익은 크면 클수록 좋다. 하지만, 여기에서 검토해야 할 진짜 중요한 팩터(Factor)는 따로 있다. 이는, 바로 총손익비(총수익/총손실)이다. 이 수치가 높을수록 안정적인 전략이 된다. 예를 들어, 총수익이 300Pt(Point)이고 총손실이 200Pt인 [A전략]과, 한편 총수익이 200Pt이고 총손실이 100Pt인 [B전략]이 있다고 가정해보자. 이때, A전략의 총손익(300-200=100)과 B전략의 총손익(200-100=100)은 모두 100Pt로, 손익의 크기는 같다. 하지만 총손익비(총수익/총손실)는 A전략이 1.5(=300/200)이고, B전략은 2.0(=200/100)이 된다. 이에, A전략보다는 총손익비가 더 높은 B전략이 성능 측면에서 훨씬 더 안정적인 전략이 된다. 이에, 손익의 크고 작음에 대한 단순평가에서 나아가, 총손익비 또한 중점적으로 검토되어야 할 사항이다.

② 승률은 수익거래횟수를 총거래횟수로 나눈 백분율이며, ③ 평균 손익비는 평균수익을 평균손실로 나눈 값이다. 이 역시 전략의 성능평가에 있어 아주 중요한 항목들이다. 물론, 두 항목은 모두 수치가 높을수록 좋다. 하지만, ② 승률과 ③ 평균손익비는 서로 반비례해 움직이는 경향이 있다. 대체로, 승률이 높은 전략은 평균손익비가 낮고, 반대로 평균손익비가 높은 전략은 승률이 낮다. 이에, ② 승률과 ③ 평균손익비는 서로 간의 적정한 조화가 필요하다. 이 부분에 대해서는 뒤에서 좀 더 살펴보기로 하자.

④ 최대손실폭(MDD, Maximum Draw Down)은 수익 곡선을 그렸을 때 특정 진입 시점 이후 가장 큰 손해를 볼 때의 폭을 말한다. 이는 실전 투자에서 MDD의 크기 혹은, 그 이상의 손실을 예상해야 할 뿐만 아니라, 이 손실을 감내해야 한다는 심각한 의미 또한 내포하고 있다. 이와 같이, MDD는 실전 시스템의 계속 운영 여부를 고민하게 하는 아주 민감한 위험상황 지표이기 때문에, 전략의 위험관리 측면에서 반드시 검토되어야 할 중점항목이다.

⑤ Sharpe Ratio는 월평균 손익을 월평균 손익의 표준편차로 나눈 값이다. 'Sharpe Ratio = 월평균 손익 / 월평균 손익의 표준편차' 여기에서, Sharpe

Ratio는 값이 클수록, 전략(시스템)이 안정적이라는 것을 의미한다. 즉, 이 값이 클수록 손익그래프가 안정적인 우상향 곡선을 그리게 된다. 이는 [자료 3]과 같이, 전략의 로버스트(Robust)한 정도를 예측해볼 수 있는 안정성과 관련된 중요한 항목이기 때문에, 이 또한 전략의 실전 운영에서 중점적으로 살펴봐야 한다.

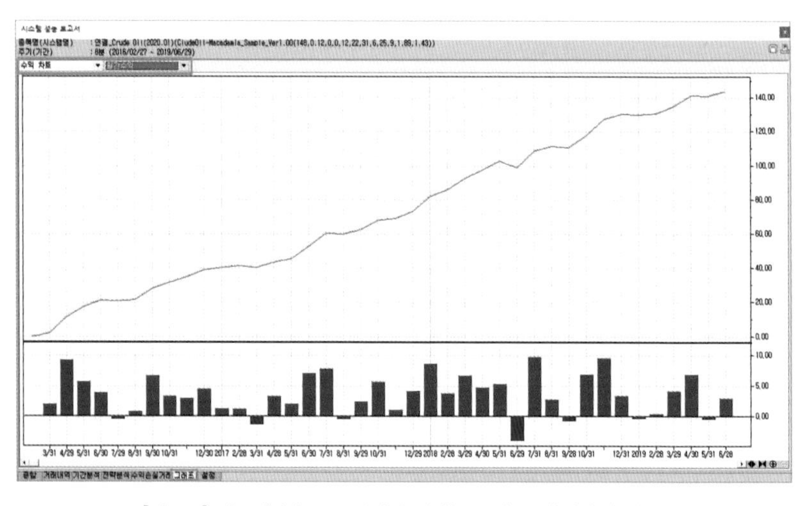

[자료 3] 시스템 성능보고서의 손익성능 그래프 탭(테이블) 화면

⑥ 수수료와 슬리피지는 해당 상품에 전략(시스템)을 적용할 때 설정창에서 사용자가 임의로 입력하는 값으로, 얼마나 적정하게 설정했는지가 핵심사항이다. 여기에서 수수료는 대상상품에 따라 그 값이 고정되어 있어서 설정하는 데 별 무리가 없다. 하지만 슬리피지는 해당 상품의 가격변동성과 상대호가의 잔량에 따라 많이 변동된다. 일반적으로 슬리피지는 포지션의 진입과 청산에 각각 1틱(Tick)씩 설정·반영하는 것이 적

정하다. 또한, 거래횟수가 많은 전략일수록 누적거래비용은 손익성능에 많은 영향을 미치기 때문에, 더욱 세심한 관리가 필요한 항목이다.

이상과 같이, 성능보고서에서 이러한 항목들을 우선·중점적으로 검토함으로써, 전략(시스템)의 성능을 더욱 신속하고 효율성 있게 평가해볼 수 있다.

전략의 최적화란 무엇이며, 어떻게 진행하나?

최적화(最適化, Optimization)란, 어떤 목적함수(Objective function)의 값을 최대화 또는 최소화시키는 파라미터(Parameter)의 조합을 찾는 일이다. 즉, 전략의 성능지표가 극대화(최대화 혹은 최소화)될 수 있는 가장 적합한 변수값이나 조건을 찾아내는 것이다. 또한, 이는 전략 알고리즘 자체의 퍼포먼스(Performance)를 더욱 향상(극대화)시키는 심화과정이기도 하다. 그럼, 시스템(전략)을 최적화하는 절차와 방법에 대해 한번 살펴보자.

우선, 시스템(전략) 최적화는 [자료 1]과 같이, (A) 상품 최적화, (B) 주기 최적화, (C) 변수 최적화 부분으로 구성된다. 여기에서, (A) 상품 최적화와 (B) 주기 최적화는 전략 최적화의 외적 구성요소에 해당되며, (C) 변수 최적화는 내적 구성요소다.

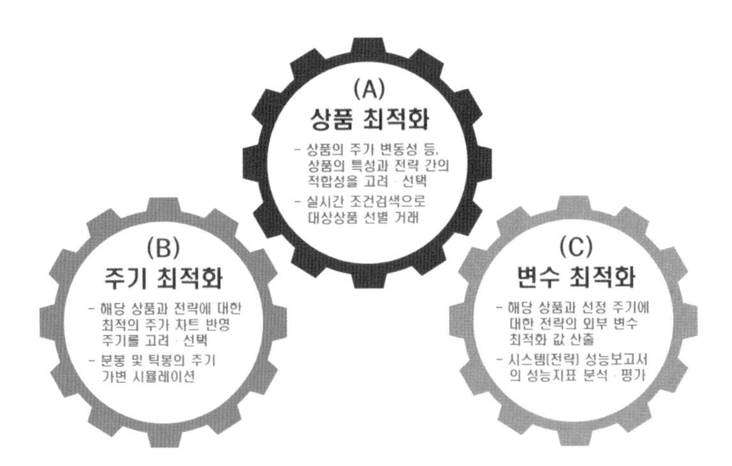

[자료 1] 시스템(전략)의 최적화 구성요소

이를 좀 더 살펴보면, (A) 상품 최적화는 상품의 특성(가격 변동성 등)과 전략 간의 적합성을 고려(기준)해, 대상 종목을 최적화하는 것이다. 전략의 성격을 모든 상품에 맞출 수는 없다. 전략의 특성에 따라 해당 전략과 성격이 잘 맞는 상품이 있고, 그렇지 않은 상품이 있다. 이에, 해당 전략에 잘 맞는(전략 성능이 우수한) 상품을 선별해 최적화할 필요성이 있다. 한편, 실시간 종목 검색을 통해 많은 종목 중에서 자동선별해 거래하는 방법 또한, 상품의 최적화라 할 수 있다.

이어, (B) 주기 최적화는 전략실행 차트의 분 또는 틱 단위 봉설정 주기를 최적화하는 것이다. 이 또한, 전략의 특성에 따라 해당 전략이 어떤 주기와 성격이 잘 맞기도 하고, 그렇지 않기도 한다. 그렇기에, 해당 전략에 잘 맞는(전략 성능이 우수한) 봉주기를 선별해 최적화할 필요성이 있다.

그리고 (C) 변수 최적화는 전략의 성능지표가 극대화(최대화 혹은 최소화)될 수 있는 가장 적합한 변수값을 찾아 적용하는 것이다. 최적화 대상이 될 변수는 미리 Input 함수를 사용해 자유롭게 설정할 수가 있다.

여기에서, 최적화는 이 3가지 요소들이 독립적으로 작동되는 것이 아니라 유기적인 결합으로 이루어진다. 우선, (A) 거래 대상 상품과 (B) 차트 주기를 선정·반영한 상태에서 (C) 전략의 변수를 최적화하게 되고, 이 작업들을 순환 반복함으로써 최적의 조합을 찾아내는 과정을 거치게 된다. 이와 같은 반복과정을 거쳐 최적의 (A), (B), (C) 조합이 구성될 때, 비로소 시스템(전략)의 최적화 작업이 완성된다.

그럼 어떤 방법으로 전략의 변수들을 최적화해나가는지, 예스트레이더(YesTrader)의 예시를 들어서 한번 살펴보자. 우선, 종목과 주기가 선정·반영된 전략실행 차트에서 시스템 전략을 불러오면, [자료 2-1]과 같이 시스템 트레이딩 설정에 대한 팝업창이 뜨게 된다. 이 팝업창의 변수 테이블에는 전략식 내에 설정해놓은 변수들의 이름과 설정값들이 리스트(List)되어 있다. 여기에서 최적화를 진행하기 위해서는, 최적화하고자 하는 변수의 설정값을 [자료 2-2]의 예시와 같은 형식으로 수정하면 된다.

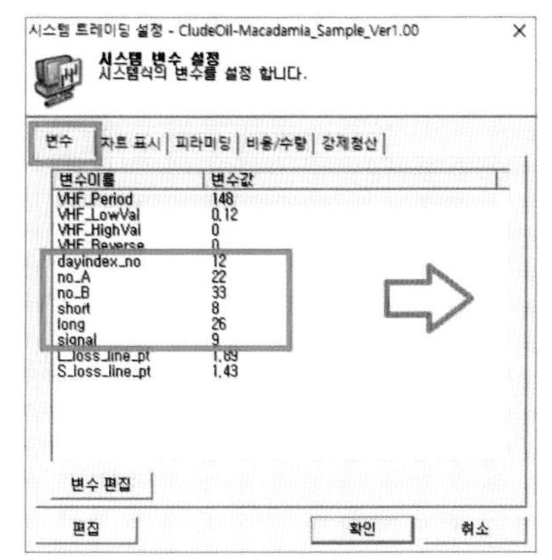

[자료 2-1] 시스템변수 설정 팝업창

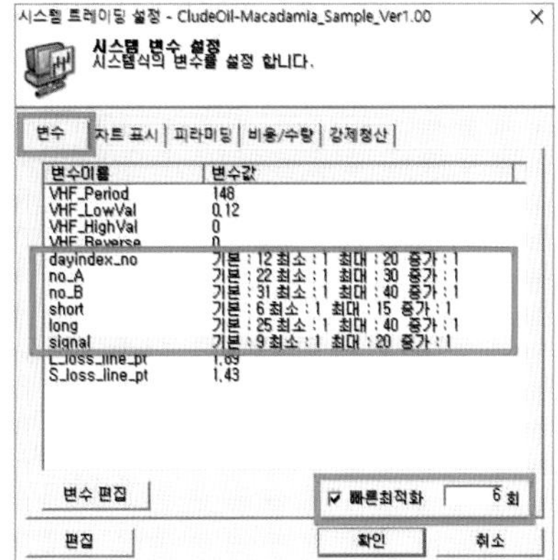

[자료 2-2] 시스템변수 최적화 설정

먼저, 최적화하고자 하는 변수 이름을 더블클릭하면 [자료 2-3]과 같이 변수값을 입력할 수 있는 팝업창이 뜨게 된다. 여기에서, 최적화를 선택·체크한 후 당초부터 설정되어 있던 기본값 이외에 변경범위(최소값~최대값)와 증가 단위를 입력·확인한다. 이때, 변경범위와 증가 단위는 넓게 시작해 점점 좁혀나가는 것이 효율적이다. 또한, 한꺼번에 너무 많은 대상 변수를 혹은 전부를 선택하는 것보다는 해당 변수가 내포하고 있는 성격·특성을 고려해, 유형별로 나누어 순차적으로 최적화 진행하는 것이 효율적이다. 이와 같은 방식으로, 최적화하고자 하는 변수를 대상으로 변경범위와 증가 단위를 설정한 다음 확인·실행한다. 그럼, [자료 2-4]와 같이 시스템 시뮬레이션 진행상태 팝업창이 뜨면서 최적화 작업을 수행하게 된다.

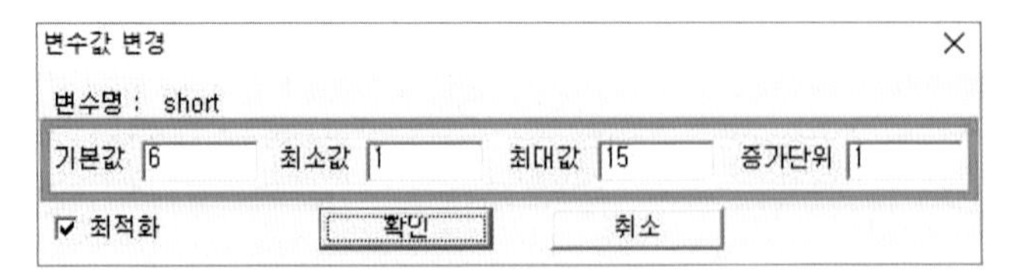

[자료 2-3] 변수값 변경 팝업창

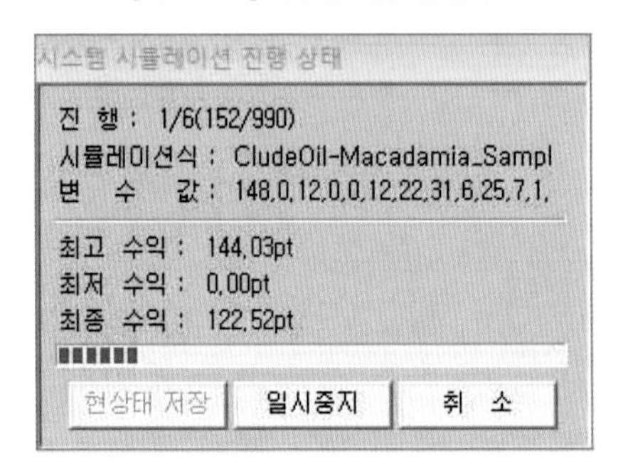

[자료 2-4] 시뮬레이션 진행 팝업창

위의 절차를 완료하고 나면, 마침내 [자료 3]과 같이 시스템 최적화보고서가 최종적으로 생성된다. 이제, 이 보고서를 통해 최적화된 결과 데이터를 더 효율적이고 간편하게 평가·분석할 수가 있다. 아울러, 모든 지표항목에 대해 데이터를 오름·내림차순으로 정렬(Sorting)해 확인하거나, 그래프 테이블에서 최적화된 결과를 다양한 2~3차원 그래프로도 확인·분석할 수 있게 된다.

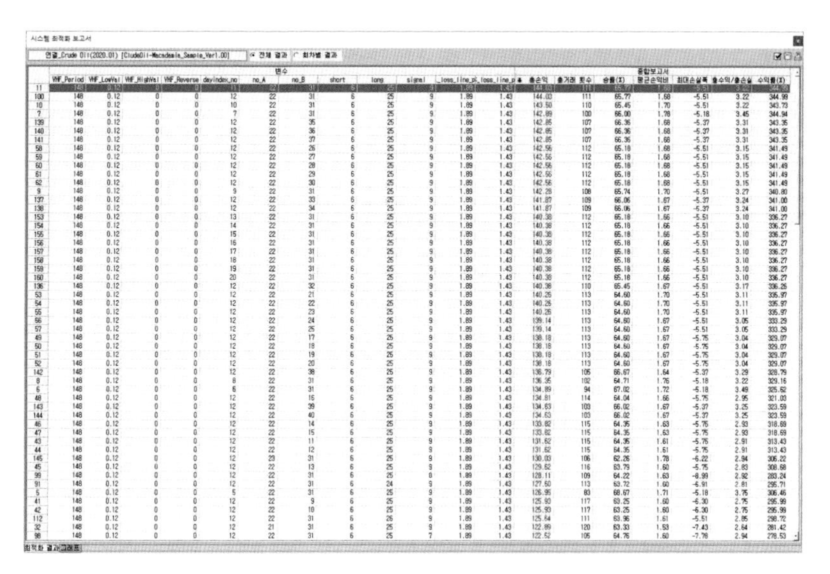

	변수												종합보고서						
	VHF_Period	VHF_LowVal	VHF_HighVal	VHF_Reverse	dayindex_no	no_A	no_B	short	long	signal	_loss_line_p	_loss_line_p	총손익	총거래 횟수	승률(%)	평균손익비	최대손실폭	총수익/총손실	수익률(%)
11	148	0.12	0	0	11	22	31	6	25	9	1.89	1.43	144.03	111	65.77	1.68	-5.51	3.22	344.99
100	148	0.12	0	0	12	22	31	6	25	9	1.89	1.43	144.03	111	65.77	1.68	-5.51	3.22	344.99
10	148	0.12	0	0	10	22	31	6	25	9	1.89	1.43	143.50	110	65.45	1.70	-5.51	3.22	343.73
7	148	0.12	0	0	7	22	31	6	25	9	1.89	1.43	142.89	100	66.00	1.78	-5.18	3.45	344.94
139	148	0.12	0	0	12	22	35	6	25	9	1.89	1.43	142.85	107	66.36	1.68	-5.37	3.31	343.35
140	148	0.12	0	0	12	22	36	6	25	9	1.89	1.43	142.85	107	66.36	1.68	-5.37	3.31	343.35
141	148	0.12	0	0	12	22	37	6	25	9	1.89	1.43	142.85	107	66.36	1.68	-5.37	3.31	343.35
58	148	0.12	0	0	12	22	26	6	25	9	1.89	1.43	142.56	112	65.18	1.68	-5.51	3.15	341.49
59	148	0.12	0	0	12	22	27	6	25	9	1.89	1.43	142.56	112	65.18	1.68	-5.51	3.15	341.49
60	148	0.12	0	0	12	22	28	6	25	9	1.89	1.43	142.56	112	65.18	1.68	-5.51	3.15	341.49
61	148	0.12	0	0	12	22	29	6	25	9	1.89	1.43	142.56	112	65.18	1.68	-5.51	3.15	341.49
62	148	0.12	0	0	12	22	30	6	25	9	1.89	1.43	142.56	112	65.18	1.68	-5.51	3.15	341.49
9	148	0.12	0	0	9	22	31	6	25	9	1.89	1.43	142.28	108	65.74	1.70	-5.51	3.27	340.80
137	148	0.12	0	0	12	22	33	6	25	9	1.89	1.43	141.87	109	66.06	1.67	-5.37	3.24	341.00
138	148	0.12	0	0	12	22	34	6	25	9	1.89	1.43	141.87	109	66.06	1.67	-5.37	3.24	341.00
153	148	0.12	0	0	13	22	31	6	25	9	1.89	1.43	140.38	112	65.18	1.66	-5.51	3.10	336.27
154	148	0.12	0	0	14	22	31	6	25	9	1.89	1.43	140.38	112	65.18	1.66	-5.51	3.10	336.27
155	148	0.12	0	0	15	22	31	6	25	9	1.89	1.43	140.38	112	65.18	1.66	-5.51	3.10	336.27
156	148	0.12	0	0	16	22	31	6	25	9	1.89	1.43	140.38	112	65.18	1.66	-5.51	3.10	336.27
157	148	0.12	0	0	17	22	31	6	25	9	1.89	1.43	140.38	112	65.18	1.66	-5.51	3.10	336.27
158	148	0.12	0	0	18	22	31	6	25	9	1.89	1.43	140.38	112	65.18	1.66	-5.51	3.10	336.27
159	148	0.12	0	0	19	22	31	6	25	9	1.89	1.43	140.38	112	65.18	1.66	-5.51	3.10	336.27
160	148	0.12	0	0	20	22	31	6	25	9	1.89	1.43	140.38	112	65.18	1.66	-5.51	3.10	336.27
136	148	0.12	0	0	12	22	32	6	25	9	1.89	1.43	140.38	110	65.45	1.67	-5.51	3.17	336.26
53	148	0.12	0	0	12	22	21	6	25	9	1.89	1.43	140.25	113	64.60	1.70	-5.51	3.11	335.97
54	148	0.12	0	0	12	22	22	6	25	9	1.89	1.43	140.25	113	64.60	1.70	-5.51	3.11	335.97
55	148	0.12	0	0	12	22	23	6	25	9	1.89	1.43	140.25	113	64.60	1.70	-5.51	3.11	335.97
56	148	0.12	0	0	12	22	24	6	25	9	1.89	1.43	139.14	113	64.60	1.67	-5.51	3.05	333.29
57	148	0.12	0	0	12	22	25	6	25	9	1.89	1.43	139.14	113	64.60	1.67	-5.51	3.05	333.29
49	148	0.12	0	0	12	22	17	6	25	9	1.89	1.43	138.18	113	64.60	1.67	-5.75	3.04	329.07
50	148	0.12	0	0	12	22	18	6	25	9	1.89	1.43	138.18	113	64.60	1.67	-5.75	3.04	329.07
51	148	0.12	0	0	12	22	19	6	25	9	1.89	1.43	138.18	113	64.60	1.67	-5.75	3.04	329.07
52	148	0.12	0	0	12	22	20	6	25	9	1.89	1.43	138.18	113	64.60	1.67	-5.75	3.04	329.07
142	148	0.12	0	0	12	22	38	6	25	9	1.89	1.43	136.79	105	66.67	1.64	-5.37	3.29	328.79
8	148	0.12	0	0	8	22	31	6	25	9	1.89	1.43	136.35	102	64.71	1.76	-5.18	3.22	329.16
6	148	0.12	0	0	6	22	31	6	25	9	1.89	1.43	134.89	94	67.02	1.72	-5.18	3.49	325.62
48	148	0.12	0	0	12	22	16	6	25	9	1.89	1.43	134.81	114	64.04	1.66	-5.75	2.95	321.03
143	148	0.12	0	0	12	22	39	6	25	9	1.89	1.43	134.63	103	66.02	1.67	-5.37	3.25	323.59
144	148	0.12	0	0	12	22	40	6	25	9	1.89	1.43	134.63	103	66.02	1.67	-5.37	3.25	323.59
46	148	0.12	0	0	12	22	14	6	25	9	1.89	1.43	133.82	115	64.35	1.63	-5.75	2.93	318.69
47	148	0.12	0	0	12	22	15	6	25	9	1.89	1.43	133.82	115	64.35	1.63	-5.75	2.93	318.69
43	148	0.12	0	0	12	22	11	6	25	9	1.89	1.43	131.62	115	64.35	1.61	-5.76	2.91	313.43
44	148	0.12	0	0	12	22	12	6	25	9	1.89	1.43	131.62	115	64.35	1.61	-5.75	2.91	313.43
145	148	0.12	0	0	12	23	31	6	25	9	1.89	1.43	130.03	106	62.26	1.78	-6.22	2.94	306.22
45	148	0.12	0	0	12	22	13	6	25	9	1.89	1.43	129.62	116	63.79	1.60	-5.75	2.83	308.68
99	148	0.12	0	0	12	22	31	6	25	8	1.89	1.43	128.11	109	64.22	1.63	-6.99	2.92	283.24
91	148	0.12	0	0	12	22	31	6	24	9	1.89	1.43	127.60	113	63.72	1.60	-6.91	2.81	295.71
5	148	0.12	0	0	5	22	31	6	25	9	1.89	1.43	126.95	83	68.67	1.71	-5.18	3.75	306.46
41	148	0.12	0	0	12	22	9	6	25	9	1.89	1.43	125.93	117	63.25	1.60	-6.30	2.75	295.99
42	148	0.12	0	0	12	22	10	6	25	9	1.89	1.43	125.93	117	63.25	1.60	-6.30	2.75	295.99
112	148	0.12	0	0	12	22	31	6	26	9	1.89	1.43	125.64	111	63.96	1.61	-5.51	2.85	298.72
32	148	0.12	0	0	12	21	31	6	25	9	1.89	1.43	122.89	120	63.33	1.53	-7.43	2.64	281.42
98	148	0.12	0	0	12	22	31	6	25	7	1.89	1.43	122.52	105	64.76	1.60	-7.78	2.94	278.53

[자료 3] 시스템 최적화보고서(예시)

나아가, 최적화를 통한 성능개선 성과를 살펴보면, [자료 4-1, 2]와 [자료 5-1, 2]와 같이, 안정성과 수익성에 대한 모든 성능지표가 개선(최적화)되었음을 확인할 수가 있다.

[자료 4-1] 최적화 이전의 손익그래프 예시

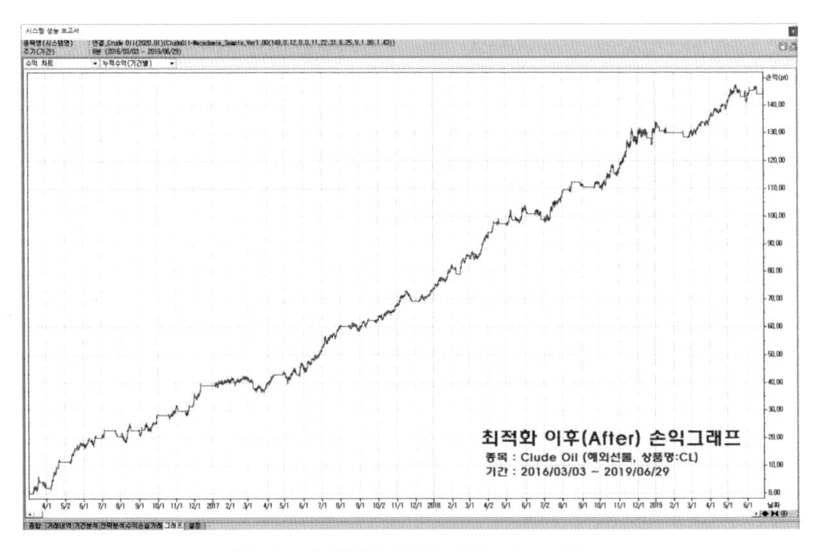

[자료 5-1] 최적화 이후의 손익그래프 예시

시스템 성능 보고서

종목명(시스템명) : 연결_Crude Oil(2020.01)(CludeOil-Macadamia_Sample_Ver1.00(148,0

주기(기간) : 8분 (2016/03/03 ~ 2019/06/29)

	전체	매수	매도
총손익(pt)	79.23	54.00	25.23
미청산포함 총손익(pt)	79.23	54.00	25.23
총수익(pt)	161.77	103.46	58.31
총손실(pt)	-82.53	-49.45	-33.08
기간 가격 변화(pt)		23.93	-23.93
가격 변화대비 수익률(%)		-22.66	136.14
연평균 가격변화(pt)		7.19	-7.19
연평균 손익(pt)	23.82	16.24	7.59
총거래 횟수	115	66	49
수익거래 횟수	67	41	26
손실거래 횟수	48	25	23
승률(%)	58.26	62.12	53.06
평균손익(pt)	0.69	0.82	0.51
평균손익비	1.40	1.28	1.56
최대수익(pt)	6.20	4.98	6.20
평균수익(pt)	2.41	2.52	2.24
최대연속 수익거래 횟수	7	8	4
수익거래 평균 봉 개수	801	926	604
최대손실(pt)	-2.54	-2.54	-1.79
평균손실(pt)	-1.72	-1.98	-1.44
최대연속 손실거래 횟수	4	5	3
손실거래 평균 봉 개수	605	827	364
최대손실폭(pt)	-10.40	-16.20	-6.98
보상비율(%)	7.62	3.33	3.62
총수익/총손실(pt)	1.96	2.09	1.76
투자요구금액(pt)	46.61	52.43	43.19
수익률(%)	169.98	102.99	58.43

종합 | 거래내역 | 기간분석 | 전략분석 | 수익손실거래 | 그래프 | 설정

[자료 4-2] 최적화 이전의 성능보고서

한편, 전략 성능을 개선할 때, 최적화(Optimization) 효능에 너무 중점을 맞추다 보면, 전략이 과최적화(Over-Optimization) 될 수도 있다. 최적화 정도가 너무 과하다고 보는 것이다. 여기에 대해서는, 이 책의 뒷장 '실전 시스템 운영 파트'에서 좀 더 살펴보기로 하자.

시스템 성능 보고서

종목명(시스템명) : 연결_Crude Oil(2020.01)(CludeOil-Macadamia_Sample_Ver1.00(148,0

주기(기간) : 8분 (2016/03/03 ~ 2019/06/29)

	전체	매수	매도
총손익(pt)	144.03	94.82	49.20
미청산포함 총손익(pt)	144.03	94.82	49.20
총수익(pt)	208.81	130.06	78.75
총손실(pt)	-64.78	-35.23	-29.55
기간 가격 변화(pt)		23.93	-23.93
가격 변화대비 수익률(%)		35.80	170.46
연평균 가격변화(pt)		7.19	-7.19
연평균 손익(pt)	43.30	28.51	14.79
총거래 횟수	111	62	49
수익거래 횟수	73	44	29
손실거래 횟수	38	18	20
승률(%)	65.77	70.97	59.18
평균손익(pt)	1.30	1.53	1.00
평균손익비	1.68	1.51	1.84
최대수익(pt)	13.72	10.30	13.72
평균수익(pt)	2.86	2.96	2.72
최대연속 수익거래 횟수	9	9	4
수익거래 평균 봉 개수	976	1,135	735
최대손실(pt)	-2.34	-2.34	-1.79
평균손실(pt)	-1.70	-1.96	-1.48
최대연속 손실거래 횟수	3	2	4
손실거래 평균 봉 개수	681	907	478
최대손실폭(pt)	-5.51	-6.15	-6.17
보상비율(%)	26.15	15.41	7.97
총수익/총손실(pt)	3.22	3.69	2.67
투자요구금액(pt)	41.75	42.39	44.34
수익률(%)	344.99	223.67	110.96

종합 | 거래내역 | 기간분석 | 전략분석 | 수익손실거래 | 그래프 | 설정

[자료 5-2] 최적화 이후의 성능보고서

필터(Filter)란 무엇이며, 어떻게 적용하는가?

요즘은 정수기(필터), 에어컨(필터), 청소기(필터), 공기청정기(필터) 등, 일상생활에서도 광범위하게 필터라는 용어를 자주 접하곤 한다. 그럼 시스템 트레이딩에서 필터(Filter)란 무엇이며, 어떻게 적용하는지 한번 살펴보자.

우선, 필터의 사전적 의미로는, 액체나 기체 속에 들어 있는 불순물을 걸러내는 기구를 말한다. 시스템 트레이딩에서 필터 역시, 이 의미와 별반 다르지 않다. 즉 필터(Filter)란, 전략에서 생성되는 매매 신호(진입 또는 청산 신호)를 선별적으로 걸러내기 위해 사용되는 임의의 조건(식)을 말한다. 이 조건(식)을 전략에 추가해 신호의 신뢰도를 향상시킴으로써, 손익 성능을 개선함에 그 목적과 역할이 있다.

아울러, 필터(Filter)는 전략의 수익 부분을 증가시키는 데 초점이 있는 것이 아니라, 손실 부분을 감소시킴으로써 총손익을 증가시키는 데 목적이 있다. 예를 들어, 승률이 40%인 전략을 가정할 때, 패배하는 60%의 거래에서 발생되는 휩소(Whipsaw : 톱날처럼 주가가 출렁이는 현상, 또는 이로 인해 잦은 매매 신호를 발생하게 되는 기술적 지표의 속임수 현상)를 줄이거나, 조건에 따라 아예 포지션 진입 자체를 제어하는 역할을 하게 된다. 물론, 필터 적용으로 인해 수익이 발생될 거래도 함께 걸러지는 경우가 발생한다. 그렇기에, 이 모든 가능성을 수용하더라도 전략의 성능에서 거래횟수가 줄어들고 손익성능이 향상하는 개선 효과가 있는지가 관건이 된다.

이와 같이, 필터는 임의의 조건으로 신호를 제어·관리하는 것이다. 예를 들어, 첫 번째 발생된 신호는 휩소(Whipsaw)로 간주해 스킵(Skip)한다든지, 추세추종형 전략에서 추세지표가 보합일 때는 신호를 억제하는 등의 방법을 사용하는 것이다. 또한 둘 이상의 상품시장에서 환율, 주가, 금리, 경기 등의 지표가 같은 방향으로 움직이는 동조화(Coupling) 현상이나, 이와는 반대로 서로 반비례해 움직이는 지표·지수 등을 활용해 다양한 필터를 구성할 수 있다.

그럼, 대표적인 추세지표 중의 하나인 VHF(Vertical Horizontal Filter) 지표를 예시로 들어, 필터를 한번 적용해보자. 우선 VHF 지표는 시장이 추세적 시장인지 비추세적 시장인지를 결정하는 지표로서, VHF값이 커지면 추세적 시장으로 발전하고, 값이 작아지면 비추세적 국면으로 진입함을 의미한다(MACD나 이동평균과 같은 추세지향 지표들은 추세적 시장에서는 시장을 정확히 표현하는 반면, 비추세적 시장에서는 상반된 결과를 내놓곤 한다. 또한, RSI나 스토캐스틱(Stochastic)과 같은 오실레이터들은 비추세적 시장에서는 매매 시점을 잘 표현하지만, 추세적 시장에서는 너무 성급한 지표값을 내놓곤 한다). 이에, VHF는 시장의 추세를 판단하는 데 아주 유용한 지표이자, 비추세 국면의 시장을 걸러내는 필터로서도 중요한 역할을 하게 된다. 이를 계산식으로 표현하면 다음과 같다.

```
Var1 = Highest(H,기간) - Lowest(L,기간);
Var2 = (가격-가격(1)) / 가격(1);
VHF = Var1/ Sum(Var2)
```

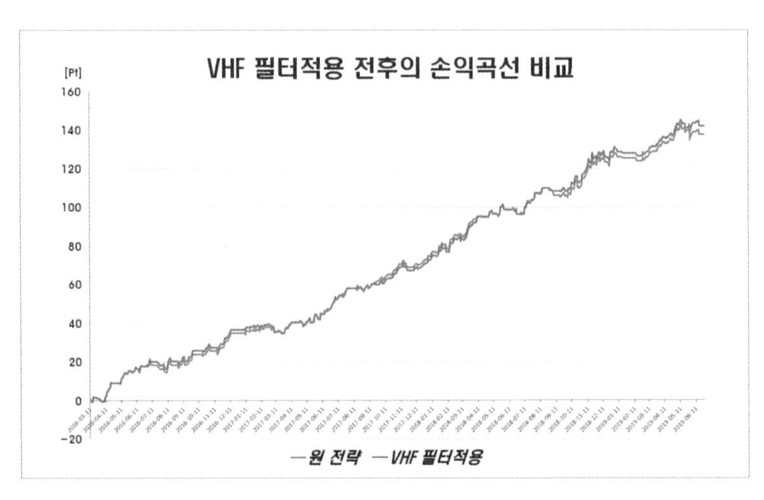

[자료 1] VHF 필터 적용 전후의 손익곡선 비교

이에, VHF값이 0.12 이하(단, 예시 전략에 최적화된 수치임)인 경우에 모든 진입신호를 제한하는 필터를 적용한 결과, [자료 1]과 같이 적용 전보다 안정적인 손익곡선이 형성되는 것을 볼 수가 있다. 또한, [자료 2]와 같이 총익금액, 승률, 평균손익비 등 손익 관련 항목들이 모두 안정적으로 증가하고, 총거래횟수와 최대손실폭(MDD)이 줄어드는 아주 고무적인 변화를 보여준다.

시스템 포트폴리오 분석

시스템 선택 | 포인트당 가격(해당 통화)으로 환산하여 계산

종목명	연결_Crude Oil(2020.02)	연결_Crude Oil(2020.02)
시스템명	아_Ver1.00(148,0,0,0,12,22,31,6,25,9,1.89,1.43)	Ver1.00(148,0.12,0,0,12,22,31,6,25,9,1.89,1.43)
주기	8 분	8 분
시작일	2016/03/12	2016/03/12
종료일	2019/06/29	2019/06/29
총손익	137.08	141.49
미청산포함총손익	137.08	141.49
총수익	209.17	206.28
총손실	-72.09	-64.78
연평균 손익	41.52	42.86
총거래 횟수	117	109
수익거래 횟수	74	71
손실거래 횟수	43	38
승률(%)	63.25	65.14
평균손익	1.17	1.30
평균손익비	1.69	1.70
최대수익	13.72	13.72
평균수익	2.83	2.91
최대연속 수익거래 횟수	8	9
수익거래 평균 봉 개수	1,011	995
최대손실	-2.18	-2.34
평균손실	-1.68	-1.70
최대연속 손실거래 횟수	4	3
손실거래 평균 봉 개수	572	681
최대손실폭	-6.46	-5.51
보상비율	21.24	25.69
총수익/총손실	2.90	3.18
투자요구금액	43.98	43.03
수익률(%)	311.72	328.84

종합분석 | 전략분석 | 기간분석 | 그래프

[자료 2] VHF 필터 적용 전후의 전략 성능 비교

이상과 같이, 전략 개발에서 필터(Filter)의 핵심효과는 신호를 걸러줌으로써, 전략의 성능은 떨어뜨리지 않으면서 거래횟수를 감소시킨다는 것이다. 거래횟수는 시스템 트레이딩에서 손익구조(거래비용)와 직결되는 아주 중요한 팩터(Factor)다. 같은 수익의 크기라면 당연히 거래횟수가 적을수록 좋다는 논리가, 바로 필터(Filter)다.

승률과 손익비 중 무엇을 선택할 것인가?

금융상품의 투자에서 승률과 손익비는 투자의 성패를 가름하는 아주 중요한 요소다. 물론, 승률과 손익비는 모두 높을수록 좋다. 하지만, 승률과 손익비는 서로 반비례해 움직이는 경향이 있다는 것이 문제다. 일반적으로 승률을 높이면 손익비가 낮아지고, 손익비를 높이면 승률이 낮아진다. 시소(Seesaw)를 타는 형국이다. 그럼, 전략 개발에서 승률과 손익비 중 무엇을 선택할 것인지 한번 살펴보자.

우선, 승률과 손익비는 손익구조적 측면에서 서로 간의 연관성이 아주 깊다. 승률이 아무리 높아도 손익비가 낮으면 아무 소용없고, 반대로 손익비가 아무리 높아도 승률이 낮다면, 이 또한 소용없다. 즉, 승률과 손익비는 모두 투자 수익이 발생되는 적정한 조합에서만 비로소 의미가 있다. [자료 1]과 같이, 전략의 승률 변화에 따라 요구되는 손익비(수익률/손실률)의 최소 기준 즉, 손익분기점(BEP, Break-Even Point)의 값이 달라진다. 여기에서, 이 손익분기점(BEP)의 연결선을 기준으로 아래쪽은 손실영역, 위쪽은 수익영역이 된다. 이에, 승률과 손익비가 함께 이 라인(Line)을 넘어서야만 수익이 발생되는 구조다. 또한, 그래야만 전략이 비로소 투자해볼 가치가 있게 된다.

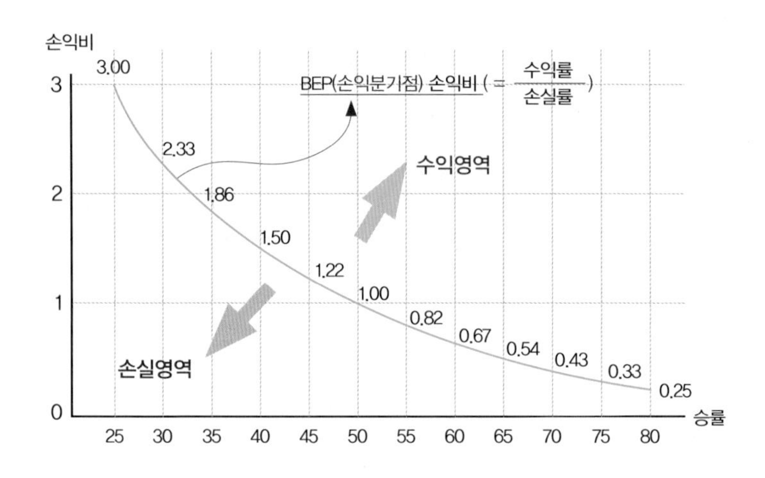

[자료 1] 전략의 승률과 손익비에 대한 손익분기점(BEP)의 변화

또한, [자료 2]에서 보는 바와 같이, 승률과 손익비에 따라 전략의 기대수익률이 달라진다. 승률과 손익비가 높아질수록 기대수익률은 증가한다. 한편, 여기에서 고민이 생긴다. 같거나 비슷한 기대수익률이라면, 승률과 손익비 중 무엇이 더 중요할까? 예를 들어, 승률이 60%이고 손익

비가 1.5인 경우[A]와 승률이 50%이고 손익비가 2인 경우[B], 기대수익률은 모두 50%로 같다. 이때, [A]와 [B] 전략 중 어떤 것을 선택하는 것이 더 합리적일까?

승률과 손익비에 대한 기대수익률 변화

[기대수익률 = 승률 × 손익비 - 실패율]

승률 \ 손익비	0.2	0.3	0.43	0.5	0.6	0.82	0.9	1	1.2	1.4	1.5	1.7	2	3	4	5
10%	-88%	-87%	-86%	-85%	-84%	-82%	-81%	-80%	-78%	-76%	-75%	-73%	-70%	-60%	-50%	-40%
15%	-82%	-81%	-79%	-78%	-76%	-73%	-72%	-70%	-67%	-64%	-63%	-60%	-55%	-40%	-25%	-10%
20%	-76%	-74%	-71%	-70%	-68%	-64%	-62%	-60%	-56%	-52%	-50%	-46%	-40%	-20%	0%	20%
25%	-70%	-68%	-64%	-63%	-60%	-55%	-53%	-50%	-45%	-40%	-38%	-33%	-25%	0%	25%	50%
30%	-64%	-61%	-57%	-55%	-52%	-45%	-43%	-40%	-34%	-28%	-25%	-19%	-10%	20%	50%	80%
35%	-58%	-55%	-50%	-48%	-44%	-36%	-34%	-30%	-23%	-16%	-13%	-6%	5%	40%	75%	110%
40%	-52%	-48%	-43%	-40%	-36%	-27%	-24%	-20%	-12%	-4%	0%	8%	20%	60%	100%	140%
45%	-46%	-42%	-36%	-33%	-28%	-18%	-15%	-10%	-1%	8%	13%	22%	35%	80%	125%	170%
50%	-40%	-35%	-29%	-25%	-20%	-9%	-5%	0%	10%	20%	25%	35%	50%	100%	150%	200%
55%	-34%	-29%	-21%	-18%	-12%	0%	5%	10%	21%	32%	38%	49%	65%	120%	175%	230%
60%	-28%	-22%	-14%	-10%	-4%	9%	14%	20%	32%	44%	50%	62%	80%	140%	200%	260%
65%	-22%	-16%	-7%	-3%	4%	18%	24%	30%	43%	56%	63%	76%	95%	160%	225%	290%
70%	-16%	-9%	0%	5%	12%	27%	33%	40%	54%	68%	75%	89%	110%	180%	250%	320%
75%	-10%	-3%	7%	13%	20%	37%	43%	50%	65%	80%	88%	103%	125%	200%	275%	350%
80%	-4%	4%	14%	20%	28%	46%	52%	60%	76%	92%	100%	116%	140%	220%	300%	380%
85%	2%	11%	22%	28%	36%	55%	62%	70%	87%	104%	113%	130%	155%	240%	325%	410%
90%	8%	17%	29%	35%	44%	64%	71%	80%	98%	116%	125%	143%	170%	260%	350%	440%

[자료 2] 전략의 승률과 손익비에 대한 기대수익률의 변화

여기에서 기대수익률이 같거나, 비슷할 경우 실전 운영의 관점에서는 [A]전략 즉, 승률을 선택하는 것이 합리적이다. 승률은 시스템 운영자의 멘탈(Mental)에 직접 영향을 주는 아주 민감한 요소이기 때문이다. 실전 운영에서 오랜 기간 검증된 시스템이 아닌 이상 승률이 낮을 경우, 연속해서 패(敗)가 몰리는 상황을 손익비만 믿고 견디기가 현실적으로 절대 쉽지만은 않다. 물론, 승률 10~20%에 최소 6 이상의 엄청난 손익비를 가지는 전략으로도 충분히 수익을 낼 수는 있다(필자의 지인 중에도 이처럼 낮은 승률과 높은 손익비로 꾸준한 연평균 수익을 올리는 분이 있다). 하지만 1,000명

중 1명 있을까 말까 하는 엄청난 멘탈(Mental)을 가져야만 가능한 일이다. 이렇듯 손익비보다는 승률을 선택하는 것이 시스템의 실전 운영에 더 현실적이고 합리적인 선택이 된다.

단, 여기에서 반드시 짚고 넘어가야 할 중요한 사항이 하나 있다. 승률이 높되, 손절금액이 비교대상 전략보다 작거나 비슷해야 한다. 손절폭을 넓게 잡으면 전략의 승률이 올라가는 경우가 간혹 있다. 이런 경우의 승률은 그 의미가 퇴색된다. 이에, 패(敗)가 몰려서 발생될 경우를 똑같이 가정해, 어느 쪽이 더 위험한지를 반드시 점검해야 한다. 예를 들어, 승률이 60%인 전략은 패배율이 40%이므로 4번의 연속손실금액을 산출하고, 승률이 40%인 전략은 패배율이 60%이므로 6번의 연속손실금액을 산출해 비교하는 것이다. 이와 같이, 손익비보다는 승률을 선택할 때, 전제조건이 따른다. 즉, 비교대상 전략보다 손실가정금액이 작거나 비슷한 경우에 한해, 비로소 승률에 대한 선택의 의미가 있게 된다.

이상과 같이, 전략의 개발과정뿐만 아니라, 실전 운영에서 승률과 손익비 중 어떤 것을 선택할 것인가 하는 것은 손실의 위험관리가 선행된 다음의 문제다. 수익의 관점보다는 (역으로) 손실이 발생할 경우를 가정해 비교해보면, 어떤 팩터(승률 또는 손익비)나 전략을 선택해야 할지 더욱 명확해진다.

수익청산 방식에는 어떤 것들이 있으며, 무엇을 선택할 것인가?

금융상품의 포지션(Position)은 진입하는 순간부터 손절과 익절의 기로에 서게 된다. 이때, 진입상품의 가격이 오르거나 내릴 확률은 보편적으로 50 : 50이다. 이에, 앞선 장에서 살펴본 바와 같이 손절과 익절의 크기가 같다면 승률이 50%보다 높아야 하고, 승률이 50%보다 낮다면 손절보다 익절의 크기가 반드시 커야만 한다. 최소한, 둘 중에 어느 하나의 조건이라도 충족해야만 투자 가치가 있는 전략이 된다. 이에, 진입된 포지션을 어느 시점에 어떤 기준(조건)으로 최선의 수익을 확보하며 청산할 것인지에 관한 문제는 승률과 손익비의 개선을 위한 전략의 핵심요소다. 그럼, 전략의 수익청산 방식에는 어떤 것들이 있으며, 무엇을 선택할 것인지 한번 살펴보자.

우선, 전략의 수익청산 방식에는 [자료 1]과 같이, (A) Trailing Stop(추적청산), (B) BreakEven Stop(손익분기점청산), (C) Big Profit Stop(고정청산), (D) Profit Target Stop(목표이익청산) 등이 있다. 또한, 이 방식들은 다시 청산 목표 산출 시, 청산조건에 적용되는 기준요소에 따라, [자료 1]과 같이 더 세분화되어 나뉜다.

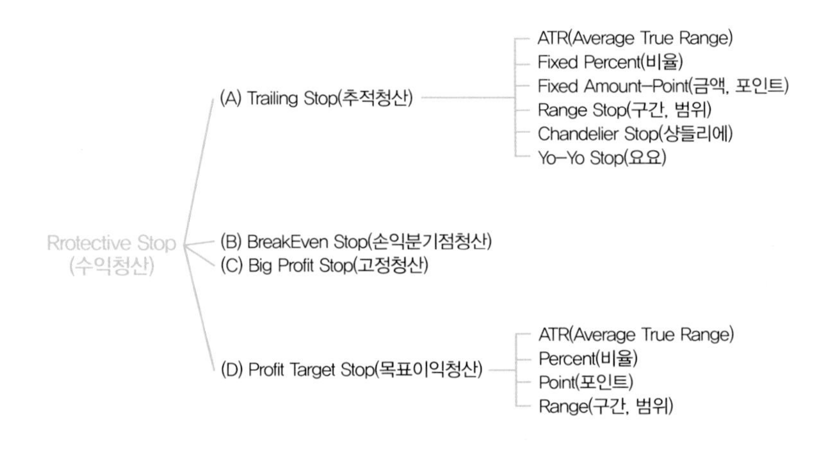

[자료 1] 전략의 수익청산 방식

이를 좀 더 살펴보면, (A)Trailing Stop(추적청산)은 [자료 2]와 같이, 포지션의 갱신된 최고수익값(률)으로부터 일정 비율(또는 금액)만큼의 하락이 이루어질 경우 수익을 확보하는, 이익보존청산 주문 방식이다. 이는, 추세추종형 전략에 주로 많이 사용되는 추세추적 수익청산 방식이기도 하다. 여기에서, 청산가격 산출 시(하락에 대한 비율이나 금액을 산출할 때), 청산조건에 적용되는 기준요소가 무엇이냐에 따라 좀 더 세분화되어 분류

된다. 즉, 기준요소에 따라 [자료 1]과 같이, ATR(TR평균), Fixed Percent Trailing Stop(비율), Fixed Amount Trailing-Point Stop(금액 또는 포인트), Range Stop(구간 또는 범위), Chandelier Stop(샹들리에 스톱), Yo-Yo Stop(요요 스톱) 등으로 나눠진다.

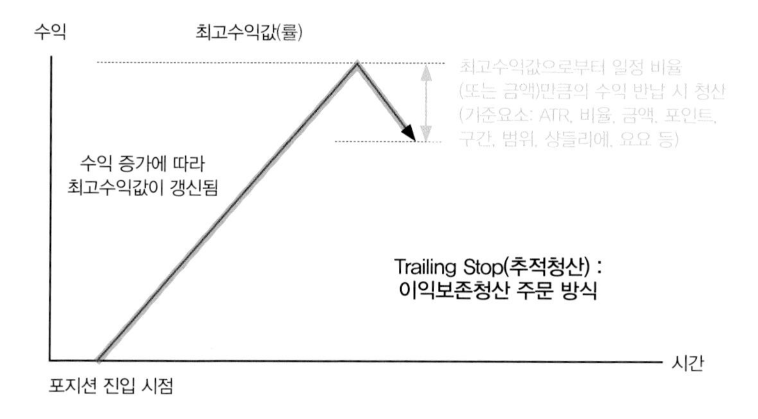

[자료 2] Trailing Stop(추적청산)의 개념

여기에서, ATR(Average True Range)은 시간에 따른 가격 변동성(Volatility)을 나타내는 지표이다. 우선, 이 ATR의 기본개념인 TR에 대해 살펴보자. TR(True Range)은 웰레스 월더(J.Welles Wilder)가 소개한 지표로, [자료 3]와 같이 |당일고가 - 당일저가|, |당일고가 - 전일종가|, |전일종가 - 당일저가| 중 가장 큰 값으로 표현된다. 이러한 TR을 기간에 대한 이동평균(Average)으로 나타낸 지표가 바로 ATR이다. 이는 [자료 3]에서 보는 바와 같이, 봉 차트의 갭(Gap)에 대한 보정뿐만 아니라, 상품의

가격 규모나 종목에 관계없이 전반적으로 일률적 적용이 가능한 장점이 있는 지표다.

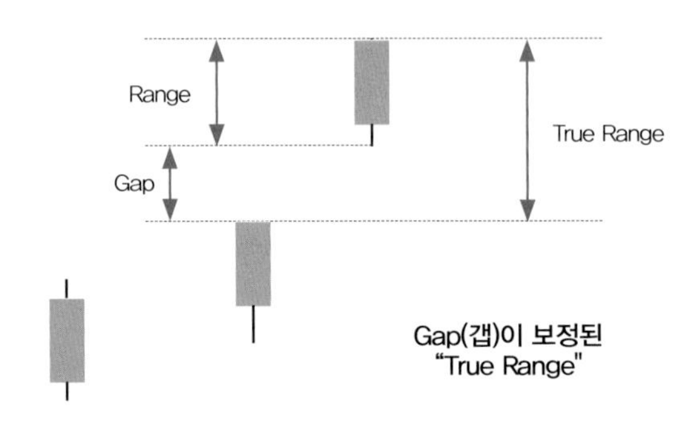

TR(True Range) = Max(| 당일고가-당일저가 | , | 당일고가-전일종가 | , | 전일종가-당일저가 |)

[자료 3] TR(True Range)의 개념

또한, 샹들리에청산(Chandelier Stop) 또는 요요청산(Yo-Yo Stop) 전략을 구성할 때도 ATR(Average True Range) 지표가 사용된다. 우선, 샹들리에청산(Chandelier Stop)은 일반적으로 '포지션 진입 이후 최고가(또는 최고종가) - 2*ATR' 형식의 설정을 사용하며, 청산이 수익의 최고점에서 아래로 늘어뜨려졌다는 의미에서 샹들리에(Chandelier, 천장에 매달아 늘어뜨리는 호화로운 장식용 전등)라는 명칭이 붙여졌다. 이는, 매수 이후 고점을 기준으로 산정함으로써 고가를 경신할 때마다 비례해 청산가격을 상향조정하는 장점이 있다. 또한, ATR값의 변화에 따라 샹들리에의 체인을 소폭 수축 또는 확장함으로써 더욱 효율적인 수익관리가 가능하다.

한편, 요요청산(Yo-Yo Stop)은 일반적으로 '최근봉의 종가 - 2*ATR' 형식의 설정을 사용하며, 요요(Yo-Yo)라는 명칭은 종가의 등락에 따라 청산 가격 또한 등락을 거듭하기 때문에 붙여진 이름이다. 이는 비정상적인 변동성이 발생할 때 신속하게 포착하기 위한 목적으로 사용되며, 주요청산 전략으로 사용하기보다는 주로 복합청산 전략의 보조 청산기능으로 사용된다.

이어, (B) BreakEven Stop(손익분기점청산)은 일단 수익이 특정 구간에 도달한 후에는 수익을 반납하더라도 손익분기점의 위치 즉, 투입원금은 최소한 확보하겠다는 취지의 청산 방식이다. 또한, (C) Big Profit Stop(고정청산) 방식은 직역하면 '큰 이익청산'이 되는데, 이는 투입자본금 대비 충분히 크다(Big)고 판단되는 수익률이나 금액을 정해 청산하는 방식이다. 이어서 (D) Profit Target Stop(목표이익청산) 방식은, 말 그대로 수익목표값을 미리 정해놓고 청산하는 방식이다. 이는, 거래 주기가 짧은 단타형 매매 방식에 주로 많이 사용된다. 이 방식 또한, 추적청산과 마찬가지로 목표가격 산출 시 적용되는 기준요소에 따라, ATR(TR평균), Percent(비율), Point(포인트 또는 금액), Range(구간 또는 범위) 방식으로 세분화되어 나눠진다(위의 (C)와 (D) 방식은 다소 중복된 개념이 있다).

위와 같이, 수익청산에는 매우 다양한 방식들이 있다. 이렇듯 청산 방식을 학술적 형식으로 굳이 분류하다 보니 다소 복잡해 보이지만, 그 기본개념은 아주 단순하다. 수익청산 시, 수익목표값을 고정할 것인지, 아니면 변동(추적)시킬 것인지로 압축된다.

단순하게 접근하자. 전략마다 처음부터 적합한 청산 방식을 알기도 어렵고, 이를 미리 특정할 필요도 없다. 위의 수익청산 방식들은 모두 코딩(Coding)으로 각각 1~2줄이면 간단하게 작성·구현이 가능하기 때문에 청산성능을 시뮬레이션으로 빠른 시간 안에 바로바로 점검해볼 수 있다. 또한, 각 자동매매툴의 커뮤니티 사이트에서 청산 방식에 대한 다양한 예제 전략식을 접할 수가 있다. 이에, 어떤 방식을 선호하거나 특정하기보다는 두루두루 다양한 조합(복합청산 방식)으로 청산성능을 비교·검토해보는 것이 좋다. 다소 단순반복 작업이지만, 해당 전략에 맞는 최적의 수익청산 방식을 선택할 수 있는 최선의 접근 방법이 된다.

전진분석이란 무엇이며, 어떻게 진행하나?

전진분석(Walk-Forward Analysis)이란, 과거 데이터의 일정 구간에서 시스템을 최적화한 후, 그 결과를 이후 일정 구간에 적용해 시뮬레이션해 봄으로써, 최적화한 시스템이 실제 매매에서도 신뢰할 만한 성과를 내는지를 검증하는 과정이다. 최적화 단계에서 포함되지 않은 데이터를 이용해 실제 매매와 유사한 상황으로 시뮬레이션하기 때문에, 시스템의 과최적화 및 실제 매매에서의 수익성 등을 판단할 수 있다. 그럼, 전략의 전진분석은 어떻게 진행되는지 한번 살펴보자.

우선, 전진분석의 방식은 크게 ① 이동식과 ② 고정식으로 나누어볼 수 있다. 이미 앞선 장에서 살펴보았던, 변수의 최적화 방식과 같은 맥락이다.

① 이동식 전진분석

이동식 전진분석은 [자료 1]과 같이, 최적화의 시작 시점을 전진분석 진행에 맞추어 이동(Shift)해가면 분석하는 방법으로써, 최근의 시장 변화 트렌드를 반영한다.

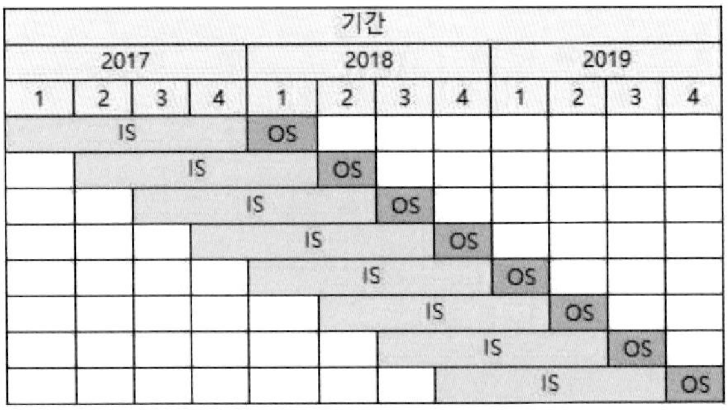

<table>
<tr><th colspan="12">기간</th></tr>
<tr><th colspan="4">2017</th><th colspan="4">2018</th><th colspan="4">2019</th></tr>
<tr><th>1</th><th>2</th><th>3</th><th>4</th><th>1</th><th>2</th><th>3</th><th>4</th><th>1</th><th>2</th><th>3</th><th>4</th></tr>
<tr><td colspan="4">IS</td><td>OS</td><td></td><td></td><td></td><td></td><td></td><td></td><td></td></tr>
<tr><td></td><td colspan="4">IS</td><td>OS</td><td></td><td></td><td></td><td></td><td></td><td></td></tr>
<tr><td></td><td></td><td colspan="4">IS</td><td>OS</td><td></td><td></td><td></td><td></td><td></td></tr>
<tr><td></td><td></td><td></td><td colspan="4">IS</td><td>OS</td><td></td><td></td><td></td><td></td></tr>
<tr><td></td><td></td><td></td><td></td><td colspan="4">IS</td><td>OS</td><td></td><td></td><td></td></tr>
<tr><td></td><td></td><td></td><td></td><td></td><td colspan="4">IS</td><td>OS</td><td></td><td></td></tr>
<tr><td></td><td></td><td></td><td></td><td></td><td></td><td colspan="4">IS</td><td>OS</td><td></td></tr>
<tr><td></td><td></td><td></td><td></td><td></td><td></td><td></td><td colspan="4">IS</td><td>OS</td></tr>
</table>

[자료 1] 이동식 전진분석

*IS(In sample) : 최적화 구간

*OS(Out of sample) : 최적화한 결과를 이용해 테스트하는 구간

② 고정식 전진분석

고정식 전진분석은 [자료 2]와 같이 최적화의 시작 시점을 고정(Fix)시키고 전진분석 기간을 확대해나가면서 분석하는 방법으로, 최근 시장의 변화에 민감하지 않은 최적화를 반영한다.

기간											
2017				2018				2019			
1	2	3	4	1	2	3	4	1	2	3	4
IS				OS							
IS					OS						
IS						OS					
IS							OS				
IS								OS			
IS									OS		
IS										OS	
IS											OS

[자료 2] 고정식 전진분석

*IS(In sample) : 최적화 구간

*OS(Out of sample) : 최적화한 결과를 이용해 테스트하는 구간

그럼, 전진분석의 진행 과정을 앞의 '시뮬레이션 진행 및 결과 확인'에서 사용한 예제 전략으로 예시를 들어 한번 살펴보자. 여기에서, [자료 1]과 같이 이동식 전진분석 방식을 사용해, 최적화 기간은 1년, 전진분석은 1분기로, 8회 이동해가며 진행해보자.

우선, 첫 번째 구간의 최적화를 위해 시뮬레이션 차트에서, [자료 3]과 같이 대상 기간을 1년으로 설정한다.

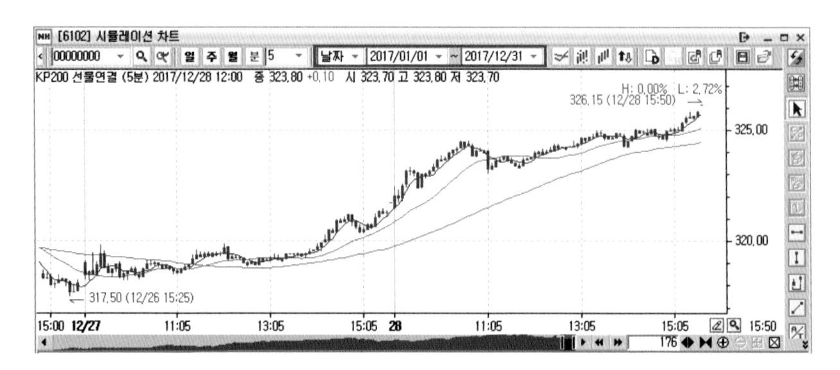

[자료 3] 전진분석 - 최적화를 위한 시뮬레이션 차트의 기간 설정

다음, 전진분석할 시스템(전략식)을 시뮬레이션 차트에 적용한다. 이때, [자료 4]와 같이 Input 변수에 대한 최적화 범위와 증가 단위를 구체적으로 설정한다.

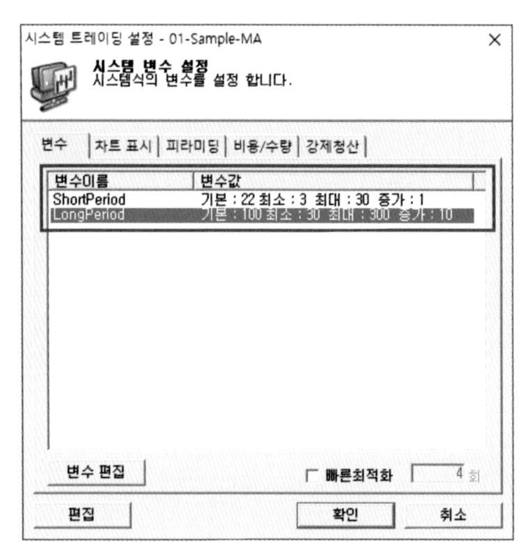

[자료 4] 변수의 최적화 범위와 증가 단위 설정

그럼, [자료 5]와 같은 최적화 결과(보고서)를 얻을 수 있다.

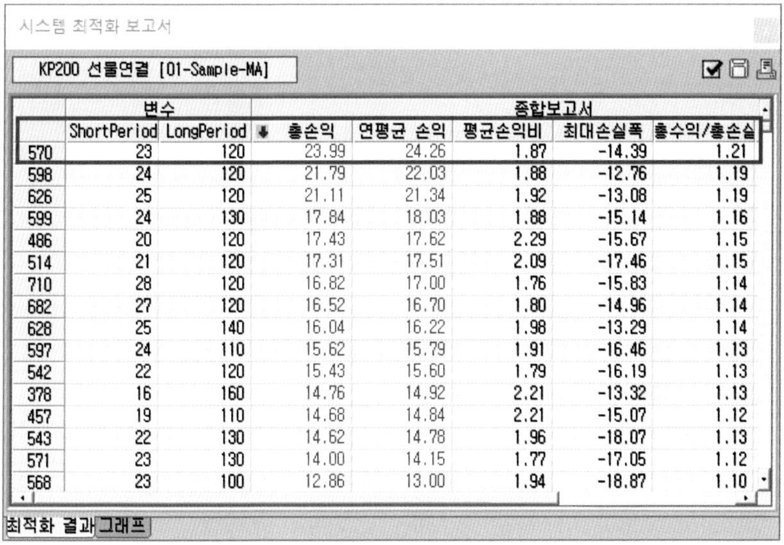

시스템 최적화 보고서

KP200 선물연결 [01-Sample-MA]

	변수		종합보고서				
	ShortPeriod	LongPeriod	↓ 총손익	연평균 손익	평균손익비	최대손실폭	총수익/총손실
570	23	120	23.99	24.26	1.87	-14.39	1.21
598	24	120	21.79	22.03	1.88	-12.76	1.19
626	25	120	21.11	21.34	1.92	-13.08	1.19
599	24	130	17.84	18.03	1.88	-15.14	1.16
486	20	120	17.43	17.62	2.29	-15.67	1.15
514	21	120	17.31	17.51	2.09	-17.46	1.15
710	28	120	16.82	17.00	1.76	-15.83	1.14
682	27	120	16.52	16.70	1.80	-14.96	1.14
628	25	140	16.04	16.22	1.98	-13.29	1.14
597	24	110	15.62	15.79	1.91	-16.46	1.13
542	22	120	15.43	15.60	1.79	-16.19	1.13
378	16	160	14.76	14.92	2.21	-13.32	1.13
457	19	110	14.68	14.84	2.21	-15.07	1.12
543	22	130	14.62	14.78	1.96	-18.07	1.13
571	23	130	14.00	14.15	1.77	-17.05	1.12
568	23	100	12.86	13.00	1.94	-18.87	1.10

최적화 결과 그래프

[자료 5] 시스템 최적화보고서

이어서 손익성능에서 가장 적합(우수)한 최적의 변수값(예: ShortPeriod 23, LongPeriod 120)을 선택·설정한 후, 첫 번째 전진분석 기간(2018년 1분기)에 대한 시뮬레이션을 다시 진행한다. 그럼, [자료 6]과 같이 전진분석에 대한 첫 번째 구간의 성능보고서가 산출된다.

시스템 성능 보고서

종목명(시스템명) : KP200 선물연결(01-Sample-MA(23,120))
주기(기간) : 5분 (2018/01/02 ~ 2018/03/30)

	전체	매수	매도
총손익(pt)	11.11	7.36	3.76
미청산포함 총손익(pt)	11.11	7.36	3.76
총수익(pt)	37.68	20.71	16.97
총손실(pt)	-26.57	-13.35	-13.21
기간 가격 변화(pt)		-10.35	10.35
가격 변화대비 수익률(%)		331.83	18.30
연평균 가격변화(pt)		-42.93	42.93
연평균 손익(pt)	46.10	30.52	15.58
총거래 횟수	34	17	17
수익거래 횟수	19	10	9
손실거래 횟수	15	7	8
승률(%)	55.88	58.82	52.94
평균손익(pt)	0.33	0.43	0.22
평균손익비	1.12	1.09	1.14
최대수익(pt)	2.79	2.79	1.89
평균수익(pt)	1.98	2.07	1.89

종합 | 거래내역 | 기간분석 | 전략분석 | 수익손실거래 | 그래프 | 설정

[자료6] 전진분석 성능보고서

여기에서, 첫 번째 구간에 대한 전진분석의 의미는 다음과 같다. 만약 현재 날짜가 2018년 1월 1일이고, 과거 1년(2017년)의 구간에 최적화된 시스템이 실전 매매에 적용되었다면, 2018년 1분기 동안 [자료6]과 같은 성능보고서의 손익결과가 실제로 발생했을 것이라는 의미로 해석된다.

이제, 위의 절차와 같이 이후의 나머지 구간에서도 순차적으로 전진분석을 진행하게 되면, [자료7]과 같은 손익결과를 얻을 수 있다. 이에, 이 결과를 바탕으로 해당 시스템에 대한 최적화의 유효성 및 수익성 등을 분석하고, 아울러 해당 시스템에 대한 실전 투자의 진행 여부와 가치를 판단한다.

기간												손익		
2017				2018				2019				IS 손익	OS 손익	OS 누적 손익
1	2	3	4	1	2	3	4	1	2	3	4			
IS				OS								23.99	11.11	11.11
	IS				OS							35.87	0.89	12
		IS				OS						50.75	5.04	17.04
			IS				OS					44.06	-12.07	4.97
				IS				OS				40.04	4.86	9.83
					IS				OS			30.43	-21.88	-12.05
						IS				OS		10.83	5.74	-6.31
							IS				OS	27.1	12.51	6.2

[자료7] 이동식 전진분석을 활용한 예시 전략의 손익 결과

한편, 이와 같이 과거 데이터를 활용해 분석하는 방법 이외에도, 모의 투자를 통한 전진분석 방법이 있다. 최적화가 완료된 현재의 전략과 변수를 그대로 미래의 시장에 걸어두어 성과를 측정하는 방법 또한, 전진분석의 의미로 사용된다. 현재까지의 데이터가 IS(In sample)가 되고, 이후 시장에서 실시간으로 진행되는 미래의 구간이 OS(Out of sample)가 된다. 물론, 과거 데이터를 활용하는 방식과는 달리, 실시간 진행으로 분석에 다소 오랜 시간이 소요되는 단점이 있다. 하지만, 실전 투자와 다름없는 리얼(Real)한 방식으로 전진분석이 이루어지기 때문에, 더욱 신뢰성이 높은 분석 방법임은 틀림없다.

시스템의 실전 투자에 앞서, 위의 전진분석 방법을 모두 활용해보는 것이 좋다. 먼저, 과거 데이터를 활용한 1차 전진분석 과정을 통해 시스템(전략)을 완성한 후, 실전 투자와 동일한 환경(모의 투자)에서 2차 전진분석을 한 번 더 진행하는 것이다. 이로써, 시스템(전략)의 손익 안정성과

신뢰성을 한층 더 높이는 결과를 가져오게 된다. 급할 것 없다. 돌다리도 두들겨보고 건너자.

4장

실전 시스템 운영

KGV Kurs FFM
17:47h
151,88
107,02
169,86

모의 투자와 실거래 투자의 차이점은 무엇인가?

전략 알고리즘 개발과 전진분석 등의 검증 절차가 완료되고 나면, 누구나 자연스럽게 자본금을 투자해 실거래 투자를 진행하고 싶어 할 것이다. 이때, 트레이더의 성격에 따라 모의 투자를 통해 조심스럽게 한 번 더 검증을 거치기도 하고 바로 실거래 투자를 강행하기도 한다. 그런데 모의 투자는 꼭 거쳐야 하나? 시스템 트레이딩에서의 모의 투자란 어떤 의미일까? 아래에서 모의 투자를 위해 선행되어야 할 필요한 절차와 방법, 그리고 기능과 역할은 무엇인지 한번 살펴보자.

우리가 주식이든 파생상품이든 실거래 투자를 하고자 한다면 우선 매매 중계서비스를 하는 증권사를 방문해 거래 계좌를 개설하게 된다.

요즘은 스마트폰의 대중적 보급으로 인해 거의 모든 증권사가 모바일 앱을 통해 '비대면 계좌 개설' 서비스를 제공하고 있다. 이에, 직접 증권사를 방문하지 않더라도 손쉽게 스마트폰만으로도 계좌 개설을 할 수가 있다. 증권사마다 신청 방법과 절차는 대동소이하다. 우선, 모의 계좌 개설을 위해서는 실계좌 개설이 선행되어야 한다. [자료 1]은 실거래 계좌 개설(비대면계좌 개설)을 진행할 수 있는 유진투자선물(주)사의 모바일 앱 화면의 예시다. 안내절차에 따라 실계좌 개설을 하고 난 후, 홈페이지를 통해 모의 계좌 개설을 진행하면 된다[자료 2].

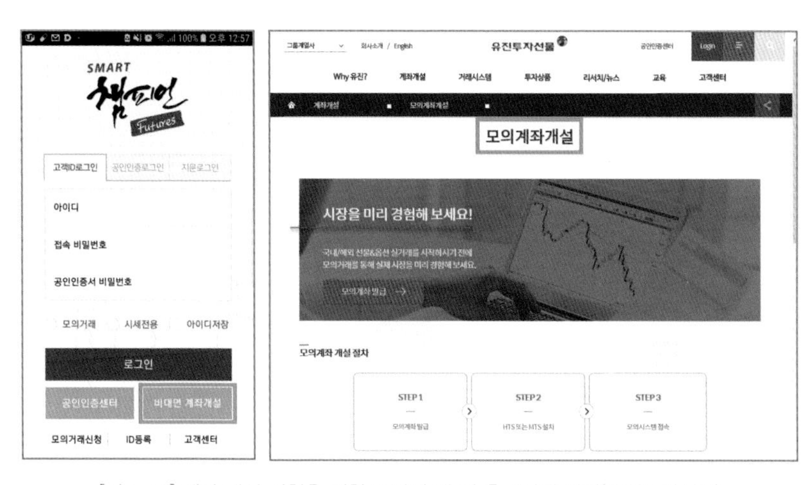

[자료 1,2] 계좌 개설 신청을 위한 모바일 앱 및 홈페이지 화면(유진투자선물)

증권사마다 조금씩은 다르지만, 통상 모의 계좌를 개설하고 나면 계좌에 원화로는 약 1억 원, 달러로는 약 US$ 10만 불 정도의 가상 예탁자산이 주어지게 된다. 이 금액으로 거래하고자 하는 상품을 실시간으로 자유롭게 사고팔고 할 수가 있다. 또한, 거래손실로 인해 이 금액을 다 소진했다 하더라도 간단한 절차로 금액을 처음 상태로 자유롭게 재설정할 수가 있다.

그럼, 모의 투자와 실거래 투자는 어떤 차이점이 있을까?

예스트레이더의 경우는 실행 프로그램의 상단에 아래의 [자료 3]처럼 모의 계좌일 때는 [모의 투자]라고 표시가 되고, 실거래계좌일 때는 아무런 표시가 뜨지 않는다. '어, 별다른 게 없어 보이네?'라고 생각될 것이다. 맞다. 매매툴 프로그램이 따로 있는 것이 아니라 동일한 프로그램이 사용되며 접속계좌의 성격에 따라 [모의 투자] 표시가 있고, 없고의 차이만 있다.

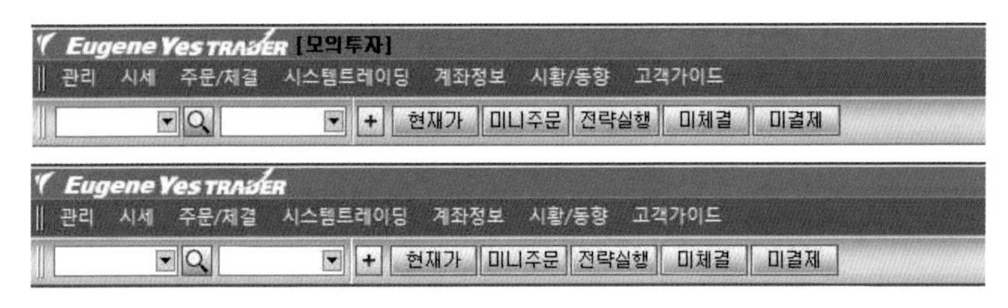

[자료 3] 모의 투자와 실거래 투자의 자동매매툴 실행화면 비교(예스트레이더)

모의 투자 역시 실시간으로 모든 기능이 실거래 투자와 동일한 방식으로 작동한다. 실제로 거래되는 것을 지켜보면 모의 투자인지 실거래 투자인지 구분이 안 될 만큼 매매 거래가 똑같이 진행된다. 민감한 사안은 아니지만, 굳이 차이점을 따지자면 단지 체결 방식이 조금 다르다. 모의 투자에서는 실제 거래소에 주문이 전송되어 매매를 체결하는 것이 아니다 보니 가상으로 거래를 성사시키게 된다. 실제 거래소에서 발생하는 실시간 체결내역에 맞추어 가상으로 모의주문을 처리하는 방식이다. 즉, 매수매도 호가 잔량과 상관없이 거래소의 실제 체결수량이 실시간으로 1,1,1,10,5,20,100… 의 순서로 이루어졌다면, 이 순서와 체결 수량에 따라 모의 투자 주문을 조건 반영하게 된다. 만약 모의 투자라고 해서 이러한 고려 없이 무조건 주문 즉시 체결된 것으로 반영한다면 실거래 투자와의 실적 괴리가 커질 수밖에 없기 때문이다.

실제로 모의 투자와 실거래 투자를 동시에 진행해 실적을 체크해보면, 단지 약간의 슬리피지와 설정수수료 반영 부분을 제외하고는 거의 동일하게 성과가 나타난다. 모의 투자라고 해서 왠지 느낌이 검증 내지는 판단의 근거로 사용하기에는 다소 무리가 있지 않을까 우려스러울지도 모르겠지만, 의외로 실거래 투자와 거의 같다고 판단해도 무방하다. 물론, 초단타 매매로 거래횟수가 엄청 많다면 미미한 슬리피지 차이라 할지라도 티끌 모아 태산이 될 수도 있다. 이러한 점만 유의한다면 모의 투자도 충분히 그 역할을 수행할 수가 있다. 여기에서, 그 역할이란 다름 아닌 강화된 검증이다. 실거래 투자 전에 모의 투자를 통해 한층 더 실제와 같이 전략의 성능과 알고리즘의 동작 상황을 검증해볼 수 있다. 또한, 실거래 투자에서만 나타날 수 있는 주문 에러와 같은 민감한 문제점들도 모의 투자를 통해 어느 정도는 미리 파악할 수 있다.

시스템 트레이딩의 모의 투자는 일반적인 모의 투자의 개념과는 그 중요성과 의미가 조금 다르다. 당연히 손익성과를 검증하고자 하는 일반적인 목적도 있지만, 그보다는 시스템의 동작 상태를 검증하고자 하는 차원의 성격이 훨씬 강하다. 모의라는 명칭 때문에 그 성능과 필요성을 평가절하해서는 안 된다. 반드시 활용하자.

전략의 변수 최적화는 정기적으로 필요한가?

변수의 최적화(最適化, Optimization)는 전략의 성능지표가 극대화될 수 있는 가장 적합한 변수값을 찾아내는 과정이다. 최적화 시 과거 데이터의 대상 기간이 달라지면, 이에 따라 해당 전략의 성능지표가 극대화되는 최적의 변수값도 함께 변경될 가능성이 크다. 그렇기에 실전 투자에서도 마찬가지로, 시간의 경과에 따라 변화되는 최적의 변수값을 재점검해 전략에 반영할 필요성이 있다. 그럼 실전 운영에서 최적화된 변수(이하, 최적변수라고도 함)의 적용 방식에는 어떤 것이 있으며, 적용주기 및 필요성에 대해 한번 살펴보자.

우선, 실전 운영에서 최적변수의 적용 방식은 크게 고정식과 이동식으로 나눠진다. 고정식은 [자료1]과 같이, 과거 데이터의 대상 기간 적용 시, 시작 시점을 고정해 (현재 시점까지의) 전 구간을 대상으로 변수를 최적화한 후, 실전 운영에 (주기적으로) 적용해나가는 방식이다. 최적화 대상 기간의 시작 시점을 고정시켜놓음으로써, 시간의 경과에 따라 대상 기간이 조금씩 늘어나는 확장 방식이다.

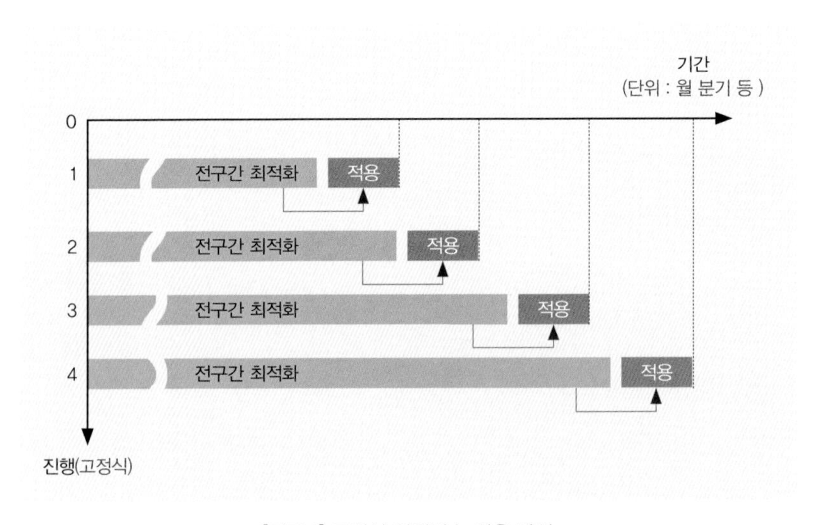

[자료 1] 고정식 최적변수 적용 방식

반면, 이동식은 [자료 2]와 같이, 최적화 대상 기간을 일정 기간 범위로 설정해, 시프트(Shift, 이동)해가면서 변수를 최적화한 후, 실전 운영에 (주기적으로) 적용해나가는 방식이다. 시간의 경과에 따라 일정한 기간 범위를 오른쪽으로 한 단계씩 밀어나가는 이동 방식이다.

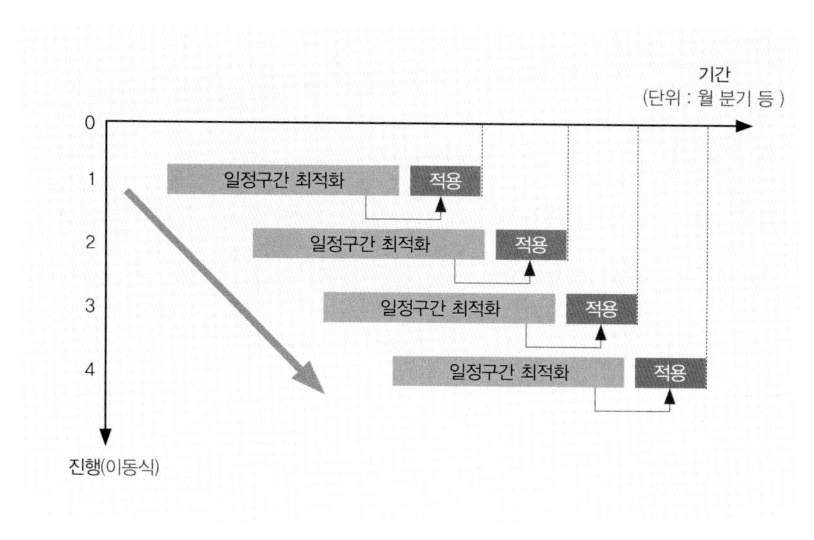

[자료 2] 이동식 최적변수 적용 방식

여기에서, 고정식은 최적화 대상 기간이 넓음으로써 시간 경과에 따른 최적변수의 변동성이 작기 때문에 더욱 안정적인 실전 운영이 가능하며, 상대적으로 과최적화(Over-Optimization)될 가능성 또한 적다. 반면, 최근의 시세 변화 패턴을 잘 반영하지 못하는 단점이 있다.

한편, 이동식은 최근 시세 변화의 패턴을 잘 반영하지만, 반영구간이 짧음으로써 변수가 과최적화(Over-Optimization)될 가능성이 커진다. 이렇듯, 대상 기간이 너무 짧을 경우, 과최적화로 인해 실적 개선 효과를 기대할 수가 없다. 이에, 과최적화의 가능성을 줄이기 위해서는 이동식의 최적화 대상 구간을 분기 또는 반기보다는 훨씬 큰 1년 이상의 충분한 기간으로 설정하는 것이 좋다. 이와 같이, 어떤 방식을 선택하든 실전 운영에서 충분히 넓은 기간을 대상으로 변수를 최적화할 필요성이 있다.

또한, 변수 최적화는 최소 분기 또는 6개월을 주기로 한 번씩만 해주어도 충분하다.

아울러, 주기적으로 변수를 최적화할 때, 반드시 염두에 두어야 할 사항이 있다. 이는 다름 아닌, 전략 알고리즘 자체가 로버스트(Robust)하지 못한 경우, 최적변수의 주기적 반영으로 성능개선 효과를 기대하기는 어렵다는 것이다. 이런 경우, 변수 최적화로 과거의 손익곡선을 우상향 패턴으로 다림질하듯 펴놓으면 다시 틀어지고, 또다시 펴놓으면 틀어지기를 반복하곤 한다.

또한, 고정식은 전략 개발 시 이미 충분히 장기적인 기간을 대상으로 변수를 최적화한 상태이기 때문에, 주기적으로 변수를 최적화한다고 해서 별반 달라지는 것이 없다. 예를 들어, 당초 60개월(5년)의 기간을 대상으로 변수를 최적화했다면, 이 60개월과 시간 경과에 따라 1개월이 추가된 경우 61개월의 최적변수값은 별반 차이가 없다는 것이다. 아울러, 이동식으로 최근의 시세 변화 패턴을 반영했다 하더라도 향후에는 최근의 변화 패턴이 반복되기보다는 훨씬 더 랜덤하고 새로운 변화 패턴이 발생할 가능성이 크다.

이렇듯 전략이 로버스트(Robust)하지 못한 경우, 변수 최적화가 그다지 별 의미가 없게 되고, 반대로 로버스트한 경우는 그렇게 자주 변수를 최적화할 필요성이 없게 된다. 즉, 전략 알고리즘이 로버스트하든 그렇지 못하든, 아이러니하게도 모두 정기적으로 변수를 최적화해야만 하는 당위성이 빈약하다. 이에, 정기적인 변수 최적화는 해도 되고, 또한 안 한다고 해서 별문제가 되지도 않는다. 혹시라도 모르니 그냥 맘 편하게 하자는 방식도 좋고, 별반 다를 게 없으니 하지 말자는 방식 역시 나쁘지 않다. 여기에서, 필자는 정기적인 변수 최적화를 반영하지 않는 쪽에 속한다.

어떤 선택이든 좋다. 하지만, 여기에서 반드시 경계해야 할 사항이 있다. 실전 운영에서 이도 저도 아닌 경우다. 일반적으로 정기적인 최적화를 오해하는 경향이 있는 듯하다. 정기적이라는 말은 일정한 시기나 기간을 정해 규칙적으로 시행하는 것이지, 그때그때 손익상황에 맞춰 이랬다저랬다 하는 것이 아니다. 평상시에는 가만히 있다가 손익실적이 나쁠 때만 변수를 최적화하는 것은 정기적인 변수 최적화가 아니다. 이것은 오히려 전략 알고리즘의 손익성능을 냉정하게 판단해야 할 구간에서 자칫 변수 최적화라는 사후약방문(死後藥方文)식 땜질 처방(심리적 위안)으로 손익실적을 더욱 악화시킬 수가 있다. 이런 경우에는, 변수를 다시 최적화하는 것보다는 차라리 있는 그대로 전략의 손익성능을 냉정하게 바라보는 것이, 오히려 트러블슈팅(Trouble Shooting)에 도움이 될 가능성이 훨씬 크다.

시스템 트레이딩은 그 자체가 룰(Rule)이다. 실전 운영에서 적정한 룰을 만드는 것만큼이나 설정한 룰을 지키는 것 또한 중요하다.

스윙형 매매와 단타형 매매 중 어떤 것을 선택할 것인가?

금융상품의 투자 방식은 보유 기간과 투자 기법에 따라 크게 장기 투자와 단기 투자로 나뉜다. 여기에서, 시스템 트레이딩은 대부분 단기 투자 방식을 사용한다. 단기 투자에는 스윙(Swing), 데이트레이딩(Day Trading), 스캘핑(Scalping), 극초단타(HTF : High Frequency Trading) 등과 같은 매매 방식이 있다. 그럼, 이 중에서 어떤 매매 방식이 유리한지, 매매 방식을 선택할 때, 고려해야 할 점은 무엇인지 한번 살펴보자.

우선, 위의 단기 투자 매매 방식들은 스윙형과 단타형으로 크게 나누어 볼 수 있다. 스윙형이란, 하루 이상 일주일 이내의 기간으로 일반적으로는 2~3일의 기간을 두고 매매하는 방식을 말한다. 스윙(Swing) 매매가 여기에 속한다. 이에 반해, 당일에 모든 거래를 마치는 나머지 매매 방식들은 모두 단타형이라 할 수 있다. 단타형에는 하루(1 Day) 안에 몇 번을 거래하든 그날의 거래는 그날로 마감하는 데이트레이딩 매매가 있다. 그리고 이보다 짧은 시간 즉, 수분에서 수초의 시간에 매수와 매도를 반복하는 스캘핑 매매가 있다. 영어로 scalping은 '가죽을 벗기다'라는 뜻인데, 아주 얇은 가죽을 벗겨내듯이 아주 작은 이익만 남기고 수많은 매매를 반복한다는 뜻이다.

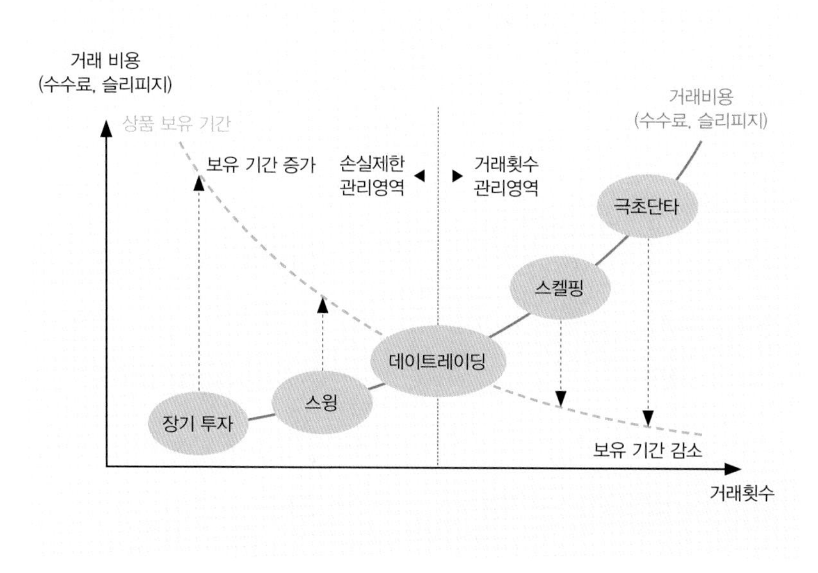

[자료 1] 매매 방식에 따른 거래횟수와 거래비용의 상관관계

아울러, 스캘핑보다 훨씬 더 빠른 극초단타 매매가 있다. 고빈도매매(HFT : High Frequency Trading)라고도 하며, 슈퍼컴퓨터를 통해 아주 빠른

속도로 1초에 수백에서 수천 번까지 매매해 수익을 올리는 거래 방식이다. 주문 속도는 최고 143 μs(0.000143초)에 달한다. 이쯤 되면, 아주 매력 있어 보인다. 하지만 시스템 구축비용이 어마어마하게 들기 때문에, 개인 트레이더들이 쉽게 접근할 수 있는 매매 방법이 아니다.

이상에서 살펴본 바와 같이, 단타형 매매는 데이트레이딩, 스켈핑, 극초단타로 갈수록 상품의 보유 기간이 짧아진다. 보유 기간이 짧아지는 만큼 가격 변동에 대한 위험 노출도 그만큼 감소하게 된다. 하지만, 데이트레이딩, 스켈핑, 극초단타로 갈수록 거래횟수가 급격히 증가한다. 이에, [자료 1]과 같이 거래횟수가 증가함에 따라 거래비용 또한 급격히 비례해 증가하게 된다. 거래소 시장에서 거래되고 있는 거의 모든 상품들이 만만치 않은 수수료 구조를 가지고 있다. 한편, 수수료가 저렴한 상품이라 하더라도 거래횟수가 많다면, 가랑비에 옷 젖는 격이다. 또한, 수수료보다 더 큰 문제는 슬리피지다. 거래횟수가 많은 전략의 경우, 시뮬레이션 성과보고서에서 우상향이던 손익곡선이 슬리피지 설정값을 조금만 증가시켜도 우하향으로 갑자기 바뀌는 경우가 번번이 발생한다. 그만큼, 단타형에서는 거래비용을 줄이는 것이 최대 관건이다. 슬리피지 자체를 작게 만드는 노력도 중요하지만, 실질적인 효과로서는 거래횟수를 관리하는 것이 더 합리적이다.

반면, 스윙형은 거래횟수가 많지 않기 때문에 수수료와 슬리피지에 대한 거래비용은 미미하다[자료 1]. 하지만 거래횟수가 작은 대신에 거래 당 기대이익폭이 크다. 그렇기에, 기대이익폭이 큰 만큼 비례해 손실제한 설정폭도 커지게 된다. 스윙형의 특성상, 어지간한 가격의 흔들림 정도는 견뎌야 하기 때문에 손실제한 설정폭을 무조건 작게 잡을 수도 없는 노릇이다. 여기에서 스윙형의 위험이 발생된다. 손실제한 설정폭이 크기 때문에 연속손실이 발생될 때는 아주 난감한 상황에 직면하게 된다. 예상했던 최대손실폭(MDD)을 무참히 깨버리는 경우가 발생되기 때문이다. 더욱이, 스윙형은 오늘의 장이 마감한 후에도 계속 포지션을 보유하는 경우도 많다. 이때, 다음 날 시초가가 갭(Gap) 상승이나 갭(Gap) 하락해 출발하는 경우, 손실제한 설정폭 이상의 큰 손실을 볼 수도 있다. 이에, 스윙형에서는 손실제한과 최대손실폭(MDD)에 대한 관리가 최대 관건이다.

그럼, 스윙형과 단타형 매매 방식 중 어떤 것을 선택할 것인가? 투자자마다 선호하는 투자 방식이 있다. 하지만 스윙형을 선택했다면 단타형의 특성을 가미해야 하고, 단타형을 선택했다면 스윙형의 특성을 가미해야 한다. 즉, 스윙형에서는 손실제한폭 관리가 단타형처럼 엄격해야 하고, 단타형에서는 거래횟수 관리가 스윙형처럼 엄격해야 한다. 당연한 거 아니냐고 반문할지 모르겠지만, 현실은 그렇지 않다. 많은 시스템 트레이더들이 전략의 시뮬레이션 성능보고서에 많이 현혹된다. 꿀에다가 소금을 타면 단맛이 떨어진다. 이렇듯 상대적인 특성을 가미하면, 성능보고서의 성적이 떨어지는 경향이 있어서 무시하게 된다. 몰라서 반영하지 못한 것이 아니라, 기대와 욕심 때문에 스킵(Skip)하게 된다. 필자도 그랬고, 필자가 아는 많은 트레이더들도 그랬다. 결국, 실전에서 비싼 수업료를 낸 후에야 수정·반영하게 된다. 기대수익의 크기보다는 항상 리스크 관리가 우선이다. 어떤 매매 방식이 좋고 나쁨이 아니라, 선택에 따르는 위험의 관리와 보완의 문제다.

데이 전략과 오버나이트 전략 중 어떤 것을 선택할 것인가?

앞서 살펴본 바와 같이, 금융상품의 단기 투자에는 스윙(Swing), 데이트레이딩(Day Trading), 스캘핑(Scalping), 극초단타(HTF : High Frequency Trading)와 같은 매매 방식이 있다. 이 중에서, 단타형에 속하는 데이트레이딩, 스캘핑, 극초단타는 하루에 몇 번을 거래하든 당일에 모든 포지션을 청산하는 데이(Day)형 매매 방식이기 때문에, 포지션을 오버나이트(Over Night)해야 하는 상황은 발생하지 않는다. 하지만 스윙(Swing)형은 일반적으로 2~3일의 기간을 두고 포지션을 청산하는 매매 방식이기 때문에, 포지션을 오버나이트 하는 경우가 자주 발생한다. 그럼, 데이 전략과 오버나이트 전략 중 어떤 것을 선택해야 할지 한번 살펴보자.

우선, 왜 오버나이트 전략을 쓰게 되는지 알아보자. 오버나이트 전략은 추세추종 전략과 관계가 있다. 추세추종 전략은 중장기적으로 형성된 추세가 계속 유지될 것이라는 기대에서 출발한다. 여기에서, 중장기적 추세를 짧은 구간으로는 파악할 수가 없다. 그래서 더욱 긴 구간을 대상으로 추세를 확인하게 되고, 이 추세의 흐름을 타기 위해 포지션의 보유시간 또한, 자연스럽게 길어진다. 이처럼 포지션의 보유시간이 길어지다 보면, 오버나이트하게 되는 경우가 발생하게 된다. 즉, 추세추종 전략에 오버나이트 전략이 자연스럽게 따라붙는 격이다.

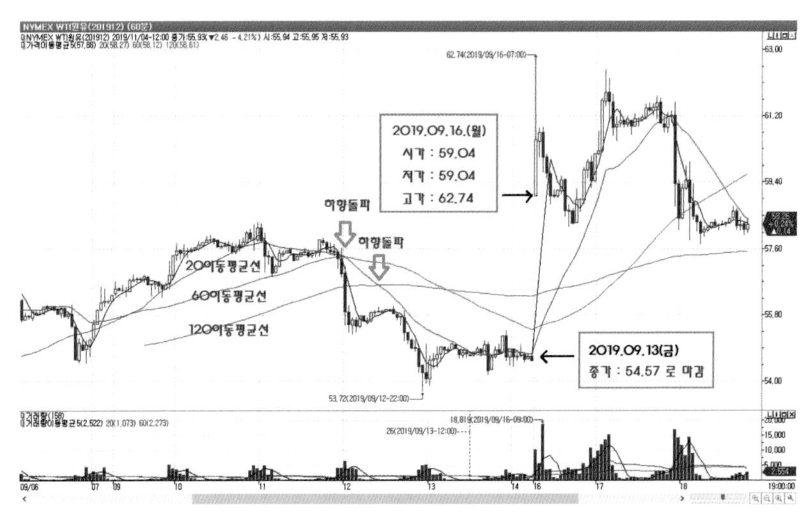

[자료 1] 포지션 오버나이트의 위험 예시(크루드오일 60분봉 선물 차트)

그럼, 추세추종 전략은 포지션 오버나이트를 해도 무방할까? 일반적으로 포지션을 오버나이트한 경우, 다음 날 시초가의 갭(Gap) 상승과 갭

(Gap) 하락 위험에 노출되어 있다는 것은 익히 잘 알고 있다. 그럼에도 불구하고, 시뮬레이션으로 충분히 검증되었다고 판단해, 오버나이트가 반영된 전략을 실전 투자에 적용하기도 한다. 여기에 함정이 있다. 시뮬레이션에서 큰 갭(Gap) 위험 구간이 회피되도록 변수가 최적화되었을 가능성이 있다. 또한, 시뮬레이션에서는 나타나지 않았더라도 실전에서 발생할 가능성은 항상 존재한다. 오버나이트는 치명적 위험을 내포하고 있다. 1년 동안 꾸준히 잘 쌓아오던 손익실적을 단 하루 만에 물거품으로 만들 수도 있다. 예시를 들어 한번 살펴보자.

2019년 9월 14일(토), 세계 최대 석유기업인 아람코(사우디아라비아 석유회사, ARAMCO)의 석유시설이 드론(Drone)의 공격을 받았다. 이에, 원유생산에 차질이 생김으로써 국제 유가의 급격한 가격 상승이 예상되었다. 아니나 다를까, [자료 1]과 같이, 주말이 끝나고 16일(월)에 크루드오일(Crude Oil)의 모든 원유선물 가격이 시초가부터 아주 큰 폭으로 갭(Gap) 상승했다. 이에, 매도 포지션으로 오버나이트한 경우라면, 장 시작 몇 초 만에 1계약 기준으로 US $4,470 ~ US $8,170의 손실이 발생한다. 크루드오일(대표 상품명:CL) 1계약의 위탁증거금이 약 US $4,500임을 감안할 때, 위탁증거금 대비 약 100~180%의 엄청난 손실이 발생하게 된다.

물론, 갭 발생은 양방향이다. 반대로, 매수포지션이라면 아주 큰 수익이 난다. 하지만, [자료1]에서 보듯이, 추세추종형 전략의 관점에서 볼 때, 추세는 하향이다. 20이동평균선이 60이동평균선과 120이동평균선을 차례로 하향돌파하고 있다면, 그 어떤 다른 지표들을 기준으로 삼더라도 추세는 하향이라 판단되었을 것이다.

그렇다면, 대체로 왜 이런 이슈는 추세의 반대 방향으로 생기는 걸까? [자료 1] 예시의 경우를 가설로 설명해보자. 드론의 공격시간을 며칠 전부터 계획하고 있었고, 공격전에 미리 원유선물의 매수포지션 물량을 확보하려 했다고 가정해보자. 그러면, 매수포지션은 언제 확보하는 것이 더욱 유리하고 쉬울까? 바로, 원유선물의 추세가 하향일 때다. 이때가 매수포지션의 물량을 확보하기가 쉽고, 보다 싼값에 물량을 확보할 수가 있다(필자의 가설일 뿐, 진짜로 이런 일이 벌어졌는지는 알 수가 없다. 하지만, 의구심은 떨쳐버릴 수가 없다). 이 가설과 같이, 양방향으로 발생하는 갭(Gap)의 확률은 50:50이 아니라, 추세추종형 전략에는 더욱 불리하게 작용된다.

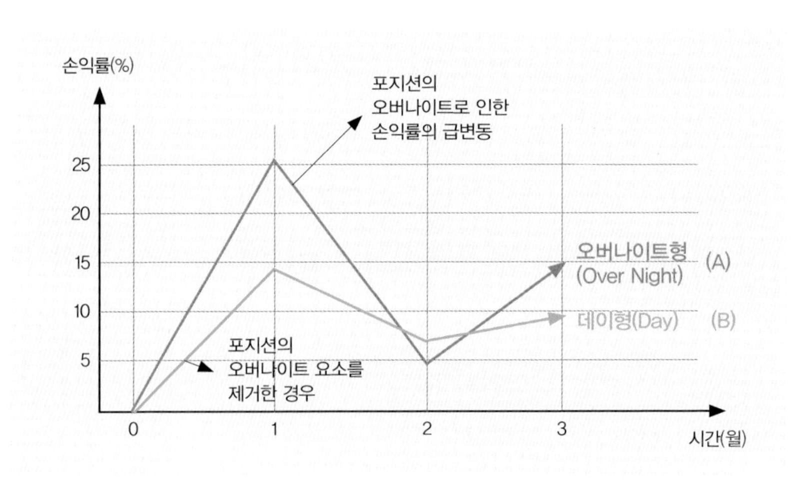

[자료 2] 오버나이트형 전략과 데이형 전략의 손익그래프 예시

또한, 오버나이트 전략을 사용함으로써, [자료 2]와 같이 손익률이 급변동하는 현상이 발생한다. 오를 때도 무섭게 오르지만, 내릴 때도 무섭게 내린다. 예를 들어, [자료 2-A]와 같이, 한 달은 수익이 25%이었다가, 다음 달은 손실이 -20%라면, 실전 투자에서는 심적 부담감 때문에 전략을 운영하기가 힘들 수도 있다. 여기에서, 포지션 오버나이트 요소를 제거해 데이(Day)형으로 변경한다면, [자료 2-B]와 같이 손익률의 급변동 현상이 많이 진정된다. 또한, [자료 2]의 예시와는 달리 반대로 손실이 날 경우에도 데이형이 훨씬 더 잘 버텨준다. 이에, 비록 데이형이 다소 손익률이 낮아 보이지만, 실전 투자에서 운영하기에는 훨씬 더 안정적이고 장기적으로 롱런(Long Run)할 수가 있다.

그렇다면, 포지션 오버나이트는 하지 말아야 하는가? 헷지(Hedge)가 되어 있는 경우라면 괜찮다. 하지만, 네이키드 포지션(Naked Position)이라면 오버나이트는 되도록 사용하지 않는 것이 좋다. 오버나이트(Over Night) 전략을 데이(Day) 전략으로 변경해 운영하길 추천한다.

전략의 차트 주기(틱봉 또는 분봉)는 어떻게 설정할 것인가?

최근, 금융상품의 거래 형태에 데이트레이딩(Day Trading) 방식이 성행하면서, 더욱 짧은 주기(차트)에 대한 활용도가 점점 증가하고 있는 추세다. 단타형 매매 방식을 주로 사용하는 시스템 트레이딩 역시 마찬가지로, 전략 차트의 주기가 짧은 쪽을 선호하는 경향이 짙다. 그럼, 전략의 차트 주기는 어떻게 설정할 것인지, 틱봉과 분봉 데이터 중 어떤 것을 선택할 것인지 한번 살펴보자.

우선, 일반적으로 널리 사용되는 캔들(Candle) 차트, 즉 봉 차트는 설정 주기에 따라, 월봉, 주봉, 일봉, 분봉 등 다양한 유형이 있다. 이에, 최소단위인 1분봉의 배수로 단기에서부터 중·장기적인 가격 추세의 파악이나 기술적 분석 등에 다양하게 시간 주기의 봉 차트가 활용된다. 하지만, 시간 주기의 봉 차트는 최소단위인 1분보다 짧은 주기를 선택할 수 없다는 아쉬움이 남는다.

이에 짧은 단타형 매매 방식에는 시간 주기가 아닌 체결 건수에 기준을 둔 틱(Tick)봉 차트를 많이 활용하게 된다. 여기에서 틱(Tick)이란, 거래소에서 규정한 최소한의 가격 변동폭이자, 최소의 호가 단위를 말한다. 이 의미만 놓고 보면, 틱(Tick)봉은 체결가격의 변동이나 거래량을 기준으로 이루어질 것 같지만, 전혀 그렇지 않다. 틱과 틱(Tick)봉 차트는 약간 의미가 다르다. 틱(Tick)봉은 사용자가 설정한 수만큼의 거래체결 건수를 기준으로 캔들이 완성된다. 예를 들어, 100틱봉은 100건의 거래가 체결되면 봉이 완성된다. 이는, 100번의 가격 변화를 의미하는 것도 아니며, 또한 거래량이 100주라는 의미도 아니다. 오로지 체결 건수가 기준이 된다.

이와 같이, 봉(캔들) 차트는 크게 시간 단위(분봉) 차트와 체결 건수 단위(틱봉) 차트로 나눠볼 수 있다. 이를, 실제 차트의 예시로 살펴보면, [자료 1]의 분봉 차트와 [자료 2]의 틱봉 차트와 같다. 이 2개의 차트는 얼핏 보기에는 서로 다른 종목처럼 보이지만, 모두 같은 종목(S&P500지수 선물, 종목코드:ES)일 뿐만 아니라, 같은 날의 봉 차트다.

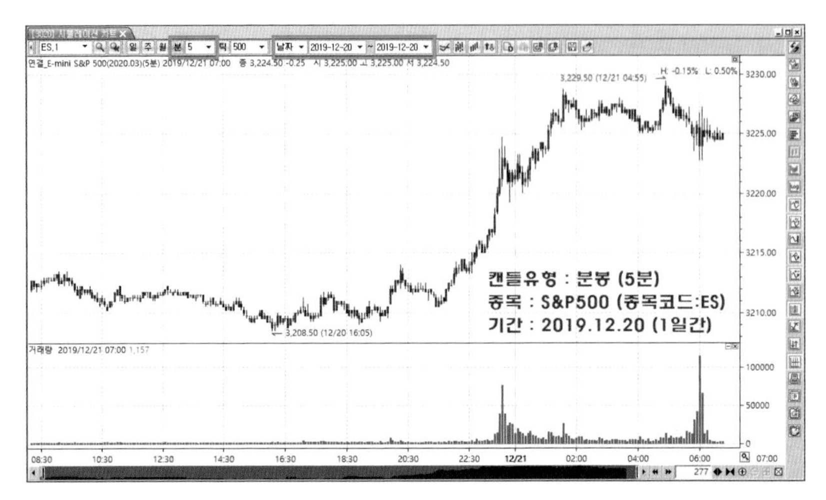

[자료 1] 분봉 차트 예시

[자료 2] 틱봉 차트 예시

이렇듯, 분봉과 틱봉 데이터는 패턴과 특성이 다르다. 분봉은 시간적 개념이고, 틱봉은 시간의 개념이 배제된 수량적 개념이다. 이에 분봉은 시간적(단기, 중기, 장기) 추세의 분석과 그 에너지(변동성)의 크기를 파악하는 데 유리하고, 틱봉은 추세의 변화(가격 변동)에 대한 (민감한) 대응이 가능하다.

아울러, [자료 3]과 같이 틱(Tick)봉은 단타형 매매 방식에 유리하고, 단타형보다는 다소 긴 짧은 스윙형에는 분봉 데이터(차트)가 유리하다. 또한, 전략 유형에서 추세추종형 전략에는 분봉이 유리하고, 짧은 추세형이나 역추세형에는 틱봉이 유리하다. 한편, 거래 주기(포지션 보유 기간)의 관점에서, 주기가 아주 짧은 스캘핑(Scalping) 방식은 틱(Tick)봉을 주로 사용하며, 이보다 조금 긴 데이트레이딩(Day Trading) 방식은 일반적으로 분봉을 사용하는 경향이 있다.

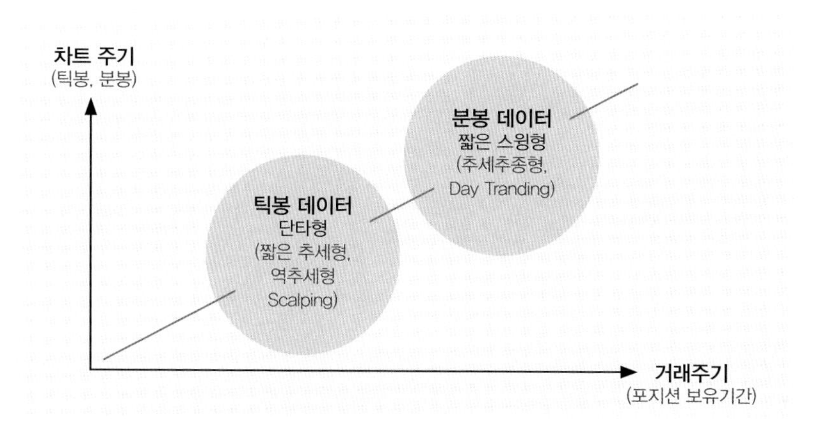

[자료 3] 전략의 매매 방식과 유형에 따른 적합한 차트 주기의 설정

또한, 분봉과 틱봉 모두, 비교 대상 전략의 성능이 비슷하거나 감내할만한 수준이라면, 주기가 짧은 쪽을 선택하는 것이 유리하다. 예를 들

어, 실전 운영에서 10분봉(차트)보다는 5분봉이 좋고, 200틱봉보다는 100틱봉이 안정성 측면에서 더욱 유리하다는 의미다.

한편, 틱(Tick)봉은 추세의 변화(가격 변동)에 대한 민감한 대응이 가능한 반면, 전략의 개발과정과 실전 운영에서 주의해야 할 사항이 있다. 이는 전략의 개발과정에서 증권사에서 제공되는 과거의 틱 데이터량이 부족하기 때문에, 전략 성능(후진 분석)의 평가 기간을 넓게 잡을 수 없다는 단점이 있다. 또한, 실전 운영에서 상품가격의 급변동으로 시세가 한꺼번에 몰려 들어올 경우, 틱 데이터가 종종 소실되어 이후 생성되는 모든 틱(Tick)봉이 왜곡되는 현상이 발생한다는 점이다. 이에 이런 경우는, 개발과정에서 주기가 짧은 분봉으로 전략의 성능을 우선 점검한 후, 모의투자(전진분석)에서 틱봉을 사용해 전략을 재검증하는 방법을 사용하는 것도 좋은 해결책이 된다.

이상과 같이, 전략의 차트 주기(틱봉과 분봉)에 대한 선택의 문제는, 전략이 추구하는 매매 방식과 알고리즘의 성격에 따라 방향을 설정하는 것이 합리적이다. 나아가, 양쪽의 특장점을 합성하는 방식 또한 좋은 방안이 된다. 이는 다름 아닌 추세의 분석은 분봉 형식의 데이터로, 추세변화에 대한 대응은 틱(Tick)봉 형식의 데이터로 처리하는 방식이다. 틱봉과 분봉, 어떤 것이 더 좋고 나쁨은 없다. 틱봉과 분봉 데이터가 가지고 있는 고유의 특성을 잘 활용하는 것이 가장 좋은 접근 방법이 될 것이다.

투입자본금과 매매 투입 비율은 어떻게 산정하는 것이 적정한가?

금융상품을 거래할 때, 투자자들은 자신의 가용자금 규모와 기대수익의 크기에 따라 투입자본금을 결정한다. 이때, 투입자본금뿐만 아니라, 상품의 거래(베팅)에 사용하는 자금의 비율 또한 저마다 다르다. 많게는 투입자본금의 100%를 모두 거래(베팅)에 사용하기도 한다. 그러면 시스템 트레이딩의 실전 투자에서는 투입자본금을 어떻게 산정해야 할지, 이 투입자본금 중 어느 정도(%)를 상품의 거래(베팅)에 사용해야 적정한지에 관해 살펴보자.

우선, 미국의 수학자 켈리(J. L. Kelly)가 1956년에 발표한 켈리 공식(Kelly Criterion)에 대해 알아보자. 켈리 공식(또는 켈리 기준, 켈리 전략, 켈리 베팅)은 반복되는 일련의 베팅에서 최적 베팅 규모를 결정하는 공식이다. 즉, 여러 번 베팅할 때 파산하지 않고 최대의 수익을 얻기 위해, 투입자본금(걸 수 있는 최대의 돈)의 몇 퍼센트(%)를 베팅해야 하는지를 계산하는 공식이다. 워런 버핏(Warren Buffett)과 빌 그로스(Bill Gross) 등 성공한 투자자들이 켈리 공식을 사용한다는 주장이 제기되면서 더욱 유명한 투자 이론으로 평가받고 있다. 먼저, 켈리 공식을 식으로 표현하면 다음과 같다(켈리의 원(原)식에서 게임의 룰을 특정해 더 단순화한 공식임).

$$Kelly\% = W - \left[\frac{(1 - W)}{R} \right]$$

where :

Kelly% = 투입비율(Percent of investor's capital to put into a single trade)

W = 승리확률(Historical win percentage of trading system)

R = 배당률(Trader's historical win/loss ratio)

여기에서, Kelly%는 한 번의 거래(베팅)에 사용할 자금의 비율이며, W(Win)는 게임의 승리확률(승률), 그리고 R(Ratio)은 배당률(수익손실비율 : 수익률/손실률)을 말한다. 예를 들어, 승리확률은 60%이고, 이익이 날 때는 4%(수익률), 반대로 손실이 날 때는 2%(손실률)라면,

$$Kelly\% = W - \left[\frac{(1 - W)}{R} \right] = 0.6 - \left[\frac{(1 -0.6)}{0.04 / 0.02} \right] = 0.4$$

켈리값은 0.4 즉, 한 번의 거래(베팅)에 자본금의 40%를 투자하는 것이 최고의 수익을 가져다준다는 것이다. 일반적으로, [자료 1-B]와 같이 '하이 리스크(High Risk), 하이 리턴(High Return)' 즉, 리스크(베팅률)를 키우면 수익 또한 비례해 증가할 것이라는 오해를 하기도 한다. 하지만, [자료 1-A]와 같이, 켈리 기준 투자 비율을 정점으로, 이 비율을 계속 증가시키면 오히려 수익이 점점 감소하기 시작한다. 켈리 공식은 사전에 결정된 비율의 자금을 거래(베팅)하는 것이며, 거래(베팅) 규모는 질 경우 감소하고, 이길 경우 증가한다. 즉, 복리 성격의 투자 방식이다.

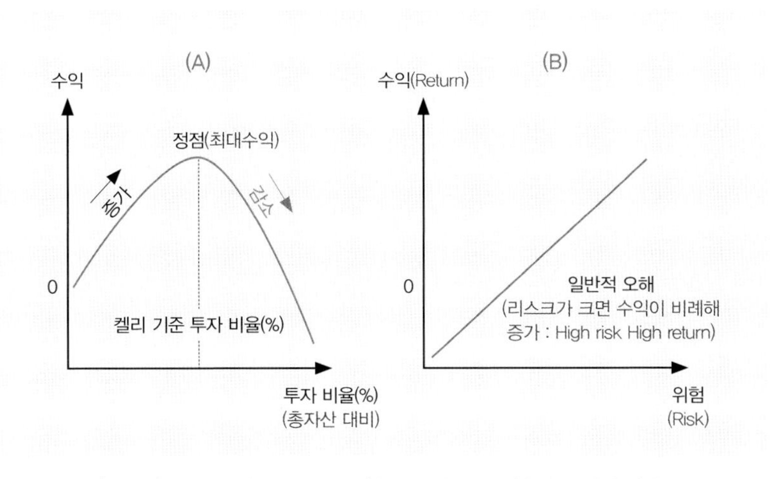

[자료 1] 켈리 공식(Kelly Criterion)을 활용한 투자 비율과 수익의 변화

한편, 모든 수학·과학적 이론은 가정, 가설, 개념, 원리, 법칙 및 사실 등으로 구성된다. 켈리 공식(Kelly Criterion) 역시, 다음과 같은 가정과 가설이 전제된다.

1) 승리확률과 배당률(수익손실비율)이 보장되어야 한다.

2) 정해진 규율과 대수의 법칙(어떤 일을 몇 번이고 되풀이할 경우, 일정한 사건이 일어날 확률은 횟수를 거듭할수록 일정한 값에 가까워진다는 경험 법칙)에 따라, 장기간 적용되어야 한다.

실전 투자에서 켈리 공식은 전략 알고리즘의 배당률, 즉 한 번의 거래(베팅)에 대한 수익률과 손실률이 고정되어 있는 경우에 좋은 투자 방식이 된다.

나아가 켈리 공식에 이어서, 다른 방식으로도 투입자본금을 한번 산출해 보자. 이는, '손실가정 산출방식'이다(필자의 경험이론이다). 수익률이 고정되어 있지 않은 전략 알고리즘의 경우, 켈리 공식의 전제조건으로서 보장되어야 하는 배당률(수익손실비율 : 수익률/손실률)을 특정하기가 매우 곤란하다. 특히, 수익률은 최적화된 성능보고서와는 달리, 실전 투자에서는 심하게 변동된다. 이에, 수익률의 변동과는 무관하게 사용할 수 있는 방식으로, 투입자본금을 산정할 필요성이 있다. 먼저, 손실가정 산출방식을 식으로 표현하면 다음과 같다.

투입자본금 = 1회 거래(배팅)금액 + [손실가정산출금액 X (1.5 –승률)]

(※손실가정산출금액 = 일가능 최대손실금액 X D
D = 손실가정 누적 일수
단, 손실가정산출금액 ≥ 전략알고리즘의 최대손실폭(MDD))

여기에서, 일(日) 가능 최대손실금액은 하루에 몇 번을 거래하든(누적해) 발생 가능한 최대손실금액을 말한다. D(Day, 손실가정 누적일수)는 임의의 설정값으로서, 일반적으로 20D를 사용한다. 그리고 부가조건으로, 손실가정 산출금액은 성능보고서상의 최대손실폭(MDD)보다 커야 한다.

예를 들어, 1회 거래(베팅)금액이 US$ 8,000이고, 일 가능 최대손실금액은 US$ 400, 예상 승률 50%인 경우, 투입자본금은 다음과 같이 산출된다.

투입자본금 = 1회 거래(배팅)금액 + [손실가정산출금액 X (1.5 – 승률)]
= US$ 8,000 + [US$ 400 X 20 X (1.5 – 0.5)]
= US$ 16,000

즉, 1회 거래(베팅)금액(US$ 8,000)과 손실가정 산출금액(US$ 8,000)의 1배(1.5-0.5) 값을 더한 결과로, 적정 투입자본금은 US$ 16,000이 된다[자료 2].

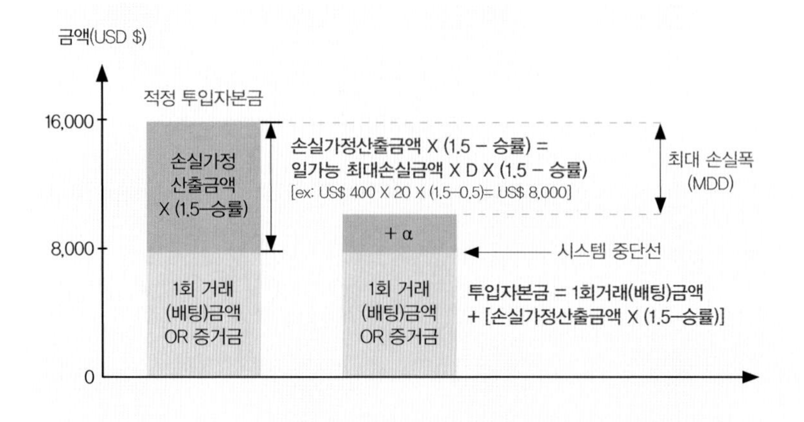

[자료 2] 손실가정 산출방식에 의한 적정 투입자본금 산출 예시

한편, 임의 설정값, D(손실가정 누적일수)는 너무 클 필요도 없지만, 너무 작아서도 곤란하다. 너무 크면 많은 자본금이 목적 없이 계좌에 잠기게 되고, 너무 작으면 손익 변동성을 견디지 못하게 된다. 여기에서, 20D로 설정한 데는 중요한 의미가 있다. 이 수준을 위협하는 손익 변동성이 발생한 경우에는 특단의 조치가 필요하다. 성능보고서에 대한 믿음만으로, 해당 전략 알고리즘을 계속 운영하기에는 상당한(금전적·심적) 무리수가 따른다. 이때는, 시스템 운영을 즉시 중단하고 전략 알고리즘을 재정비해야 할 필요성이 있다. 이와 같이, 손쉽게 산출 가능한 팩터(예상 승률과 일 가능 최대손실금액)들을 사용함으로써, 시스템 트레이딩의 관점에서 적정한 투입자본금을 산정할 수가 있다.

여기에서 하나 짚고 넘어가 보자. 앞의 산정(산출) 방식들은 모두 손실률이 정해져 있어야 한다. 그런데 만약 어떤 전략 알고리즘이 손실률이나 일(日) 가능 최대손실금액을 특정할 수 없다면, 이는 투입자본금의 산출 가능 여부에 국한된 단순한 문제가 아니다. 이 값들을 특정할 수 없다는 것은, 전략 알고리즘 자체가 심각한 손실위험에 노출되어 있다는 사실이다. 이런 경우에는, 투입자본금 산정에 앞서 전략 알고리즘의 손실위험 관리 부분부터 먼저 점검해야 한다.

실전 투자에서 적용 가능한 투입자본금과 매매 투입비율의 산정(산출)방식에 대해 살펴보았다. 모든 전략 알고리즘은 저마다의 특성(손익구조 등)이 있다. 이에, 적용 방식 또한 천편일률적일 수는 없지만, 위의 방식들을 근간으로 응용해나간다면 충분히, 적정한 규모의 투입자본금을 산정할 수가 있을 것이다.

대상 종목은 어떤 기준으로 선택하나?

앞서 살펴본 바와 같이, 시스템 트레이딩으로 거래 가능한 대상 종목은 무수히 많다. 몇 페이지에 걸쳐서 나열한다 해도 모자랄 정도일 것이다. 그렇다면, 어떤 기준으로 대상 종목을 선정해야 할까? 물론, 시스템 트레이딩의 성격과 특성에 적합한 대상 종목을 선정해야 할 것이다. 이에, 적합한 대상 종목의 선택 기준은 무엇이며 어떻게 정해야 할지 살펴보자.

첫째, 호가 잔량을 고려해야 한다. 호가란 상품을 팔거나 사려고 부르는(주문하는) 가격을 말한다. [자료 1]에서 보듯이, 호가는 매수호가와 매도호가로 나누어지게 되고, 특정가격의 호가 주문들이 모여 호가 잔량을 형성하게 된다. [자료 1]의 두 호가창을 비교해보면, (A)의 경우는 호가 잔량이 많이 쌓여 있는 반면, (B)의 경우는 상대적으로 호가 잔량이 매우 작다. 여기에서, (A)의 경우와 같이 호가 잔량이 충분한 종목이 시스템 트레이딩에 더욱 적합하다. 즉, 평소의 호가 잔량이 주문하고자 하는 수량을 충족하고 있어야 한다. 그래야만 신호가 발생되는 즉시, 더 유리한 가격으로 물량을 확보하거나 청산할 수 있기 때문이다. 만약, 호가 잔량이 부족하게 되면 제 가격에 물량을 확보하거나 청산할 수가 없게 된다. 나아가, 상대호가를 높여가며 더 불리한 가격으로 물량 확보와 청산을 진행해야 하기 때문에, 이로써 과도한 슬리피지(Slippage)가 발생하게 된다. 그렇기에, 호가 잔량이 충분한 종목을 선택함으로써, 슬리피지에 의해 발생되는 거래비용을 최대한 줄여야 할 것이다.

(A)

[3501] (Real) 현재가

ZNM20 CBOT미10년채(202006)

138'26.0 ▲ 0'17.5 0.39 % 11,225

건수	잔량	07:59:47	잔량	건수
33	105	138'28.5		
30	296	138'28.0		
29	100	138'27.5		
32	119	138'27.0		
9	22	138'26.5		
체결가	체결량	138'26.0	80	20
138'26.0	2	138'25.5	139	27
138'26.5	1	138'25.0	90	26
138'26.5	28	138'24.5	119	38
		138'24.0	539	31
133	642	325	967	142

(B)

[3501] (Real) 현재가

HEM20 CME LEAN HOGS(202006)

64.250 ▼ -4.500 -6.54 % 12,716

건수	잔량	06:22:52	잔량	건수
1	1	68.800		
1	1	68.750		
1	5	67.325		
1	2	66.750		
1	1	66.300		
체결가	체결량	64.175	2	1
64.250	1	64.100	5	1
64.250	11	63.800	5	1
64.250	2	63.500	31	2
		63.025	2	1
5	10	35	45	6

[자료 1] 호가 잔량 비교

둘째, 변동성과 거래량을 고려해야 한다. 대부분의 로직 알고리즘이 추세추종형을 많이 사용하기 때문이기도 하다. 변동성이 커야 추세도 생기는 법이다. 그리고 거래량이 많으면 대체로 변동성도 비례해 증가하게 된다. 여기에서 거래량과 변동성은 함께 고려되어야 한다. 즉, 거래량을 수반한 변동성이어야 한다. 거래량은 적은데 변동성이 크다는 것은 그만큼 특정세력에 의해 가격이 쉽게 조정받고 있다는 말이 된다. 이런 종목은 피해야 한다. 내가 확보해야 할 물량 정도는 평균거래량 대비 너무 소량이라 아무도 신경 쓰지 않을 정도라면 더욱 좋을 것이다.

셋째, 호가단위의 고려다. 상품마다 호가단위가 다르고, 아울러 한 호가 당 가격(이하, '틱가치'라고 한다) 또한 다르다. 호가단위가 작다고 틱가치마저 싼 것은 아니다. 먼저 상품의 틱가치가 얼마인지 산출해봐야 한다. 틱가치는 작을수록 좋다. 왜냐하면, 틱가치는 바로 슬리피지의 크기와 직결되기 때문이다. 틱가치가 클수록 슬리피지 또한 비례해 증가하게 된다. 예를 들어, 같은 조건이라면 틱가치가 10,000원인 것보다는 5,000원인 종목이 더욱 좋다. 실거래에서 슬리피지가 평균 1틱 정도 발생한다고 가정했을 때, 틱가치에 따라 전자는 10,000원, 후자는 5,000원의 슬리피지가 발생하기 때문이다.

넷째, 호가공백의 고려다. 호가공백이 너무 크거나 많아서는 안 된다. [자료 2]에서 보듯이, 호가가 (B)와 같이 중간에 비어 있는 것보다는 (A)와 같이 빈틈이 없는 것이 좋다. 호가의 공백이 많다면, 신호 발생 시 제 가격에 물량을 확보하거나 청산할 수가 없게 된다. 호가공백 역시 과도한 슬리피지를 발생시킨다. 호가공백이 거의 없는 종목을 선택함으로써 슬리피지 비용을 최대한 줄여야 한다.

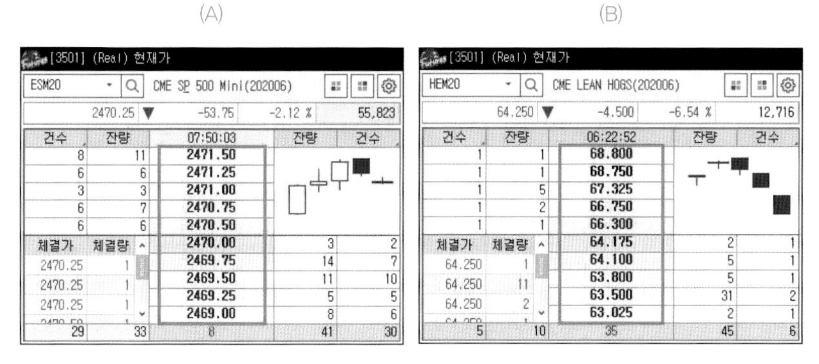

[자료 2] 호가공백 비교

다섯째, 전략 알고리즘의 적합성 고려다. 여기서 적합성이란, 시뮬레이션 성능보고서상의 좋은 성적을 의미한다. 위의 모든 고려사항을 충족하는 종목이라 하더라도, 정작 내가 개발한 전략 알고리즘과 맞지 않는다면 무슨 소용이겠는가. 가장 중요한 고려사항이다.

이상, 대상 종목 선정을 위해 기본적으로 고려해야 할 몇 가지 사항들을 살펴보았다. 그런데 여기에서 반드시 주의해야 할 점이 있다. 일의 순서가 바뀌게 되면 낭패다. 매매 주문에 관한 고려사항(첫째~넷째)을 간과한 채 전략 알고리즘의 적합성(다섯째)을 먼저 따져서는 안 된다는 것이다. 전략 알고리즘의 성능이 아무리 좋게 나오는 종목이라 하더라도 원활한 거래를 받쳐줄 상황이 되지 못한다면, 이 또한 아무 소용없다. 이런 경우는, 향후 실제로 시스템 트레이딩을 적용하기는 어려울 것이기 때문이다. 그렇기에, 위의 사항들을 고려하되, 매매 주문의 환경에 관한 사항(첫째~넷째)을 먼저 살피고 난 후에, 전략 알고리즘을 적용(다섯째)해 나가야 할 것이다.

대상 종목은 몇 개 정도가 적정한가?

앞에서 시스템 트레이딩의 자동매매가 가지고 있는 거래의 특성에 초점을 맞추어 적합한 대상 종목을 선별하는 방법을 살펴보았다. 자동매매 대상이 되는 후보 종목들도 엄청 많지만, 자동매매 거래의 특성을 만족함으로써 실전 투자가 가능한 주전 종목 또한 적지 않다. 그렇다고 선별된 주전 종목의 전부를 거래할 수는 없는 노릇이다. 선택과 집중이 필요하다. 그럼, 실전 투자의 종목 선정에서 몇 개의 종목을 선택하는 것이 적정한지 한번 살펴보자.

우선, 자신의 투자 환경 조건과 대상 종목의 성격이 잘 맞아야 한다. [자료 1]과 같이, 이 적합성을 판단하는 몇 가지 기준이 있다.

첫째, 매매 거래의 적합성이다. 이 부분은 이미 앞에서 살펴본 바와 같이, 대상 종목은 자동매매가 가지고 있는 주문거래의 특성을 만족해야 한다.

둘째, 알고리즘의 적합성이다. 전략 알고리즘의 성격이 대상 종목과 잘 맞아야 한다. 종목마다 특징이 있다. 예를 들어, 전략 알고리즘이 추세추종형인 경우, 가격의 변동성에 따라 전략의 성격과 잘 맞는 종목이 있고 그렇지 않은 종목이 있다. 여기에서, 전략 알고리즘의 적합성은 시뮬레이션 성능보고서를 기준으로 판단할 수 있다. 당초, 특정 종목을 거래할 목적으로 전략 알고리즘을 개발했다 하더라도, 오히려 다른 종목에서 더 좋은 성능을 보여주기도 한다. 이에, 대상이 될 만한 여러 종류의 상품들을 대상으로 전략 알고리즘의 성능을 두루 확인해볼 필요가 있다.

셋째, 거래 규모의 적합성이다. 투입자본금의 규모에 걸맞게 상품의 물량 확보가 원활하게 이루어져야 한다. 1회 거래의 주문금액을 맞추기 위해 가격이 저렴한 상품을 대량으로 매수·매도해야 한다거나, 호가창에 표시된 상대호가 주문잔량의 총액이 주문금액보다 작아서도 곤란하다.

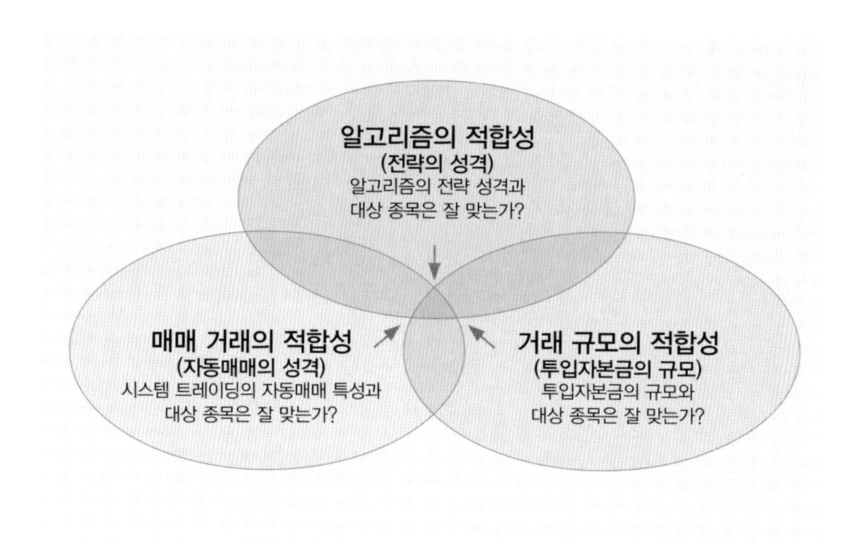

[자료 1] 거래 대상 종목의 적합성 판단 기준

이와 같이, 대상 종목의 적합성 판단으로 우선 대략적인 거래상품의 종류나 범위를 선정할 수가 있다. 투자자에 따라, 적정한 거래상품으로 주식이나 ETF(상장지수펀드, Exchange Traded Fund)를 선택할 수도 있고, 국내나 해외 파생상품을 선택할 수도 있을 것이다. 여기에서, 선택된 거래상품이 주식이냐 파생상품이냐 하는 것은 별문제가 되지 않는다. 어느 것이 더 위험하거나 유리한 건 없다. 손매매의 관점에서는 위험의 정도가 각각 다를지는 모르겠지만, 시스템 트레이딩의 관점에서는 똑같다. 전략 알고리즘에 의해 위험이 제어되기 때문에 어떤 종류의 상품이더라도 상관없다. 오히려 상품의 종류보다는 전략 알고리즘의 손실위험 관리가 어떻게 설계되어 있느냐가 더 중요하다.

그럼, 선정된 상품의 종류에 따라 몇 개 정도의 종목을 거래하는 것이 적정한지 한번 살펴보자. 주식(증권)이나 주식 선물은 3~5개 정도가 적당하다. 여기에서 이 숫자는 3~5개 종목만을 대상으로 거래한다는 의미가 아니라, 계좌 내에 보유하게(동시에) 되는 종목의 평균적인 개수를 말한다. 주식(증권) 상품은 미리 대상 종목 풀(Pool)을 만들거나, 자동매매 툴의 종목 검색 기능을 사용해 실시간으로 종목을 자동선별하게 된다. 이때, 포트폴리오도 좋지만, 계좌 내에 너무 많은 종목을 동시에 보유하면, 펀드 상품이 된다. 여러 종목을 거래하더라도, 손익관리를 위해 동시에 보유하는 종목의 수는 제한할 필요성이 있다.

한편, 파생상품이나 ETF(상장지수펀드, Exchange Traded Fund)의 경우는 1~3개의 상품이 적당하다. 파생상품에는 국내지수 선물·옵션과 해외지수 선물·옵션이 있다. 해외선물의 경우도 마찬가지로 1~3종목이 적당하다. 대부분의 파생상품들은 거래시장의 규모가 엄청 크기 때문에 어지간한 투입자본금의 규모는 무난히 수용한다. 실전 투자에서는 알고리즘의 특성에 따라 하나의 전략에 다양한 상품을 대상으로 하기도 하고, 특성이 다른 여러 개의 전략으로 하나의 상품을 거래하기도 한다. 물론 나아가, 다양한 전략 알고리즘으로 여러 개의 상품을 거래 대상으로 삼기도 한다. 이렇듯, 전략 알고리즘의 포트폴리오 차원에서는, 실행전략(전략실행 차트)의 개수(전략 수 × 상품 수)가 증가하더라도 별 무리는 없다. 하지만, 파생상품 또한 손익관리를 위해 너무 많은 상품을 대상으로 하지 않는 것이 좋다.

이상과 같이, 실전 거래에서 몇 개의 대상 종목(상품)이 적정한지에 대해 살펴보았다. 물론, 보편·경험적 수치다. 정답은 없다. 하지만 선택과 집중이 필요하다. 1개는 왠지 너무 적은가 싶고, 10개는 왠지 너무 많은가 싶은 이치다. 대상 종목(상품)이 너무 적으면 시스템의 손익변동성이 해당 상품에 치우치게 되고, 너무 많으면 손익관리가 어렵다. 적당한 게 좋다.

거래횟수는 어느 정도가 적정한가?

금융상품의 매매에서 일반적으로, 거래횟수의 증가는 과도한 거래비용 문제로 인해 손익구조에 많은 영향을 준다. 시스템 트레이딩 역시, 스윙형이나 단타형 매매 방식을 주로 사용하기 때문에 어떤 매매 방식을 선택하든, 거래횟수가 결코 적지 않다. 그럼, 시스템 트레이딩에서 거래횟수는 어느 정도가 적정한지 한번 살펴보자.

일반적으로, 거래횟수가 늘면 복리의 마법처럼 수익률이 늘어날 것 같은 기대를 하지만, 현실은 정반대다. 이러한 현상은 기대수익과 현실수익 간의 괴리(discrepancy)와 가정에 대한 현실적 모순 때문에 발생한다. 승률과 배당률이 거래(베팅) 횟수에 상관없이 일정하게 고정되어 있어야 하는데, 이는 금융상품의 매매에서 현실로 전혀 불가능한 기대이자 가정이기 때문이다. 이에, 기대수익과 현실수익 간의 괴리가 큰 경우, 거래횟수가 늘어날수록 수익률이 더욱 급격히 악화되는 현상이 발생하기도 한다. 여기에 설상가상으로, 거래횟수의 증가로 인한 거래비용(수수료와 슬리피지)까지 추가된다면, 손익구조는 더더욱 악화될 수밖에 없다.

그럼, 거래횟수와 손익의 상관관계에 대해 전략 시뮬레이션을 통해 좀 더 살펴보자. 대표적 보조지표 중의 하나인 가격 이동평균선을 사용해, 단기이동평균선이 장기이동평균선을 상향돌파(Golden Cross)하면 매수, 하향돌파(Dead Cross)하면 매도하는 전략을 가정해보자. 단기이동평균선과 장기이동평균선의 설정 주기를 각각 잘게 쪼개어, 거래횟수의 변화를 주었다. 이 시뮬레이션 결과를 바탕으로, 거래횟수의 변화와 손익의 관계를 분포도로 작성해보면, [자료 1]과 같다. 여기에서 보여주는 바와 같이, 거래횟수가 감소할수록 손익의 추세선이 우상향(수익증가)하게 된다. 이에, 손익의 관점에서 거래횟수가 적을수록 더욱 유리하다는 통계적 결론을 유추해볼 수 있다.

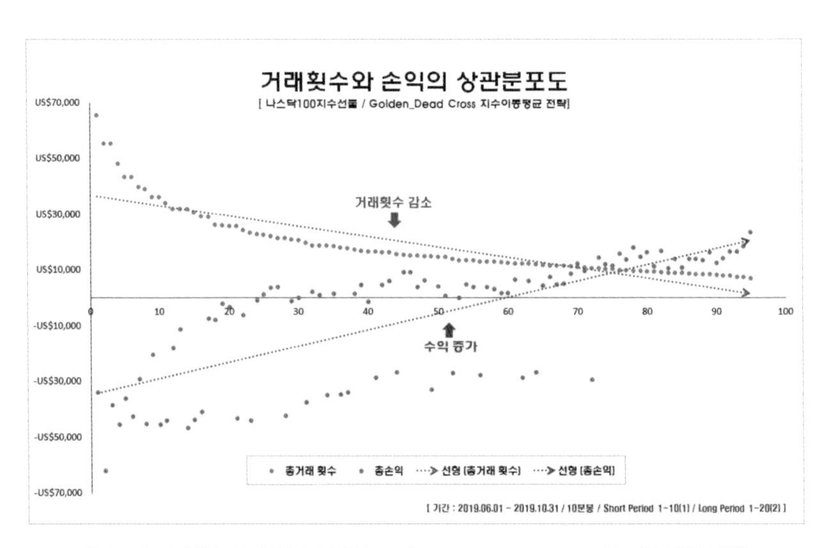

[자료 1] 거래횟수와 손익의 상관분포도(Golden_Dead Cross 지수이동평균 전략)

그럼, 시스템 트레이딩에서 적정 거래횟수는 어느 정도일까? 전략 알고리즘이 추구하는 매매 방식을 기준으로, 적정한 평균 거래횟수는 일(日) 기준으로 0.2~5회(진입과 청산=1회) 정도다. 스윙형의 경우 0.2~0.5회/일, 단타형의 경우 1~5회/일 정도가 적정하다. 즉, 스윙형은 2~5일에 한 번, 단타형은 하루에 1~5번 정도를 거래하는 것이다(극·초단타 매매는 제외함).

한편, 적정한 거래횟수는 일 기준 최대손실 가능금액과도 많은 관련이 있다. 예를 들어, 일 평균 거래횟수는 5회이고 누적 기준으로 5일 연속 손실이 나는 경우를 가정해보자(실전 투자에서도 발생할 가능성이 매우 크다). 이때, 손실금액(1회 손절 설정 금액의 25배)의 규모와 발생 가능성을 당초 전략의 개발과정에서 예상하고 있었는지, 혹은, 이를 실전 투자에서 감당할 수 있는지 하는 점이다. 이와 같이, 성능보고서의 기대수익만을 염두에 두고 이 거래횟수를 손실가정 시뮬레이션 없이 실전 투자에 적용하기에는 현실적으로 무리수가 따른다.

그렇다면, 시스템 트레이딩에서 거래횟수는 어떻게 관리해야 할까? 해당 전략 알고리즘의 특성을 무시한 채 무작정 거래횟수를 줄이는 것만이 능사는 아닐 것이다. 당초 전략 알고리즘의 시뮬레이션 단계에서 거래횟수를 함께 고려해야 한다. 일반적으로, 성능보고서를 검토할 때 손익 관련 항목(승률, 손익비, 최대손실폭 등)에 초점을 주로 맞추게 된다. 이때, 거래횟수도 함께 우선순위를 두어 검토하는 것이 더욱 근본적인 해결책이 된다. 손익 관련 성능이 비슷하거나 감내할 만큼의 범위라면, 거래횟수가 적은 경우로 전략을 최적화하는 것이다.

또한, 거래횟수는 손절 폭과도 관련이 많다. 손절 폭이 작을수록 빈번한 거래가 발생해 거래횟수가 증가하게 되다. 이때, 손절 폭을 조정하는 것보다는 진입횟수를 제한하는 방법으로 거래횟수를 줄이는 것이 더 합리적인 해결책이다. 반면, 진입횟수의 제한 때문에 수익이 발생했을 구간을 안타깝게 놓치는 경우도 종종 발생한다. 놓친 물고기가 더 커 보이고, 더 아깝다. 수익이 나야 할 자리에서 진입(포지션)이 없어서 놓친 경우가 더 아쉽기 마련이다. 하지만, 롱런하려면 절대 아쉬워해서는 안 된다. 인내하고 기다리면 반드시 다시 또 온다. 이렇듯, 거래횟수의 증가는 과욕에서 비롯되는 경우가 많다. 아깝고 아쉬워서 거래횟수를 줄이지 못하게 되고, 결국 이게 독이 되어서 돌아오는 경우가 되는 것이다.

이상에서 살펴본 바와 같이, 시스템 트레이딩에서 거래횟수는 많은 것보다는 적은 쪽이 손실위험 관리와 손익구조의 개선에 훨씬 유리하다. 이와 같이, 거래횟수의 관리는 손익과 직결되는 아주 중요한 부분으로써, 절대 간과해서는 안 된다.

실전 투자에 앞서 전략 검증은 어떻게 진행하나?

시스템 트레이딩에서 실전 투자의 실시간 진행 상황은 시뮬레이션과는 많이 다르다. 시뮬레이션은 과거 데이터를 통한 최적화이고 가정이지만, 실전 투자는 말 그대로 현실이고 랜덤이다. 실시간으로 진행되는 실전 투자 상황에서도 전략의 알고리즘이 의도한 대로 잘 작동할 것인지를 미리 점검해봐야 한다. 그럼, 실전 투자에 앞서 전략 알고리즘의 검증은 어떻게 진행해야 하는지 한번 살펴보자.

우선, 전략 알고리즘의 검증은 실전 투자를 통해서만 가능한 것은 아니다. 이 책의 서두에서 살펴본 바와 같이, 모의 투자를 통해서도 실전 투자와 같은 실시간 상황과 환경을 모두 경험할 수가 있다. 실전 투자와는 달리, 전략의 검증에 있어 위험성이 전혀 없는 모의 투자 방식으로 선행하는 것이 보다 합리적이다.

그럼, 모의 투자를 통해 검증해야 할 항목에는 어떤 것들이 있는지 살펴보자. 전략의 검증에는 [자료 1]과 같이, 크게 로직(Logic)의 검증과 실적의 검증으로 분류된다. 즉, 전략 로직(Logic)이 실시간 상황에서도 당초 의도한 대로 잘 동작하는지(로직 검증), 손익의 성적 또한 시뮬레이션 결과와 같이 기대한 만큼 나와 주는지(실적 검증)를 검증하는 것이다. 나아가, 로직(Logic) 검증은 다시 (1) 신호 발생 검증과 (2) 신호 처리 검증으로 나눠진다.

[자료 1] 모의 투자(모의 계좌)를 통한 전략 검증 항목과 절차

여기에서 (1) 신호 발생 검증은 시뮬레이션과 실전 매매 간의 (데이터 판단 체계나 구조가 서로 다름으로써 발생되는) 신호 오류를 사전에 인지해 검증하는 것이다. 먼저 ① 최대 수익 대비 하락 청산(SetStopTrailing)과 당일 청

산(SetStopEndofday) 함수를 사용하는 경우, 시뮬레이션과 실전 매매의 결과가 달라질 수 있다. 특히, 최대 수익 대비 하락 청산은 설정하는 값이 작으면 작을수록 시뮬레이션과 실전 매매 간의 차이가 크게 발생한다. 그럼 왜 이런 현상이 생기는 걸까? 실제 매매에서는 모든 체결틱(Tick) 데이터를 이용해 신호를 발생시키는 데 반해, 과거 봉에서는 (모든 체결틱이 봉 안에 없으므로) 주가의 움직임 가설(시가 → 저가 → 고가 → 종가)에 기인한 봉의 시가·저가·고가·종가의 데이터만을 이용해 테스트되기 때문이다.

또한, ② 참조 종목의 가격이나 지표를 이용해 매매 신호를 발생시키는 경우, 시뮬레이션과 실전 매매의 차이가 발생할 수 있다. 이것은 주 종목과 참조 종목의 데이터 도달 시간이 서로 달라, 주 종목의 봉이 완성된 이후에 참조 종목의 봉이 완성되는 경우가 생기기 때문이다. 이에 따라, 실전 매매에서는 매매 신호가 사라질 수도 있고 없던 매매 신호가 새롭게 발생할 수도 있게 된다. 이와 같은 구조적인 문제 때문에, 종목 참조를 이용할 경우 시뮬레이션과 실제 매매를 완전히 일치시키기는 어렵다. 하지만 매매의 시간 주기를 길게 사용함으로써 발생빈도를 줄일 수는 있다.

그리고 ③ 기본 차트 또는 참조 차트를 틱 차트로 사용할 경우, 실시간으로 발생된 매매 신호와 재조회 시 발생된 매매 신호가 서로 달라질 수 있다. 실시간 틱 차트는 네트워크상에서 데이터가 유실되기도 하고,

데이터 처리 속도 향상을 위해 틱 데이터를 묶음 처리하게 된다. 이에 따라, 실시간 업데이트 데이터와 재조회 데이터의 차이가 발생할 수 있다. 틱 차트는 봉을 만드는 구조적인 특성상, 중간에 하나의 틱 데이터만 유실되어도 이후의 모든 차트 데이터가 변경되기 때문에, 실시간 매매 신호와 재조회 시 매매 신호가 달라지는 경우가 빈번히 발생할 수 있다. 따라서 프로그램의 재접속, 차트의 재조회, 시스템 전략의 재적용 시에는 매매 신호의 변경 여부를 반드시 확인해야 한다.

아울러, ④ 시뮬레이션은 일반적으로 장기간의 데이터로 테스트하고, 실제 매매는 짧은 기간의 데이터로 매매하게 된다. 이때, 데이터의 시작 시점(또는 데이터의 조회 기간)에 따라서 신호가 달라지는 경우가 발생할 수 있다. 예를 들어, 지수이동평균을 이용하는 지표(지수이동평균선, 스토캐스틱, MACD 등)는 데이터의 조회 기간이 달라지면 지표의 값이 변경될 수 있고, 이에 따라 매매 신호도 변경될 수 있다. 오류를 줄이려면 될 수 있으면 긴 기간의 데이터를 불러놓고 시스템 매매를 적용해야 한다. 이외에도, ⑤ 사용된 지표의 계산에 필요한 충분한 데이터가 조회되지 않았을 경우에도 매매 신호가 영향을 받을 수 있다. 예를 들어, 500일 이동평균선을 이용하는 데 데이터를 300개만 조회한 경우가 이에 해당한다.

이상에서 살펴본 바와 같이(①, ②, ③, ④, ⑤), 실시간 모의 투자를 통해 시뮬레이션과 실전 매매 간의 다른 데이터 판단 체계나 구조에 의한 신호의 오류를 미리 확인하고 검증해야 한다. 그래야만, 향후 실전 매매에서 당황하지 않게 된다.

한편, 로직(Logic) 검증의 (2) 신호처리 부분은, 발생한 매매 신호에 따라 주문이 거래소에 전송되어 체결되는 일련의 처리 과정을 실전 매매와 같이 실시간으로 검증하는 것이다. 시뮬레이션에서는 과거 데이터를 기준으로 매매를 가정(샀다 치고, 팔았다 치고)해 결과를 보여준다. 따라서, 실시간 매매 주문이 제대로 증권사의 서버에 잘 전송되고 응답·회신이 되는지를 모의 투자를 통해 미리 확인해야 한다. 마지막으로, (3) 실적 검증 부분은, 전진분석의 의미와 같다. 일정 기간, 실전과 같이 전략을 운영해 손익을 포함한 전략의 성능을 평가해보는 것이다. 이는, 위의 전략 검증 항목 중에서 제일 중요할 뿐만 아니라, 가장 많은 시간이 투자되는 부분이기도 하다.

이상과 같이, 모의 투자를 통한 전략 검증은 먼저 (1) 신호 발생 검증, (2) 신호 처리 검증을 하고 난 다음, (3) 실적 검증의 순서로 진행하면 된다. 시스템 트레이딩에서 모의 투자를 통한 전략의 검증은 실전 투자에 앞서 반드시 거쳐야 할 필수 과정이다. 모의 투자로 충분한 검증을 마친 후에, 실전 투자를 진행해도 절대 늦지 않다. 거래소 시장은 올해에도 열려 있고, 내년에도 계속 열린다. 너무 급하게 실전 투자를 서두르지는 말자. 무엇보다 안전이 최우선이다.

시스템 포트폴리오는 어떻게 구성하나?

금융 투자 이론을 정립해 1981년 노벨 경제학상을 받게 된 제임스 토빈(James Tobin) 교수가, 이론을 쉽게 설명해달라는 기자들의 요구에 이렇게 대답했다. '달걀을 한 바구니에 담지 마라!' 이 문구는, 아주 오래전부터 금융뿐만 아니라 투자의 전 분야에 걸쳐 회자되는 주옥같은 격언이다. 금융 투자를 목적으로 하는 시스템 트레이딩 또한 이 포트폴리오 이론에서 예외일 수 없다. 그럼, 시스템 트레이딩에서 포트폴리오란 무엇이며, 어떻게 구성하는지 한번 살펴보자.

우선, 포트폴리오 이론(Theory of Portfolio Selection)은 1952년 해리 마코위츠(H. M. Markowitz)에 의해 체계화된 이론으로, 자산을 분산 투자해 포트폴리오를 만들게 되면 분산 투자 전보다 위험을 감소시킬 수 있다는 이론이다. 즉, 다양한 투자 대상에 분산해 자금을 투입해 운영함으로써, 수익성은 높이고 위험성을 분산시키는 투자 방식이다.

그럼, 시스템 트레이딩에서 포트폴리오란 무엇인지 살펴보자. 일반적으로, 금융 투자 포트폴리오는 다양한 투자 대상(상품)의 구성을 의미한다(상품 포트폴리오). 하지만 시스템 트레이딩에서는 상품뿐만 아니라 다양한 전략 알고리즘의 구성(전략 포트폴리오) 또한, 포트폴리오의 대상이 된다. 이에 시스템 포트폴리오의 구성은 [자료 1]과 같이, 크게 (1) 전략 포트폴리오, (2) 상품 포트폴리오, (3) 자산 포트폴리오 부분으로 나뉘진다.

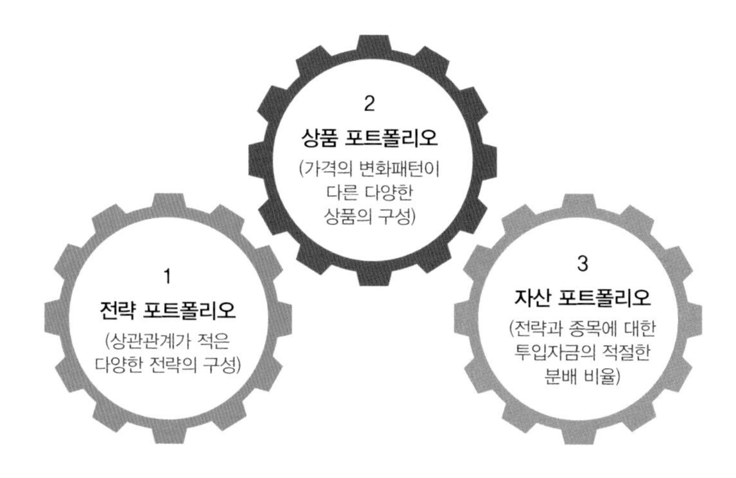

[자료 1] 시스템 포트폴리오의 구성 내용

먼저, (1) 전략 포트폴리오는 상관관계가 적은 다양한 전략 알고리즘으로 포트폴리오를 구성하는 것이다. 전략들은 저마다 추구하는 매매 방식이 있고, 그 특성 또한 매우 다양하다. 이와 같이, 다양한 성격의 전략을 조합해 운영함으로써, 포트폴리오 효과를 극대화할 수가 있다. 이때, 전략들 간의 상관관계는 적으면 적을수록 좋다. 반면, 전략의 성격이 서로 다르다 하더라도 상관관계가 높은 경우가 있다. 예를 들어, A와 B 전략의 손익곡선이 동시에 비슷한 패턴으로 움직인다면, 두 전략은 서로 상관관계가 매우 높은 전략이 된다. 이런 경우, 비록 전략의 성격은 다르다 하더라도 높은 상관관계로 인해 포트폴리오 효과는 감소하게 된다. 나아가, 반대로 전략의 성격은 같더라도 상관관계가 적은 경우는 포트폴리오 효과를 기대할 수가 있다.

한편, (2) 상품 포트폴리오는 가격의 변화 패턴(Pattern)이나 방향성이 다른 다양한 상품의 구성을 말한다. 가격 변화에 대한 상관관계가 낮을수록 포트폴리오 효과는 극대화된다. 예를 들어, 해외선물 중에서 주가지수 관련 상품을 하나 선택했다면, 다른 하나는 (지수변화와 연관성이 적은) 에너지 혹은 금속 관련 상품을 선택하는 것이 좋다. 반면, 상품은 다르더라도 전략 성능(해당 상품이 반영된 전략의 손익곡선)의 상관관계가 높은 경우, 역시 포트폴리오의 효과는 감소하게 된다.

이어, (3) 자산 포트폴리오는 위에서 구성된 전략과 종목에 대한, 투입자금의 적절한 분배비율을 의미한다. 보편적으로는, 투입자본금을 일정한 비율로 나누어 분산 투자하는 것이 가장 이상적이다. 물론, 전략과 상품의 종류에 따라 적정한 투입자금의 규모가 다르다. 하지만, 될 수 있으면 고른 분산 투자가 될 수 있도록 분배비율을 설정하는 것이 중요하다.

이상과 같이, 시스템 트레이딩은 상관관계가 적은 전략(1)과 상품(2)을 서로 결합해 분산 투자(3)하는 것이 최적의 포트폴리오를 구성하는 비결이 된다. 여기에서, 시스템 포트폴리오의 요소들은 각각 따로따로 구성(운영)되는 것이 아니다. 이 3가지 요소(전략·상품·자산)가 톱니바퀴와 같은 유기적인 관계로 맞물려 시스템의 포트폴리오가 완성된다. 이러한 유기적인 관계를 염두에 둔다면, 몇 개의 전략과 몇 개의 상품으로 포트폴리오를 구성하든 무방하다. 하지만 어떤 경우에라도, 달걀을 한 바구니에 담지는 말자.

포트폴리오 구성 시 전략 간의 상관관계 분석은 어떻게 하나?

앞 장에서 시스템의 포트폴리오를 구성하는 방법에 대해 살펴보았다. 여기에서, 전략이나 상품의 포트폴리오를 구성할 때, 대상 간의 상관관계가 적으면 적을수록 포트폴리오의 효과는 극대화된다고 했다. 그렇다면, 대상 간의 상관관계는 어떻게 분석하는지, 또한 상관관계가 포트폴리오 효과에는 어떤 영향을 미치게 되는지 살펴보자.

우선, 대상 간의 상관관계는 보편적으로 널리 사용되는 상관계수를 통해 파악할 수가 있다. 상관계수(相關係數, Correlation Coefficient)는 수리통계학의 상관관계에서 기본이 되는 계수로서, 단위와 관련 없는 측도를 얻기 위해 두 확률변수 X, Y의 표준편차의 곱으로, X, Y의 공분산

(covariance)을 나누어준 값을 X, Y의 상관계수라 한다. 표본 샘플(이하, 데이터라고도 함)의 상관계수 공식은 다음과 같이 표현된다.

$$r = \frac{\sum_{i=1}^{n} (x_i - \bar{x})(y_i - \bar{y})}{\sqrt{\sum_{i=1}^{n} (x_i - \bar{x})^2} \cdot \sqrt{\sum_{i=1}^{n} (y_i - \bar{y})^2}}$$

여기에서, 상관계수(r)의 크기는 -1.0과 1.0 사이에 존재한다. 상관계수가 -1.0인 경우는 두 데이터가 완전히 반대 방향으로, +1.0인 경우는 완전히 같은 방향으로 움직이는 관계를 의미한다. 즉, r 값이 +이면 정적(正的) 상관, −이면 부적(負的) 상관이라고 한다. 또한 [자료 1]과 같이, 상관계수(r)의 절댓값이 클수록 대상 간의 연관성이 강하고, 0에 가까울수록 매우 약함을 의미한다.

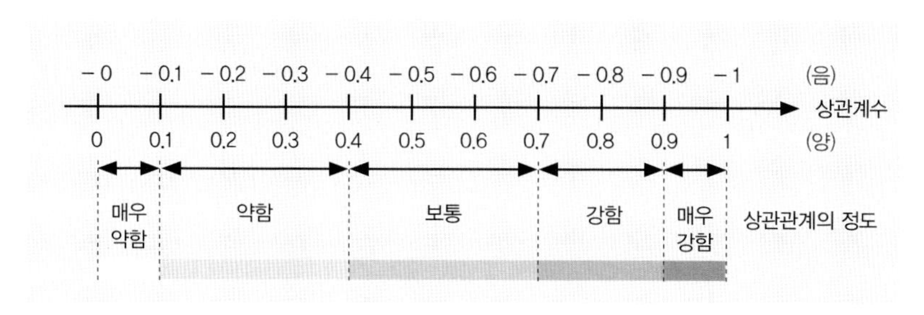

[자료 1] 상관계수(r)의 절댓값으로 본 상관관계의 정도`

그럼, 간단한 예제를 들어 상관계수를 직접 한번 산출해보자. 우선, 위의 상관계수 공식으로 직접 무언가를 계산하기에는 많이 복잡하고 갑

갑해진다. 이에, 일반적으로 많이 사용하는 엑셀(Excel) 프로그램을 활용함으로써, 상관계수를 더욱 쉽고 간편하게 산출할 수가 있다. 먼저, 상관계수를 산출하기 위해서는 [자료 2-1]과 같이, 엑셀 프로그램에서 (1) 추가기능을 설치해야 한다. Excel 옵션 창에서 (2) Excel 추가 기능을 선택한 후 이동 버튼을 클릭하면, [자료 2-2]와 같은 추가기능 팝업창이 뜨게 된다. 여기에서, (1) 분석 도구를 선택해 확인하면,

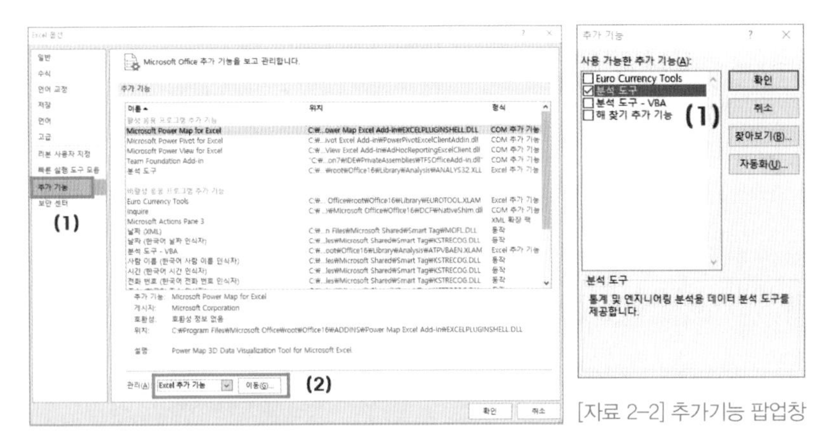

[자료 2-2] 추가기능 팝업창

[자료 2-1] 엑셀 프로그램의 Excel 옵션창

[자료 2-3]과 같이, 엑셀 프로그램 자체에 '데이터 분석' 기능의 설치가 완료된다.

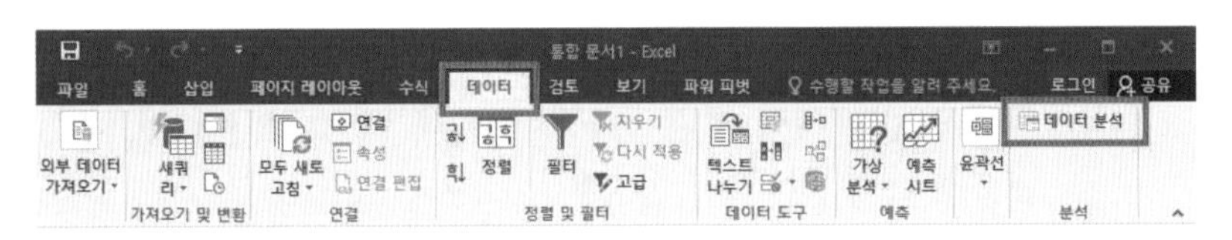

[자료 2-3] 엑셀 프로그램의 리본 메뉴에 '데이터 분석' 항목 생성

여기에서, [자료 2-3]의 '데이터 분석' 메뉴를 클릭하면, [자료 2-4]와 같이 통계 데이터 분석 팝업창이 뜨게 되고, 여기에서 분석 도구를 선택할 수가 있다. 즉, 상관계수의 산출은 (1) 분석 도구 중에 '상관 분석' 항목을 선택하면 된다.

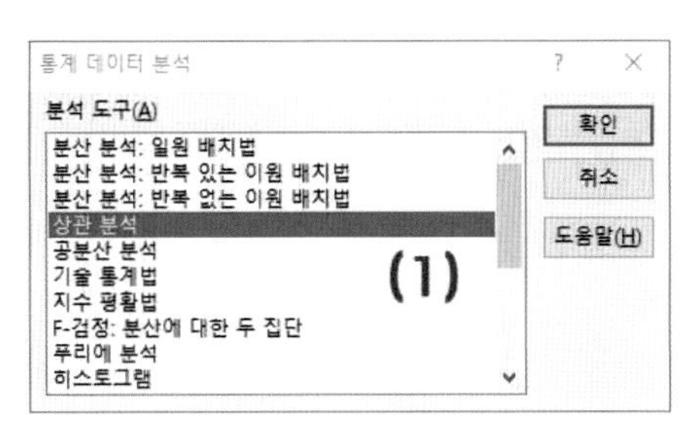

[자료 2-4] 통계 데이터 분석 팝업창

이제, 본격적으로 상관계수 산출을 위한 작업에 들어가 보자. 우선, 엑셀(Excel)의 통합문서에서 [자료 3]과 같이, (1) 비교하고자 하는 데이터를 입력한다. 여기에, 상품 간의 상관계수를 알아보기 위해서는 상품의 가격 데이터를 입력하면 되고, 전략 간의 상관계수는 전략의 손익실적을 입력하면 된다. 입력이 완료되면, 앞의 [자료 2-3]과 [자료 2-4]와 같이, 리본 메뉴의 데이터 분석과 상관 분석을 선택하고 확인한다. 그러면 [자료 3]의 우측에 보이는 바와 같이, 상관 분석 팝업창이 뜨게 된다. 여기에 (2) 비교 대상 데이터의 입력범위와 (3) 상관계수가 출력될 워크시트의 이름을 정해 입력한 후 확인하면, (4) 새로운 워크시트에 상관계수의 결과값이 자동으로 산출된다.

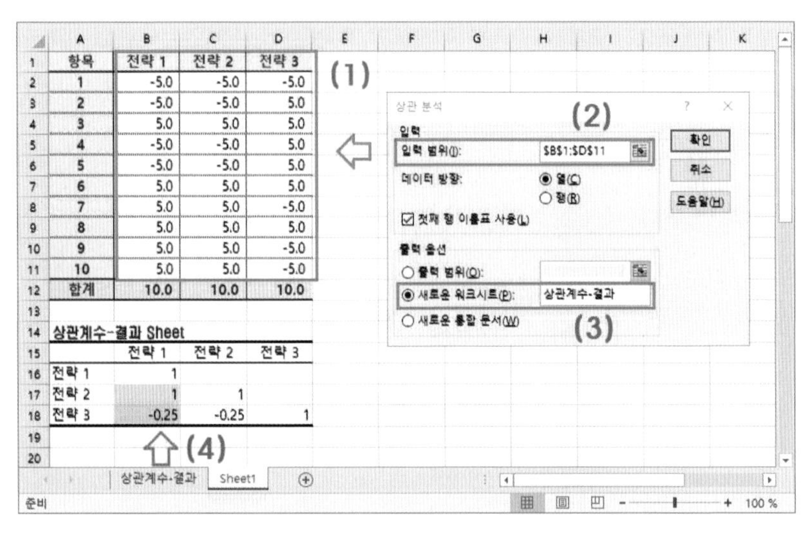

[자료 3] 엑셀 프로그램의 통합문서에서 상관계수를 산출하는 과정의 예시

이상과 같이, 엑셀 프로그램의 '데이터 분석' 기능을 활용해 상관계수를 보다 편리하게 산출할 수가 있다. 한편, [자료 3]의 예시 데이터에는 분석과정을 한눈에 살펴보기 위해 짧고 간단한 수치를 입력했다. 하지만 실제 데이터를 입력한다 하더라도 모든 분석 과정은 이와 별반 다르지 않다. 즉, 비교 대상 데이터의 증가에 따라 입력범위 값만 변할 뿐이다.

나아가, [자료 3]의 예시를 가정해, 상관계수를 반영한 전략 포트폴리오를 한번 구성해보자. [자료 3]의 (4)에서 보듯이, 전략1과 전략2의 상관계수는 1이고, 전략1과 전략3의 상관계수는 -0.25이다. 여기에서, 이 2가지 경우를 포트폴리오로 구성해 손익의 변화를 살펴보면, 전략1+2보다 전략1+3의 경우가 훨씬 더 안정적인 손익곡선을 보여준다[자료 4]. 즉, 최종수익(20Point)은 같을지라도, 상관계수가 큰(1) 쪽보다는 작은(0.25) 쪽이, 시스템 포트폴리오의 안정적 운영 차원에서 더욱 유리하다는 것을 알 수 있다.

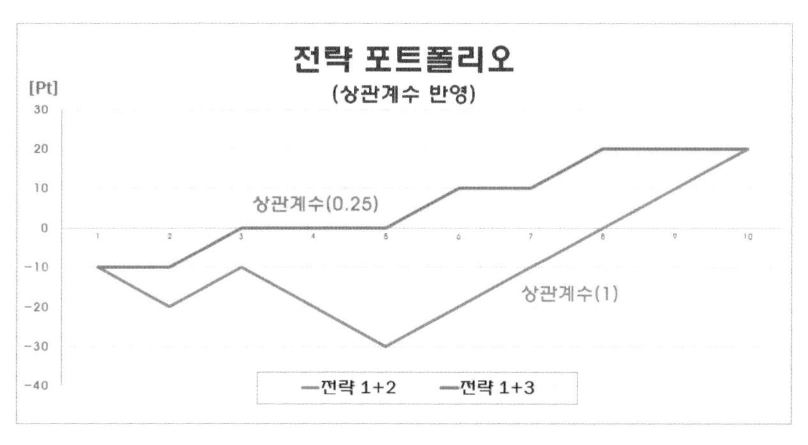

[자료 4] 상관계수를 반영한 전략 포트폴리오의 손익비교 예시

이상에서 살펴본 바와 같이, 엑셀 프로그램을 활용함으로써 상품이나 전략 간의 상관계수를 간편하게 산출할 수가 있다. 또한, 이렇게 산출된 상관계수를 상품이나 전략의 선별과정에 반영함으로써, 더욱 안정적인 시스템 포트폴리오를 구성할 수가 있다.

포트폴리오 구성 시 몇 개 정도의 전략이 필요한가?

앞선 장에서 살펴본 바와 같이, 시스템 포트폴리오의 구성은 크게 (1) 전략 포트폴리오, (2) 상품 포트폴리오, (3) 자산 포트폴리오 부분으로 나눠진다. 이에, 시스템 트레이딩은 상관관계가 적은 전략(1)과 상품(2)를 서로 결합해 분산 투자(3)하는 것이 최적의 포트폴리오를 구성하는 비결이 된다. 여기에서, 포트폴리오를 구성하는 주된 목적은 수익성은 높이고 위험성을 분산시키기 위해서다. 이를 위해 (1) 전략 포트폴리오에서는 몇 개 정도의 전략으로, 어떻게 구성하는 것이 적정한지 한번 살펴보자.

전략 포트폴리오는 상관관계가 적은 다양한 전략 알고리즘(이하, 전략이라고도 함)으로 포트폴리오 효과를 극대화할 수가 있다. 한편, 트레이더마다 포트폴리오를 구성하는 전략 알고리즘의 개수가 다르다. 전략의 관점에서 본 포트폴리오는 [자료 1]과 같이 (A) 상품 포트폴리오 방식과 (B) 전략 포트폴리오 방식, 그리고 (C) 결합 포트폴리오 방식으로 나누어볼 수 있다.

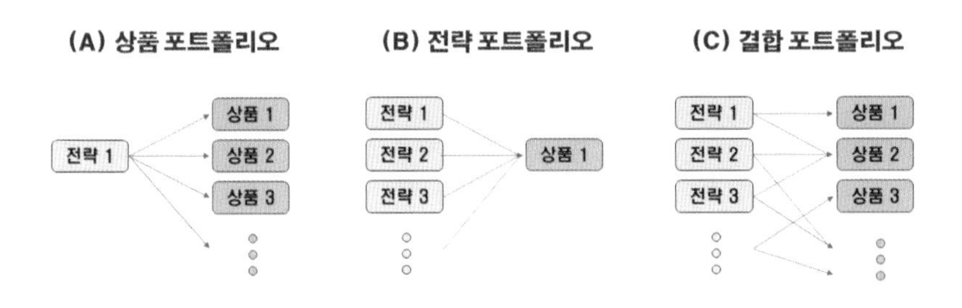

[자료 1] 전략의 관점에서 본 포트폴리오 구성 방식

여기에서, (A) 상품 포트폴리오는 하나의 전략에 여러 상품을 대상으로 포트폴리오를 구성하는 방식으로써, 주식과 같이 상품군 내의 종목수가 많은 경우에 주로 사용된다. 또한, (B) 전략 포트폴리오는 하나의 대상 상품에 성격이 다른 여러 전략으로 포트폴리오를 구성하는 방식으로써, 국내선물·옵션과 같이 대표지수를 사용하는 종목에 많이 사용된다. 나아가, (C) 결합 포트폴리오는 (A) 상품 포트폴리오와 (B) 전략 포트폴리오를 결합한 방식으로써, 전략과 상품 간의 적합성을 기준으로 다양한 조합의 포트폴리오를 구성한다.

이와 같이, 전략 알고리즘의 성격과 개수에 따라 다양한 시스템 운영 포트폴리오를 구성할 수가 있다. 여기에서, 무작정 어떤 방식이 좋고 나쁨은 없다. 하지만 이 장에서 다루고자 하는 포트폴리오의 효과성 관점에서는, (A) 상품 포트폴리오보다는 (B) 전략 포트폴리오 방식이 유리하고, (B) 전략 포트폴리오보다는 (C) 결합 포트폴리오 방식이 더 유리하다. 즉, 포트폴리오의 효과성 관점에서는 전략이 다양할수록 유리하다는 것이다.

물론, 그렇다고 포트폴리오가 폭넓고 다양하면 할수록 비례해 좋아진다는 단편적인 논리로 귀결될 수는 없다. 과유불급(過猶不及)이다. 정도가 너무 지나치면 미치지 못한 것과 다를 바가 없다. 포트폴리오가 너무 방대하면 운영의 집중도가 떨어질 뿐만 아니라, 펀드상품과 같은 평준화 현상으로 손익구조가 기대수익에 미치지 못한다. 이에, 실전 시스템의 포트폴리오 구성에 필요한 전략 알고리즘의 개수는, 보편적으로 2~4개 정도면 충분하다.

손절금액은 어느 정도로 설정할 것인가?

금융상품의 거래에서 손절(損切)의 중요성은 아무리 강조해도 지나치지 않다. 시스템 트레이딩 또한 마찬가지로, 손절(Loss Cut, Stop-Loss) 설정을 통한 위험관리는 필요하다. 그럼 시스템 트레이딩에서 손절금액(손절률)은 어느 정도로 설정하는 것이 적정한지 살펴보자.

우선, 손절은 손실 위험을 제어하기 위해 사용한다. 이때, 손절률(손절금액)이 크면 클수록 손실이 발생했을 때 만회하기가 버거워진다. 즉, 손실회복을 위해서는 손실률보다 큰 수익률을 올려야 한다. 예를 들어, 투입자본금의 50% 손실률을 메우기 위해서는, 그다음 100%의 수익률이 요구된다. 반면, 손절률(손절금액)이 작으면 작을수록 휩소(Whipsaw)에 취약하게 된다. 이와 같이, 손절률은 너무 커도 안 되지만, 너무 작아서도 곤란하다. 그럼, 적정한 손절률(손절금액)은 어떻게 산정해야 할까?

시스템 트레이딩에서 대체로 손절률은, 전략 성능보고서의 성적을 기준으로 최적화하게 된다. 이때, 주의해야 할 점이 있다. 최적화된 손절률이 실전 투자에서도 적정한지를 반드시 점검해봐야 한다. 예를 들어, 예상 승률이 50%인 전략에서 골고루 승(勝)과 패(敗)가 번갈아 발생하지 않고 기대와는 달리 패(敗)가 몰려서 발생하거나, 실전 승률이 예상 승률보다 작게 나타나면 실전 투자에서 매우 당황하게 된다. 이에, 최적화된 손절률이 적정한지는, [자료 1]의 예시와 같이 위험가정 방식의 손절률 산정으로 재차 확인해야 할 필요성이 있다.

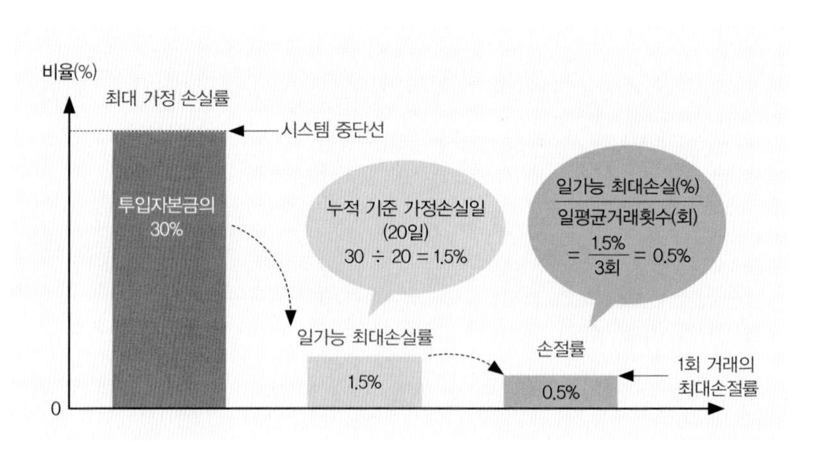

[자료 1] 위험가정 방식의 손절률 산정 예시

그럼, 위험가정 방식으로 손절률을 한번 산정해보자. 우선, 투입자본금 대비 최대 가정손실률(시스템 중단선)을 결정한 후, 이 값을 누적 기준 가정손실일(20D)로 나누어, 일(日) 가능 최대손실률을 산출한다. 이어, 앞서 산출된 일 가능 최대손실률을 다시 일 평균 거래횟수로 나누어주게 되면, 1회 거래에 대한 최대손절률(결과값)이 된다. 이에 따라, 실전 투자에 적용될 손절률은 위에서 산출된 결과값보다 작아야 한다.

예를 들어, 투입자본금은 1억 원이고, 최대 가정손실률이 30%, 즉 3,000만 원의 손실을 시스템 운영의 중단선으로 가정하자. 이때, 전략의 일 평균 거래횟수가 3회라면, 최대손절률은 다음과 같이 산출된다.

$$\text{일가능 최대손실률(\%)} = \frac{\text{투입자본금 대비 최대가정 손실률(\%)}}{\text{누적 기준 가정 손실일(20일)}} = \frac{30\%}{20\text{일}} = 1.5\%$$

$$\text{최대손절률(\%)(1회거래)} = \frac{\text{일가능 최대손실률(\%)}}{\text{일평균 거래횟수(회)}} = \frac{1.5\%}{3\text{회}} = 0.5\%$$

결과로, 최대손절률은 0.5% 즉, 1회 거래에 대한 최대 손절금액은 50만 원이 된다. 이에, 위 예시의 경우, 실전 투자에서 50만 원 이하로 손절금액을 설정하는 것이 적정하다는 결론이다. 한편, 전략의 승률이 기준(50%)보다 낮다면 손절률은 조금 더 보수적으로 설정해줘야 한다. 아울러, 위의 결과값은 운영시스템 전체의 손절률을 의미한다. 전략이 여러 개라면 이 손절률은 전략 수만큼 다시 나누어야(혹은 분배해야) 한다.

이상과 같이, 위험가정 방식으로 실전 투자에 더욱 적정한 손절률(손절금액)을 산출할 수가 있다. 실전 투자의 실적은 최적화된 성능보고서의 성적처럼 부드럽고 온화하게 움직여주질 않는다. 훨씬 더 랜덤하고 거칠게 움직인다. 이에, 위험가정 방식보다 높은 (시뮬레이션으로 최적화된) 손절률을 실전 투자에 적용해서는 안 된다. 롱런하려면 말이다.

익절금액은 어느 정도로 설정할 것인가?

익절(益切)은 손절(損切)의 반대되는 개념이다. 앞 장에서 살펴본 바와 같이, 손절을 통한 손실위험 관리도 중요하지만, 반대로 수익이 날 때는 제대로 나 줘야, 손실(손절)도 복구하고 수익도 창출할 수가 있다. 이에, 시스템 트레이딩에서 익절금액(익절률, 이하 익절이라고도 함)은 어느 정도로 설정하는 것이 적정한지 한번 살펴보자.

우선, 매매 거래로 보유한 금융상품의 포지션(Position)은 손절과 익절의 기로에 서게 된다. 어느 조건에 먼저 도달하느냐에 따라, 손절되기도 하고 익절되기도 한다. 이처럼 손절과 익절은 각자 독립적으로 행해지지만, 전체적인 손익관계 측면에서는 연관성이 아주 깊다. [자료 1]과 같이, 전략의 승률 변화에 따라 요구되는 손익비(익절률/손절률)의 최소기준 즉, 손익분기점(BEP, Break-Even Point)의 값이 달라진다. 여기에서 이 손익분기점(BEP)의 연결선을 기준으로 아래쪽은 손실영역, 위쪽은 수익영역이 된다. 전략의 손익비가 이 라인(Line)을 넘어서야만 수익이 발생하게 된다. 또한, 그래야만 전략이 비로소 투자해볼 가치가 있다.

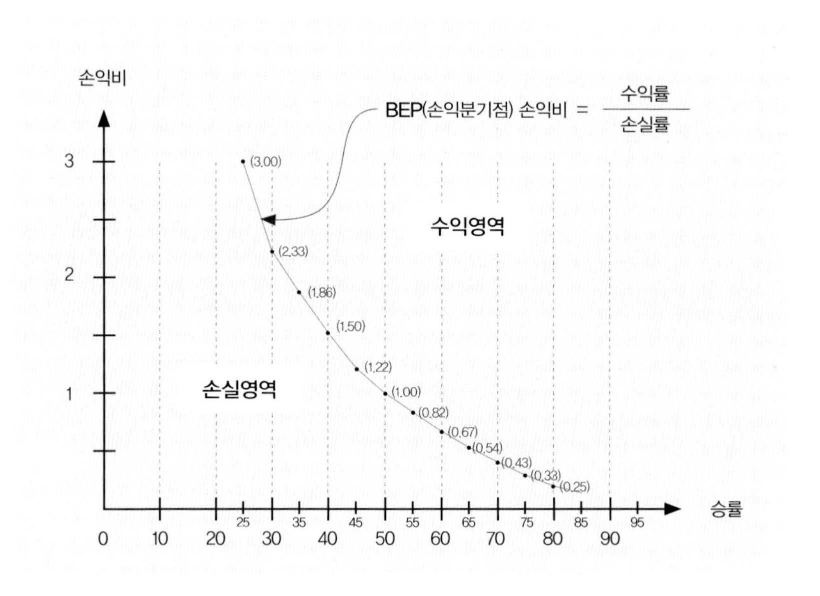

[자료 1] 전략의 승률과 손익비에 대한 손익분기점(BEP)의 변화

예를 들어, 전략의 예상 승률이 50%라면 [자료 1]에서 보는 바와 같이, 손익분기점이 되는 손익비(수익률/손실률)는 1.00이 된다. 이에, 만약 손실률(손절률)이 3%라면, 수익률(익절률)은 반드시 3%(1×3%) 이상이어야 한다는 것이다. 또한, 다른 예로, 전략의 손절률이 5%이고 익절률이 3%

라면, 손익분기점이 되는 손익비는 3/5=0.6이 되고, 이때의 승률은 다음과 같이 산출할 수 있다.

$$\text{승률} \times \text{손익비} - \text{실패률} = \text{기대수익률}(0)$$

$$\text{승률} = \frac{1}{\text{손익비} + 1} = \frac{1}{0.6 + 1} = 0.625$$

승률의 결과값은 0.625 즉, 62.5%가 된다. 이에, 이 전략의 예상 승률은 반드시 62.5%를 넘어서야 한다.

이와 같이, 승률과 손익비의 상관관계 공식(켈리 공식, Kelly Criterion)을 통해 손익분기점의 기준이 되는 익절률(익절금액)이나 승률을 산정할 수 있다. 단, 여기에서 아쉬움이 하나 남는다. 수익을 위해 요구되는 최소기준의 하한선은 알 수 있지만, 최상의 적정선 기준이 없다. 맞다. 이는, 해당 전략 알고리즘의 특성과 손익성능에 따라 적정한(최상의) 익절률이 결정되기 때문에 일반적으로 특정하기는 어렵다. 한편, 전략마다 적정한 익절률은 다르더라도, 전략의 매매 방식에 따라 그 특성을 몇 가지 유형으로 분류해볼 수가 있다. 그럼, 익절의 특성은 유형별로 어떻게 다른지 한번 살펴보자.

전략 알고리즘의 매매 방식은 크게 단타형과 스윙형으로 나눠진다.

대체로 단타형일수록 손절(률)과 익절(률)의 편차가 작아지고, 스윙형일수록 편차는 커지게 된다. 즉, 단타형은 손익비가 작은 대신 승률이 높고, 스윙형은 승률이 낮은 대신 손익비가 크다. 아주 짧은 단타형 전략의 경우, 손익비가 1 이하이고 승률이 70~80%를 넘기도 한다. 또한 스윙형 전략의 경우, 승률은 40% 이하로 낮지만 손익비가 2~3 이상이 되기도 한다. 이때, 익절률의 설정에 있어 주의해야 할 점이 있다. 단타형은 승률이 관건이지만, 스윙형은 손익비가 관건이다. 그렇기에 단타형은 익절률을 고정해놓아도 무방하지만, 스윙형은 익절률의 상한선을 열어놓는 방법을 사용하는 것이 좋다. 스윙형(혹은 추세추종형)의 경우, 제한된 익절률보다는 시세를 끝까지 쫓아가는 방식으로 수익을 극대화하는 것이 더욱 유리하다.

이상과 같이, 손익분기점의 기준이 되는 익절률(익절금액)을 산정하는 방법과 매매 방식에 따른 익절의 특성에 대해 살펴보았다. 철저한 손절관리로 위험을 제어했다면, 익절은 승률관리나 상한선을 열어놓음으로써 수익을 극대화해야 한다. 밑 뚜껑(손절)은 닫고 윗 뚜껑(익절)은 열자.

봉 데이터 완성 전의 노출손실 위험은 어떻게 관리해야 하나?

예스트레이더를 포함해 앞서 소개한 대다수의 자동매매툴들은 설정된 봉의 완성 시 신호가 발생되는 구조로 되어 있다. 차트봉이 완성되어야만 매수매도 진입이든 청산이든 신호가 발생하는 구조다. 도대체 왜 봉이 완성된 후에만 신호가 발생하는 구조로 되어 있는 걸까? 봉이 완성되기 전이라도 조건만 충족되면 신호가 발생하는 게 아니었나? 의문이 생길 것이다. 그 이유에 대해서 알아보자.

예를 들어, 대표적인 보조지표 중의 하나인 이동평균선을 이용한 돌파전략으로 로직을 작성했다고 가정해보자. 5분봉 전략실행 차트에서 20이동평균선(기준선)을 5이동평균선이 상향돌파(골든크로스)하면 매수 진입하고, 진입 이후 하향돌파(데드크로스)하면 청산하고자 한다. 5이동평균선이 20이동평균선의 아래에서 있다가 조금 전부터 주가가 상승하기 시작해 두 선들이 거의 붙어버렸다고 가정하자. 이때, 상향돌파 발생 경계 지점에서 주가가 위아래로 요동을 치고 있다면, 실시간으로 변화하는 주가의 변동에 따라 상향돌파가 생겼다 사라졌다를 반복하게 될 것이다. 이럴 때, 신호를 발생시켜야 할지 말지 애매모호할 것이다. 즉, 신호가 갈팡질팡한다고 거기에 맞춰서 계속 샀다 팔았다를 반복할 수는 없지 않은가? 이러한 이유로 설정 조건의 만족이라는 판단 기준도 어떠한 특정 시점으로 정할 수밖에 없다. 그래서, 전략실행 차트에 미리 설정해놓은 5분이라는 주기를 기준으로 봉 완성 시에 그 조건이 만족하는지를 평가하게 된다[자료 1].

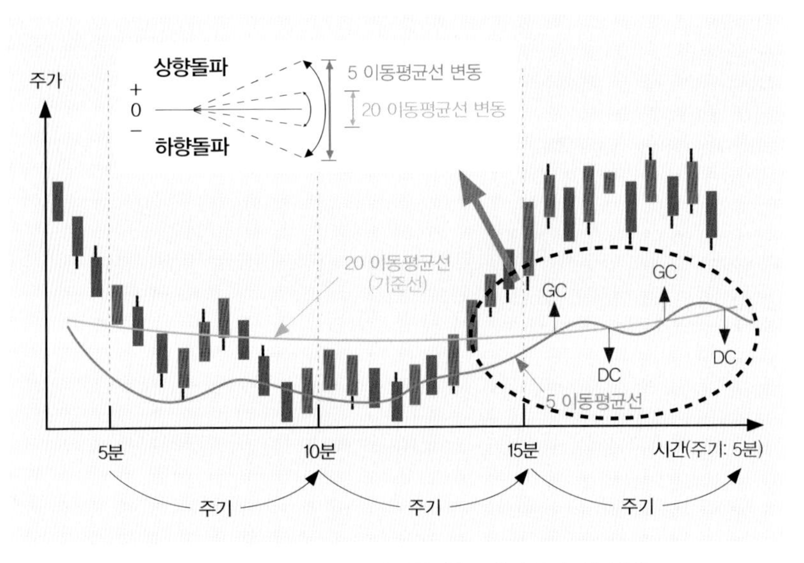

[자료 1] 실시간 이동평균선의 상향하향돌파 반복의 예(5분봉)

구조가 그렇다 하니 우리는 고민할 것 없이 그 특성을 잘 이해하고 활용하면 될 것이다. 그러나 이러한 구조 때문에 봉의 주기 동안 즉, 5분봉이라면 그 봉의 시작과 끝나는 지점 사이의 5분간은 위험에 노출되게 된다. 봉의 주기가 길면 길수록 위험 노출은 상대적으로 증가한다고 봐야 한다. 반대로 주기가 짧아질수록 위험 노출은 조금씩 줄어들기는 하나 완전히 소멸하는 것은 아니다. 그러면 이 구조가 왜 그렇게 위험한지 한번 살펴보자.

위의 예시와 같이 동일한 전략을 사용한다고 가정하자. 어느 시점에 5분봉 완성을 기준으로 5이동평균선이 20이동평균선을 상향돌파해 매수진입을 했다고 하자. 이제는 5이동평균선이 하향돌파하기를 기다렸다가 청산하기만 하면 된다. [자료 2]의 예제에서는 5분에 매수하고 40분에 청산되어 수익 마감되는 아주 성공적인 매매가 이루어졌다. 한편, [자료 3]의 예제에서는 똑같이 5분에 매수하고 나서 상승을 잘 하고 있던 주가가 35분과 40분 사이에 갑자기 큰 폭으로 떨어지는 바람에 큰 손실이 발생했다. 수익을 기대했었는데 반대로 큰 손실로 거래를 마감하게 된 것이다. 이것이 바로 '봉 데이터 완성 전의 노출손실 위험'이다. 요행이 긴 밑꼬리를 그리며 다시 상승할 수도 있겠지만, 한눈에 딱 봐도 이건 이미 큰 하향돌파가 이루어진 것이다. 하지만 '봉완성'이라는 자동매매툴의 구조적인 특성 때문에 하염없이 떨어지는 주가에도 불구하고 야속하게도 청산 신호는 발생되지 않는다. 아직 조건을 확인할 주기가 도래하지 않았기 때문이다. 비로소 40분이 되어서야 청산 신호가 발생하고, 결국은 큰 손실로 거래를 마감하게 된다.

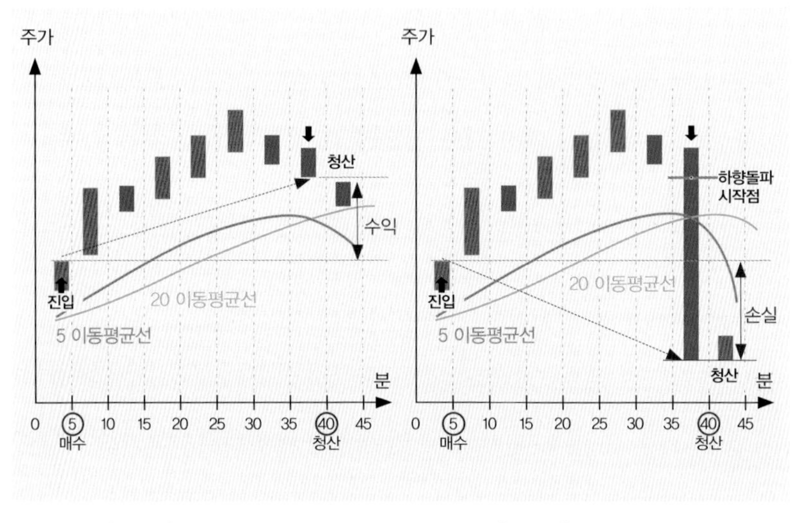

[자료 2] 노출위험 미발생　　　　[자료 3] 노출위험 발생

이러한 노출 위험은 전략을 개발할 때 시뮬레이션 단계에서 검증되지 않았을까? 맞다. 검증했었다. 수년간의 과거 데이터를 적용해 검증했던 터라, [자료 2]와 같은 현상은 발생하지 않을 것이라고 예상하게 된다. 하지만 여기에 함정이 있다. 과거에 발생한 적이 없었다고 미래에도 발생하지 않으리란 보장이 없다는 사실을 반드시 염두에 두어야 한다. 우려가 아니라 실제로 발생한다고 보면 맞다.

그럼, 어떤 방법으로 봉 데이터 완성 전의 노출손실 위험을 관리해야 하나? 가장 기본적인 방법은 될 수 있으면 전략실행 차트의 설정 주기를 짧게 선택하는 것이다. 20분보다는 10분, 10분보다는 5분, 5분보다는 3분이 이러한 노출 위험에 더욱 방어적인 해결책이라 할 수 있다. 물론, 전략의 성격과 특성에 따라 단기보다는 장기의 주기에서 더 좋은 시스템성능을 보여줄 수도 있다. 하지만 비슷한 성능 내지는 조금은 못 미치더라도 감내할 수준이라면, 되도록 단기의 주기를 선택할 것을 권장한다.

나아가, 위 방법과 함께 전략식에 강력한 주문함수를 사용하거나 실시간 수준의 손익계산 기능을 추가한다면 더욱 효과적인 해결책이 될 수 있다. 예를 들어, SetStopLoss 주문함수(예스랭귀지)는 설정 이상의 손실이 발생되면 즉시 청산하는 기능을 하며, 봉주기와는 상관없이 실행된다. 전략식의 어떤 다른 조건보다 우선해 거의 실시간으로 강력하게 적용되는 주문함수다. 이로써 설정된 값 이상의 추가적 손실은 최소한 방지할 수가 있다. 또한, 스팟(Spot)이나 다른 랭귀지(C++,파이선 등)를 사용한다면 별도로 신호 발생 주기보다 훨씬 짧은 주기의 손익 산출 및 손실제한 청산 기능을 반드시 추가하길 권장한다. 이로써, 자동매매툴이 주기를 사용해야만 하는 구조적인 당위성으로 인해 저절로 발생하는 노출된 손실 위험을 효과적으로 관리해나갈 수 있을 것이다.

최대손실폭(MDD)은 어느 정도 예상해야 하나?

앞 장에서 살펴본 바와 같이, 최대손실폭(MDD : Maximum Draw Down)은 전략 성능보고서에서 가장 중요하게 살펴봐야 할 팩터(Factor) 중의 하나다. 일반적으로, 투자자는 수익의 고점을 본전으로 생각하는 경향이 강하다. 이에, 최대손실폭(MDD)의 경우, 고점으로부터 계산되는 심란한 과정을 고스란히 느끼게 된다. 또한, 실전 투자에서 MDD의 발생은 시스템 운영의 계속 진행 여부를 고민하게 하는 심각한 상황이기도 하다. 그럼, 실전 투자에서는 어느 정도의 최대손실폭(MDD)을 예상해야 하는지 한번 살펴보자.

전략의 최대손실폭(MDD)은 과거 데이터에 기반을 둔 시뮬레이션 작업을 통해 산출된다. 이때, 변수를 최적화하거나 필터를 추가하는 등의 방식으로 전략의 성능(MDD 포함)을 개선하게 된다. 여기에서 대체로 이렇게 최적화된 MDD를 실전 투자에서도 똑같은 기준으로 적용하게 된다. 하지만 실전 투자에서만큼은 이 MDD를 너무 믿어서는 곤란하다. 당초의 MDD는 과거 데이터에 기반을 둔 최적화된 결과이기 때문이다. 앞 장에서도 다뤘듯이, 실전 투자의 실적은 최적화된 성능보고서의 성적처럼 부드럽고 온화하게 움직여주질 않는다. 훨씬 더 랜덤하고 거칠게 움직인다. 이에, 실전 투자에서는 [자료 1]과 같이, 전략 성능보고서의 기준보다 1.5~2배 정도의 MDD를 예상해야 한다.

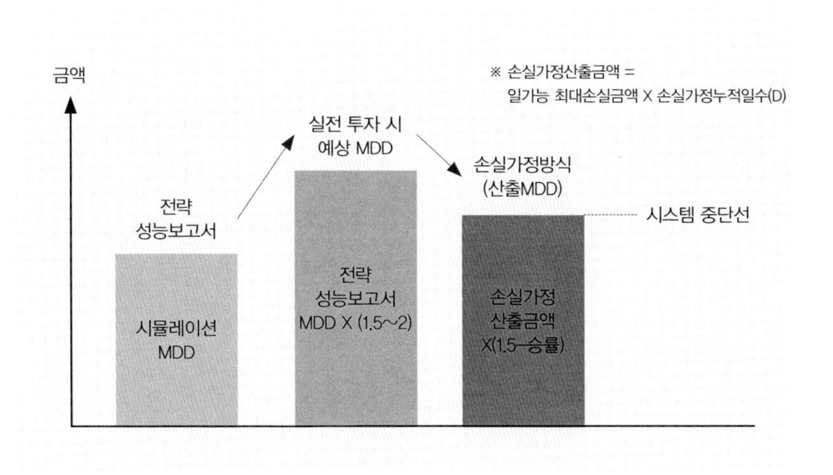

[자료 1] 최대손실폭(MDD)의 예상 변화

예를 들어, 예상 승률이 50%인 전략을 가정해보자. 승률이 50%라면 승(勝)과 패(敗)가 반반씩 수렴·발생되어야 하는 구조다. 하지만, 전략 시뮬레이션을 해보면 패(敗)가 몰려서 발생하는, 즉 최대 연속손실이 8회 이상 발생하기도 한다. 최적화되었음에도 8회 연속손실이 발생했다면, 실전 투자에서는 8회 이상 발생할 소지가 다분하다. 또한, 예상 승률마저 실전에서 50% 이하로 밑돌게 된다면 발생 가능성은 더욱더 커지게 된다. 이에, 실전 투자의 예상 MDD는 전략 성능보고서의 기준보다 높게 두는 것이 합당하다.

하지만, 그렇다고 해서 최적화된 MDD를 넘어서는, 즉 성능보고서 기준의 1.5~2배에 해당하는 MDD를 무조건 견디는 것만이 능사는 아니다. MDD의 예상도 실전 투자의 상황에 맞게 적정해야 한다는 의미일 따름이다. 즉, MDD가 현실성 없이 너무 작으면 휩소(Whipsaw) 현상에 우왕좌왕하게 되고, 너무 크면 무모한 도전이 될 수가 있다. [자료 1]과 같이, 손실가정 방식으로 산출한 최대손실폭(MDD)을 기준으로 시스템 운영 중단선을 결정하거나 참조하는 것이, 더욱 현실적이고 합리적인 방법이 될 수 있다(손실가정 방식은 앞선 장에서도 여러 번 살펴본 바 있다). 이때, 손실가정 방식의 최대손실폭(MDD)은 성능보고서의 MDD와 실전 투자 예상 MDD의 사이에 위치하는 것이 적정하다.

실전 투자에 따른 최대손실폭(MDD)의 예상 변화와 설정 기준에 대해 살펴보았다. 알고리즘의 전략만큼이나 시스템의 운영전술 또한, 매우 중요하다. 실전 투자에서 MDD가 발생하면, 그동안 믿어왔던 전략의 성능부터 의심하게 되고, 시스템의 실전 운영을 멈춰야 할지, 아니면, 계속해서 진행해야 할지 많은 고민에 휩싸이게 된다. MDD는 예상에만 그쳐서는 안 된다. 전략의 최대손실폭(MDD)은 시스템 운영 전술의 척도(Barometer)다. 어떠한 전략 알고리즘이든, 자신(전략)의 최적화된 시뮬레이션 MDD는 반드시 터치(Touch)한다는 사실을 명심해야 한다. 실전 투자에 앞서, MDD의 발생 가능성을 염두에 두어 미리 플랜(Plan)을 준비해 둬야 한다. 그때 가 봐서 생각하면 안 된다.

실전만 걸면 왜 자꾸 엉뚱한 손익곡선을 그리게 되나?

투자 방식을 불문하고, 모든 투자는 좋은 성과를 기대하기 마련이다. 시스템 트레이딩에서는 더욱이, 시스템의 개발과정에 투입된 시간과 열정만큼이나 기대 또한 클 수밖에 없다. 하지만 당초 기대했던 성능보고서의 성적과는 달리, 실전 투자에서 손익곡선의 패턴(Pattern)이 달라지는 경우가 발생하기도 한다. 그럼, 실전 투자에서 성능보고서의 결과와는 다른 엉뚱한 손익곡선을 그리게 되는 원인은 어디에 있는지, 그 해결책은 무엇인지 한번 살펴보자.

우선, 시뮬레이션과 실전 투자의 손익곡선 패턴이 달라지는 원인은 크게 3가지로 추정해볼 수 있다. 이는, (1) 슬리피지와 수수료의 비현실적 반영이나, (2) 시뮬레이션과 실전 투자 간의 데이터 판단 체계나 구조가 상이함으로써 발생하는 오류, 내지는 (3) 전략의 과최적화(過最適化, Over-Optimization) 문제로 나누어볼 수 있다.

이를 좀 더 살펴보면, 첫째, (1) 시뮬레이션에서 반영한 슬리피지와 수수료가 실전 투자와 비교해볼 때, 적정한지를 점검해봐야 한다. 주로 매매 횟수가 많은 단타형 전략에서 발생할 가능성이 크다. 미묘한 차이라 할지라도 매매 횟수가 누적될 경우, 손익곡선에 많은 영향을 미치게 된다. 둘째, (2) 시뮬레이션과 실전 투자 간의 데이터 판단 체계나 구조가 상이해서 발생하는 오류 때문에 손익곡선의 패턴이 달라질 수 있다 (이 오류의 내용에 대해서는 이미 앞선 장의 '실전 투자에 앞서 전략 검증은 어떻게 진행하나?'에서 살펴본 바 있다). 셋째, [자료 1]과 같이, (3) 대상 상품에 전략을 적용할 때 최적화하는 정도가 너무 과한 경우다. 즉, 전략의 과최적화(Over-Optimization) 문제로 인해 손익곡선의 패턴이 달라질 수 있다.

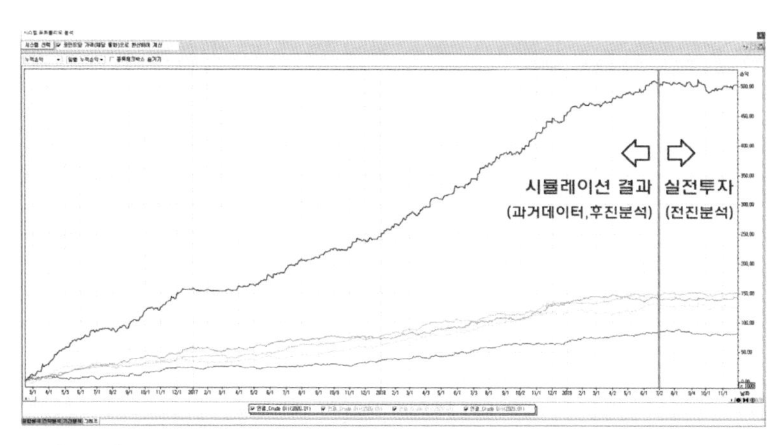

[자료 1] 과최적화된 시스템 포트폴리오의 손익그래프 예시(2016.2.16.~2019.11.27.)

여기에서 (1) 슬리피지와 수수료의 비현실적 반영이나, (2) 데이터 판단 체계나 구조가 상이해서 발생하는 오류의 문제는 발생빈도가 낮을 뿐만 아니라, 해결책 또한 비교적 명료하다. 반면, (3) 전략의 과최적화(Over-Optimization) 문제는 발생빈도가 높을 뿐만 아니라, 해결책 또한 그리 간단하지가 않다. 그렇다면, 과최적화 문제는 어떻게 해결해야 할까?

이어서, 발생빈도가 높은 과최적화(Over-Optimization) 문제의 해결책에 대해 조금 더 살펴보자. 시스템 트레이딩에서 과최적화 문제는 전략의 실전 적용에 항상 따라다니는 과제다. 반면, 어디까지가 최적화(Optimization)이고, 어디서부터는 과최적화(Over-Optimization)인지 분별하는 기준이 모호하다. 즉, 특정할 수 있는 정량화된 기준이 없다. 과최적화 문제를 풀기 위해, 과최적화에다 포커스(Focus)를 맞추게 되면 대책이 없다. 왜냐하면, 특정할 기준이 없는 데다가 설사 과하다 판단되어 최적화 요소를 조금씩 제거함으로써 덜 최적화한들, 해결되는 건 단 하나도 없다. 오히려 시뮬레이션 성능보고서의 손익성적만 점점 더 나빠질 뿐이다.

이렇듯 애초부터 일부러 최적화 요소를 줄이거나 할 필요는 없다. 어차피 기준도 없다. 일단은, 최적화가 되든 과최적화(Over-Optimization)가 되든 신경 쓸 필요 없이, 시뮬레이션 성능보고서의 성적을 더 나은 쪽으로 향상하는 데 초점을 두어 전략을 최적화하는 것이 당연하다. 그런 다음, 모의 투자로 전진분석을 진행해가면서 문제 해결의 포커스(Focus)를 과최적화(Over-Optimization) 문제에서 전략의 로직(Logic) 개선 쪽으로 변경해야 한다. 이는, 최적화냐 과최적화냐의 문제가 아니라, 전략의 로직(Logic)이 얼마나 로버스트(Robust)한가의 문제이기 때문이다.

또한, 전진분석의 성적이 좋지 않다고 해서 다시 최적화를 진행하는 것은 전혀 효과적이지 않다. 변수와 필터의 최적화로 다시 손익곡선을 다림질하듯이 우상향으로 펴놓는다 하더라도, 일시적일지는 몰라도 다시 전과 같은 패턴이 반복될 가능성이 크기 때문이다. 손익곡선이 과거의 패턴과 다르다면, 시스템의 실전 투자는 계속 보류한 상태에서 전진분석 결과를 토대로 전략의 로직(Logic)을 다시 점검해야 한다. 이런 절차를 반복함으로써 로버스트(Robust)한 전천후 전략이 완성되는 것이다.

아울러, 최적화된 손익곡선의 패턴(Pattern)을 전진분석(혹은 실전 투자)의 손익기준으로 삼아서는 안 된다. [자료 1]에서 보는 바와 같이, '시뮬레이션 결과'의 손익곡선은 1차로 최적화된 각각의 전략을, 다시 2차로 포트폴리오를 구성해 손익성능을 더욱 극대화시켜놓았기 때문이다. 이는 마치 투자에서 수익의 최고점을 본전으로 생각하는 마인드(Mind)와 별반 다를 바가 없다. 전진분석(혹은 실전 투자)의 기대 손익을 최적화·극대화된 손익곡선의 연장선에 맞추어서는 곤란하다. 현실성을 감안해 충분히 낮추어 기준을 삼아야 할 것이다.

이상과 같이, 시뮬레이션과 실전 투자의 손익곡선 패턴(Pattern)이 달라지는 주요 원인과 근본적인 해결책에 관해 살펴보았다. 모의 투자라는 좋은 시스템이 있다. 충분히 활용해 안정적인 전략 알고리즘을 완성한 후에, 실전 투자를 진행해도 절대 늦지 않다.

연수익률 목표는 어느 정도가 적정한가?

투자 수익은 클수록 좋다는 것을 말해 무엇하랴? 하지만, 투자 수익과 기대수익은 별개로 구분해 생각할 필요가 있다. 기대가 크면 실망도 큰 법이다. 기대수익의 크기는 실제수익과의 괴리가 좁을수록 이상적이라 할 수 있다. 그렇다면, 시스템 트레이딩의 실전 투자에서 기대수익률(이하, 연수익률의 목표라고도 함)은 어느 정도로 설정하는 것이 적정한지 한번 살펴보자.

우선, 시스템 트레이딩에서 기대수익률은 대체로 전략 성능보고서의 성적을 기준으로 판단하게 된다. 하지만 앞에서 살펴본 바와 같이, 이 수익률을 그대로 실전 투자에 기대하는 것은 무리가 많다. 이는, 해당 전략의 과최적화(過最適化, Over-Optimization) 정도에 따라서도 실전 투자와의 수익률 괴리가 아주 크게 발생하기 때문이다. 예를 들어, [자료 1]의 포트폴리오의 경우, 약 3년 4개월간(2016.02.19.~2019.06.29.)의 과거 데이터를 시뮬레이션한 총수익은 US $499,630이다. 이는, 해당 상품(CL:크루드오일)의 위탁증거금(US$4,400 X 4계약) 대비 28.39배 즉, 위탁증거금 대비 연평균수익률(단리)은 약 852%/년에 달한다. 여기에서, 투입자본금 기준을 위탁증거금의 2배로 넉넉하게 잡는다 하더라도, 연평균수익률은 400%를 넘어선다. 하지만, 이는 실전 투자에 대한 기대수익률로서는 비현실적인 수치일 뿐이다. 이처럼, 과최적화(Over-Optimization)된 수치를 실전 투자의 기준으로 삼아서는 곤란하다. 또한 기대수익률이 너무 비현실적이면, 전략 수정이나 최적화 작업을 자주 반복하게 됨으로써, 실전 시스템의 운영에 오히려 많은 혼선을 초래하게 된다.

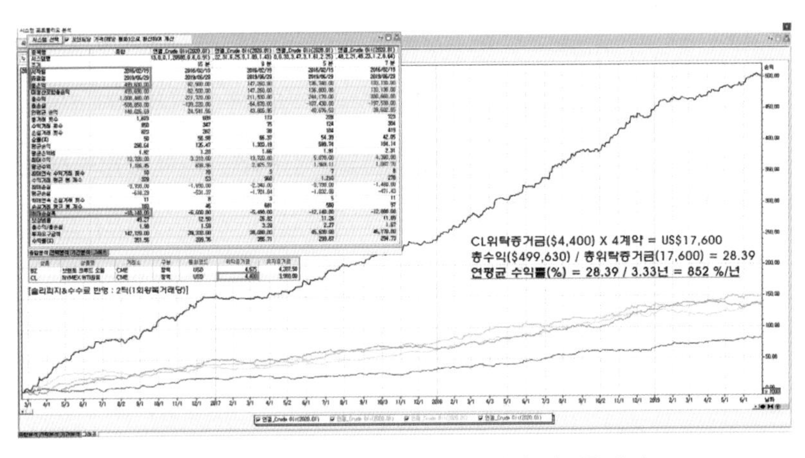

[자료 1] 과최적화된 전략 포트폴리오의 연평균수익률 예시

이에, 실전 투자에서 적정한 기대수익률은 성능보고서의 시뮬레이션 성적보다는 전진분석 실적에 기준을 두는 것이 현실적이다. 또한, 기대수익률은 투입자본금의 규모에 따라서도 조금씩 다르게 설정된다. 똑같은 수익률이라 하더라도, 일반적으로 투입자본금의 규모가 작을수록 손익의 규모가 작게 느껴지기 때문에 기대수익률은 커지게 된다. 반면, 투입자본금의 규모가 커질수록 손익의 규모가 상대적으로 크게 느껴지기 때문에 기대수익률은 작아지게 된다. 이에, 실전 투자에서 현실적인 기대수익률(연수익률의 목표)은 투입자본금의 규모에 따라, 자본금이 클 경우 20%에서 자본금이 작을 경우 50% 정도가 적정하다.

한편 적정한 기대수익률(연수익률의 목표)을 설정할 때, 반드시 유의해야 할 사항이 있다. 이는 바로, 수익률의 기복이 너무 심해서는 안 된다는 것이다. 기대수익률의 크기보다는 우선 안정적이고 꾸준한 수익률을 유지하는 데 초점을 맞춰야 한다. 기대수익률을 높게 잡을수록 일반적으로 MDD(최대손실폭, Maximum Draw Down)가 비례해 증가는 경향이 있다. 반면, 실전 운영에서는 MDD가 큰 것보다는 작은 것이 유리하기 때문에, MDD를 줄이다 보면 저절로 기대수익률은 조금씩 낮아지기 마련이다. 이런 경우, 후자가 더 현실적이다. 예를 들어, MDD가 30%이고 기대수익률이 60%인 것보다는 MDD가 20%이고 기대수익률이 40%인 경우가 실전 운영에서는 더욱 안정적이고 적합하다.

이상과 같이, 현실적이고 적정한 기대수익률(연수익률의 목표)은 안정적인 시스템 운영과 트레이더의 심적 안정에 많은 역할과 기여를 하게 된다. 맘이 편해야, 시스템 트레이딩도 롱런할 수 있다.

초기자본금은 어느 정도가 적정한가?

세상에 잃어버려도 괜찮은 돈은 없다. 투자의 시작은 신중해야 하고, 투자 규모 또한 적정해야 한다. 그럼 시스템 트레이딩에서 실전 투자의 시작 기준과 더불어, 초기자본금은 어느 정도가 적정한지 한번 살펴보자.

일반적으로 어느 투자 분야를 막론하고, 투자하기에 시의적절(時宜適切)한 때라는 것이 있다. 투자 적기(投資適期)를 말한다. 부동산의 경우로 예를 들자면, 중장기적인 관점에서 시세의 상승 여력이 충분해 투자 가치가 있다고 판단될 때가 바로, 투자 적기가 된다. 이때, 자금 사정 등의 여건으로 투자 적기 즉, 투자 시기를 놓치게 된다면, 투자 기회는 영영 사라져버릴 수도 있다. 더욱이, 결과적으로 지나간 그때가 진짜 좋은 투자 기회(투자 적기)였다면, 무척 아쉬울 수밖에 없을 것이다.

하지만 시스템 트레이딩에서 투자 적기(投資適期)는 이러한 일반적인 개념과는 매우 다르다. 시스템 트레이딩은 대체로 짧은 주기의 스윙형이나 단타형 매매 방식을 주로 사용하기 때문에, 중장기적인 경제 전반에 걸친 경기 변동이나 시장의 트렌드(Trend)에 영향을 거의 받지 않는다. 이에 투자에 알맞은 시기(일반적인 개념의 투자 적기)라는 것이 존재하지 않는다. 굳이 있다면 오로지, 전략 알고리즘에 대한 검증이 완료되는 시점, 그때가 비로소 시스템 트레이딩(실전 투자)의 투자 적기(投資適期)가 된다.

이렇듯, 시스템 트레이딩의 거래 대상이 되는 금융시장은 항상 그 자리에서 똑같은 모습으로 기다려주고 있기에, 안타까워하거나 서두를 필요성이 전혀 없다. 초기자본금 또한 마음의 여유를 가지고, 최대한 작게 시작해, 검증 작업을 거쳐가면서 서서히 투자 규모를 늘려나가도 전혀 문제가 없다. 예를 들어 [자료 1]과 같이, 초기자본금 1,000만 원으로 반기(6개월)에 20% 복리 수익률을 가정하면, 15년 후에는 약 24억 원이라는 큰 자본금을 만들 수 있다.

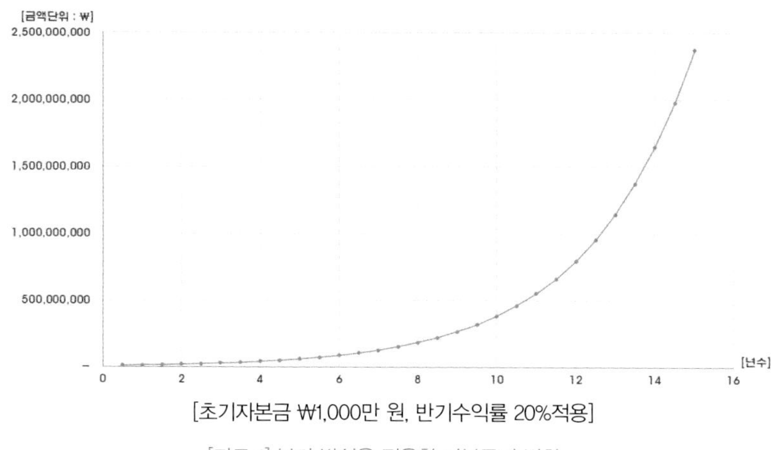

[초기자본금 ₩1,000만 원, 반기수익률 20%적용]

[자료 1] 복리 방식을 적용한 자본금의 변화

물론, 이 장에서는 복리수익의 놀라운 자본증가 효과를 살펴보려는 것이 아니다. 다만, 작은 초기자본금으로도 전략의 로버스트(Robust)한 정도에 따라 얼마든지 소기의 목적(큰 수익)을 충분히 달성할 수 있다는 것이다.

시스템 트레이딩에서 적정한 초기자본금은 지수선물 1계약의 위탁증거금을 커버(Cover)할 수 있는 수준인, 1,000만 원 정도면 충분하다. 혹은, 대상 상품에 따라 그 이하라도 전혀 상관없다. 또한, 적어도 1년간은 손익에 상관없이 초기자본금만을 가지고 실전 운영해보는 것도 좋은 방법이다. 금융시장은 내일도 모레도 가격이 아래위로 극심한 요동을 치면서 항상 변함없이 기다려주고 있다. 시스템 트레이딩 관점에서의 투자 적기(投資適期), 즉 시스템(전략 알고리즘)의 검증이 완료될 때까지는 실전 투자나 투입자금의 증액을 서두를 필요가 없다.

복리 투자의 개념은 어떻게 적용해나갈 것인가?

천재 물리학자 알버트 아인슈타인(Albert Einstein)은 복리(Compound Interest)에 대해, '세계 8번째 불가사의'이자, 인류 역사상 가장 위대한 발명품이라고 했다. 또한, 워런 버핏은 40년 동안 꾸준한 복리 투자 수익으로 세계 최고의 갑부가 되었다. 이렇듯, 복리의 마법은 놀랍고도 경이롭다. 그럼, 시스템 트레이딩의 자산 운용에서 복리 투자의 개념은 어떻게 적용해나갈 것인지 한번 살펴보자.

우선, 복리(複利)의 개념을 금융 투자의 관점으로 재해석해보면 다음과 같다. 복리 투자(복리)는 일정 기간 수익(이자)을 축적해 자본금(원금)에 가산시킨 후, 이것을 새로운 자본금(원금)으로 다시 수익(이자)을 늘려나가는 투자 방식이다. 이 개념·정의만 놓고 보면, 무척 간단명료하고 단순명쾌하다. 하지만, 시스템 트레이딩을 포함한 대부분의 금융 투자는 이미 정해진 이자나 배당을 받는 방식도 아닐뿐더러, 매번 자본금 전체가 거래에 투입되는 구조도 아니다. 또한 복리 계산에서 가장 중요한 요소인 수익마저 변동이 심한 데다가, 항상 +인 이자수익과는 달리 손실이 발생된 경우에 대한 언급과 배려가 전혀 없다.

이렇듯 복리(복리 이자)의 단순한 개념을 복잡한 금융 투자에 접목하다 보니, 시스템 트레이딩의 실전 운영에 흔히 뇌동매매와 같은 오류를 범하기도 한다. 이는 다름 아닌, [자료 1]의 (나)와 같이 일반적인 복리 투자의 개념에 손익 상황을 고려·반영해, 수익이 날 때는 거래금액(계약 수)을 늘리고, 반대로 손실이 날 때는 다시 줄이게 되는 것이다.

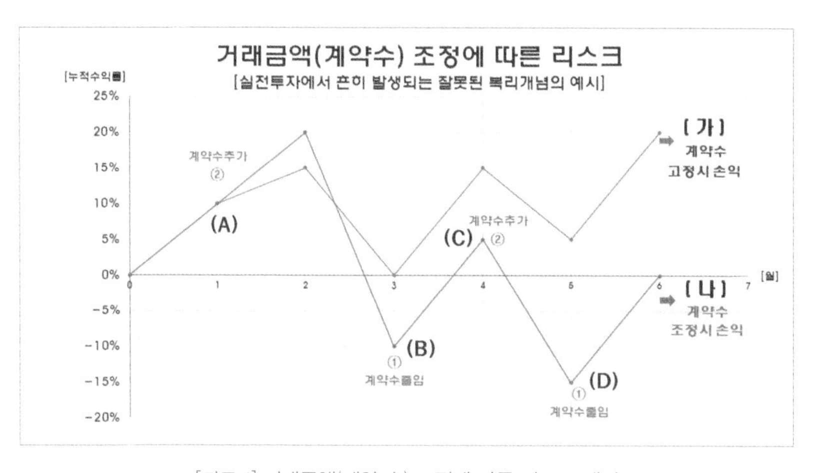

[자료 1] 거래금액(계약 수) 조정에 따른 리스크 예시

이를, 구간에 따라 좀 더 살펴보면, [자료 1]의 (A)수익 지점에서 복리 개념으로 계약 수를 추가하게 된다. 이후, 첫 달은 수익이 (가)의 경우보다 크게 증가함에 따라 매우 만족한다. 하지만 다음 달은 가중 손실이 발생함에 따라, [자료 1]의 (B)지점에서 추가 손실에 대한 우려에 다시 계약 수를 줄이게 된다. 이후, 다시 수익이 나자, '좀 더 참아볼 걸 그랬나?' 하며 계약 수를 줄인 것에 대해 후회하게 된다. 이에, 즉시 [자료 1]의 (C)지점에서 계약 수를 다시 추가해보지만, 기대와는 달리 (가)의 경우보다 손실은 더욱 가중된다. 결국, [자료 1]의 (D)지점에 이르러서야, '처음부터 계약 수 변경 없이 (가)의 경우와 같이 그냥 둘걸' 후회하며 다시 계약 수를 줄이게 된다.

이와 같이, 손익에 따라 거래금액(계약 수)을 늘렸다 줄였다 하는 방법으로는 복리의 효과를 기대하기 어려울 뿐만 아니라, 오히려 수익을 갉아먹을 수도 있다. 이러한, 복리개념의 잘못된 적용 사례는 실전 운영에서 생각보다 많이 발생한다. 그럼, 시스템 트레이딩과 같이 손익이 변동되는 형태의 금융 투자 방식에는 복리개념을 적용하기 어려운 것일까?

그렇지는 않다. 일단, 복리의 성격상 거래금액(계약 수)이 한번 증가하게 되면, 이 기준보다 거래금액(계약 수)이 적어지는 순간, 복리 효과는 사라진다. 이에, 복리로 잃은 손해는 반드시 복리로 만회되어야 할 필요성이 있다. 즉, 2계약으로 잃은 손해를 이후 1계약으로 만회하려면 2배의 여력이 필요하므로, 2계약으로 발생된 손실은 2계약의 수익으로 만회되어야 한다. 이처럼, 복리 투자의 손실을 복리 상태로 만회하려면, 우선 전략의 성능이 중·장기적으로 로버스트해야 하고, 또한 손실을 대비한 여유 자금이 계좌 내에 충분히 비축되어 있어야 한다. 이럴 때, 비로소 제대로 된 복리 효과를 기대할 수가 있다. 아울러, 복리 투자를 위한 거래금액(계약 수) 변경은 적어도 6개월 이상의 중·장기적인 주기로 검토하는 것이 적정하다.

이상과 같이, 시스템 트레이딩의 자산 운용에서 복리 투자의 개념을 적용하는 방안에 대해 살펴보았다. 복리(複利)는 시간이 가져다주는 선물이다. 잦은 변경보다는 주기를 넓게 잡음으로써, 충분한 여유를 가지고 접근할 필요성이 있다. 자주 이랬다저랬다 하면, 복리는 요원하다.

좋은 시스템을 판단하는 기준은 무엇인가?

시스템 트레이딩에서 투자 수익의 단순한 크기만으로 좋은 시스템이 결정되는 것은 아니다. 앞선 장에서도 살펴본 바와 같이, 최대손실폭(MDD)이나 승률, 손익비 이외에도 실전 시스템을 운영할 때 고려되어야 할 사항은 한둘이 아니다. 이에, 실전 운영에서 좋은 시스템이란 어떤 것인지를 종합적으로 판단할 수 있는 기준이 필요하다. 또한 이러한 판단 기준을 가지고 있어야만, 각종 미디어(Media)를 통해 접하게 되는 수많은 정보를 취사선택(取捨選擇)할 수 있는 안목도 생기게 된다. 나아가, 시스템에 관한 판단 기준은 궁극적으로 시스템 구축 방향의 이정표가 된다. 그럼, 시스템 트레이딩에서 좋은 시스템을 판단하는 기준은 무엇인지 한번 살펴보자.

우선, 시스템 판단 기준은 크게 '안정성 부분'과 '수익성 부분'으로 나뉜다. 여기에서, [자료 1]과 같이, 안정성 부분은 다시 ① 대상상품의 거래 안정성, ② 전략 알고리즘의 위험관리 수준, ③ 시스템의 위험관리 능력, 그리고, 수익성 부분은 ④ 실전 시스템의 운영실적 항목들로 나눠진다.

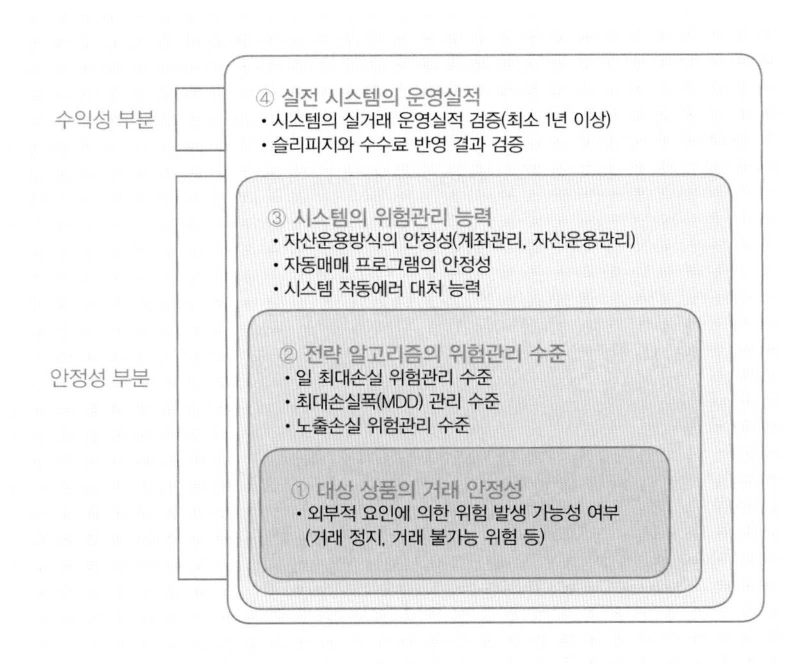

[자료 1] 시스템의 안정성 및 수익성 판단 기준

이를 좀 더 자세히 살펴보면, 우선 '① 대상상품의 거래 안정성' 항목은, 시스템과는 상관없이 외부적 요인에 의해 거래 정지나 거래 불가능 등의 위험이 발생할 가능성이 있는 상품을 거래 대상으로 하고 있지는 않은지를 검증·검토하는 것이다. 예를 들어, 코스닥(KOSDAQ) 종목 중에서 갑자기 거래 정지(혹은 상장폐지)가 되는 종목들이 흔히 있다. 또한, 갑작스러운 주가·지수의 변동으로 상대 호가 잔량이 없어져, 포지션 청산이 불가능한 상황이 발생할 여지가 많은 종목도 있다. 이러한 상품들은 거래 대상에서 배제되어야 한다. 오랫동안 잘 쌓아오던 손익실적을 한 순간에 물거품으로 만들어버릴 수 있기 때문이다.

'② 전략 알고리즘의 위험관리 수준' 항목은, 전략 알고리즘 내의 위험관리 로직(Logic)이 어느 정도로 안전하게 설계되어 있는지를 검증·검토하는 것이다. 주요 내용으로는, 일(日) 최대손실에 대한 위험관리와 최대손실폭(MDD)의 관리, 그리고 주가 차트의 설정 주기에 기인한 봉 데이터 완성 전의 노출손실 위험에 대한 관리 등을 검증·검토해봐야 한다. 그리고 '③ 시스템의 위험관리 능력' 항목은, 투입자본금 대비 매매 투입 비율과 같은 자산 운용 방식의 안정성과 더불어, 시스템 전체의 프로그램 안정성 및 에러 대처 능력을 검증·검토하는 것이다.

아울러, '④ 실전 시스템의 운영실적' 항목은, 슬리피지와 수수료가 모두 반영된 최소 1년 이상의 실거래 운영실적을 바탕으로, 시스템의 손익성능을 검증·검토하는 것이다. 가장 관심도가 높은 항목이다. 하지만, 여기에서 반드시 염두에 두어야 할 사항이 있다. ④ 실전 시스템의 운영실적은 안정성 기준들(위의 ①항, ②항, ③항 기준)을 모두 충족한 경우에 한해, 비로소 그 의미와 가치를 가지게 된다. 즉, 안정성 부분이 고려되지 않은 실거래 운영실적은 언제 어느 순간에 무너지게 될지 예측할 수 없는 무방비 위험상태에 노출된 것이나 다름없다. 이에, 시스템의 안정성이 최우선이고, 수익성은 그다음이다.

이상과 같이, 시스템 트레이딩에서 좋은 시스템의 판단 기준은, 바로 '안정된 수익'으로 요약된다. 손익의 크기(수익성)보다는 위험관리(안정성)에 우선순위를 둠으로써, 무심히 그저 바라볼 수 있을 정도로 마음 편한 트레이딩이 되어야만 좋은 시스템이라 할 수가 있다.

5장

실전 시스템 트레이딩의 전자동화

KGV
Kurs FFM
17:47h
151,88
107,02
169,86

1년 365일 시스템이 스스로 자동매매를 해줄 수는 없는가?

자동매매툴로 매매에 관한 모든 절차를 자동화하고 나면 슬슬 욕심이 더 생긴다. 서 있으면 앉고 싶고, 앉으면 눕고 싶고, 누우면 자고 싶다 했다. 당연하다. 매매도 자동인데 이왕이면 컴퓨터도 자동으로 켜고 끄고, 1년 365일 모든 걸 전자동화로 만들 수는 없을까? 뜻이 있는 곳에 길이 있다. 시스템 전체의 모든 작동을 자동으로 365일 스스로 돌아가게 만들 수 있다. 자, 그럼 욕심을 좀 부려보자. 어떻게 만들어나가야 할지 한번 검토해보자.

자동매매툴을 포함한 모든 절차를 자동으로 작동시키기 위해서는 어떤 동작 순서가 필요할까? [자료 1]에서 시스템의 전체 동작을 한눈에 간편하게 볼 수 있도록 순서도의 형식으로 한번 정리해보았다. 이런 순서와 절차에 의해 시스템이 작동되게 함으로써, 365일 전자동화가 가능하다. 나아가, [자료 1]의 순서도를 행동 그룹별로 살펴보면, A~D파트로 크게 나누어 분류해볼 수 있다. 모든 과정을 한꺼번에 놓고 보면 복잡해 보여도 파트로 나눠서 보면 한결 간편해진다. 이제, 파트별로 하나씩 그 기능과 진행해야 할 작업 내용에 대해 한번 살펴보자.

(A)파트는 컴퓨터의 전원을 자동으로 켜는 기능이다. 이는, 컴퓨터의 바이오스(BIOS: Basic Input/Output System) 혹은, 다른 이름으로는 시모스(CMOS: Complementary Metal-Oxide Semiconductor)라는 프로그램에서 그 기능을 수행할 수 있다. 바이오스는 컴퓨터의 기본적인 입출력을 처리하는 소프트웨어로서, 전원이 인가되면 실행이 시작되는 최초의 프로그램이다. 컴퓨터를 껐다 켜면서 Del 키나 F2 키를 계속 눌러주면 이 프로그램으로 접속하게 된다. 여기에서 RTC(Real-Time Clock) 알람 전원 켜기 설정을 통해 매일 일정한 시간에 컴퓨터를 자동으로 켜지게 할 수가 있다.

(B)파트는 자동매매툴을 자동으로 시작시키는 기능이다. 특정 프로그램을 자동으로 시작시키려면, 윈도우10에 포함된 작업 스케줄러 기능이나 시작프로그램에 실행파일(.exe)을 등록하면 된다. 하지만, 자동매매툴 프로그램은 시작될 때, 반드시 로그인 절차를 거쳐야만 한다. 즉, ID와 접속 비밀번호 및 공인인증서 암호를 입력해야 하기 때문에 윈도우10의 시작 기능으로는 해결이 안 된다. 대신, 별도의 매크로 프로그램을

사용해 이 문제를 해결할 수 있다.

(C)파트는 자동매매툴 프로그램 자체가 자동으로 매매 절차를 수행해준다. 그러나 여기에서 네트워크(인터넷의 연결상태) 단절 등의 문제로, 수행 중간에 프로그램을 재실행해야 할 경우가 발생하게 된다. 이 문제도 역시, 매크로 프로그램을 사용해 해결할 수 있다.

(D)파트는 자동매매툴의 종료 및 컴퓨터의 전원을 끄는 기능이다. 윈도우10의 shutdown 명령으로 컴퓨터를 자동으로 끌 수도 있지만, 실행되고 있는 자동매매툴이 전원 끄기와 함께 강제로 종료되어서는 안 된다. 이 문제도 매크로 프로그램을 사용해, 자동매매툴을 먼저 정상 절차로 종료한 후, 컴퓨터의 전원을 끄게 할 수가 있다.

이상과 같이, 컴퓨터의 바이오스와 매크로 프로그램을 활용함으로써, 시스템 전체(A~D파트)를 전자동화할 수가 있다(파트별 세부 작업 및 매크로 프로그램에 관해서는 뒷 장에서 좀 더 자세히 살펴보기로 하자).

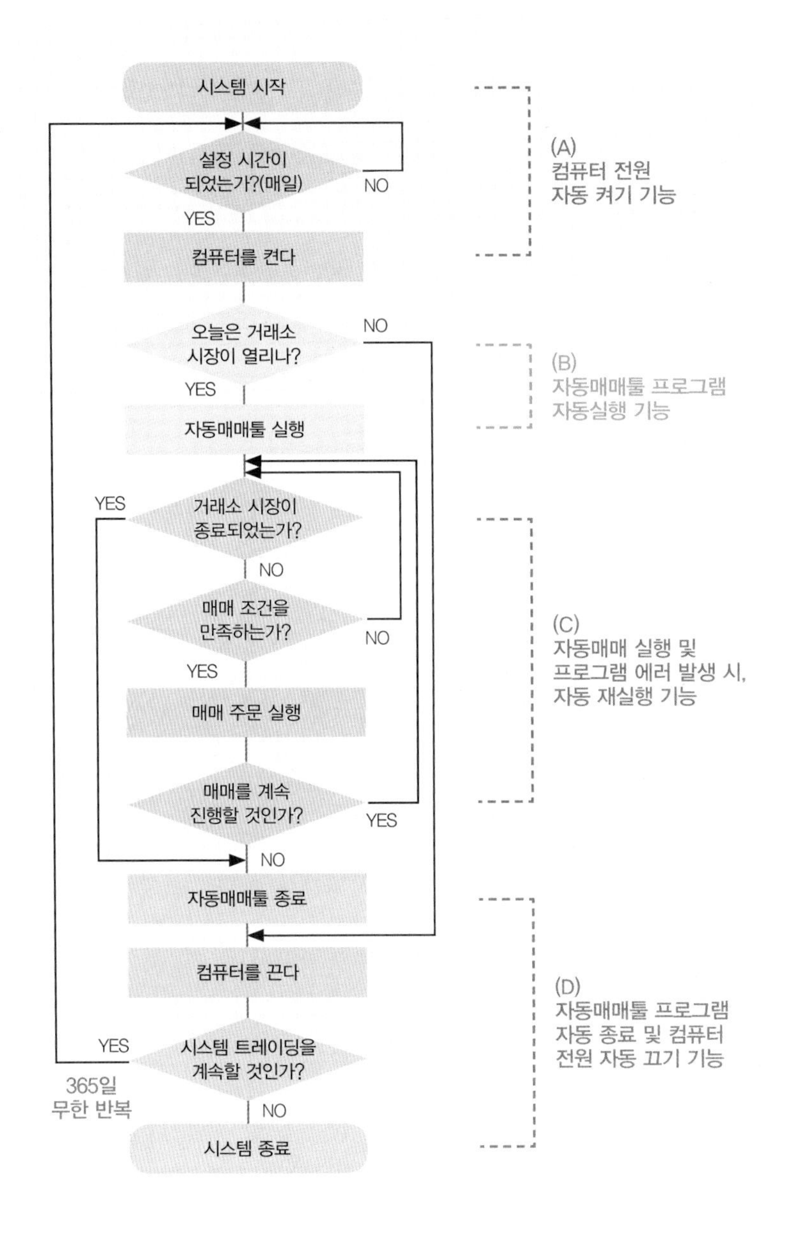

[자료 1] 시스템의 전자동화 순서도 및 주요 작업 내용

시스템을 자동으로 장 시작 전에 켜고 장 종료된 후 끄게 할 수도 있나?

앞 장에서 살펴본 바와 같이, 이 내용은 전자동화 시스템의 순서도 중 A와 D파트에 해당한다. 우선, A파트에 대해 알아보자. 이 파트는 컴퓨터의 전원을 자동으로 켜는 기능이다. 바이오스 프로그램의 'RTC 알람 전원 켜기' 기능을 통해 매일 일정한 시간에 컴퓨터를 자동으로 켜지게 해야 한다. 대체로, 거래소 시장은 일정한 시간에 열리기 때문에 시간을 지정해 컴퓨터를 켜면 될 것이다. 그럼, RTC 알람 전원 켜기 기능은 어떻게 설정하는가? 한번 살펴보자.

우선, 바이오스 프로그램은 컴퓨터 마더보드(Motherboard)의 종류에 따라 조금씩 다르게 구성되어 있다. 하지만 그 배치와 기능은 모두 대동소이하다. 여기에서는 대표적인 마더보드 제작회사 중의 하나인 ASRock사의 예시를 들어 설명해보기로 하자.

먼저, 컴퓨터의 전원이 켜질 때 Del키나 F2키를 계속 누르면, [자료 1]과 같이 바이오스 프로그램으로 진입하게 된다. 여기에서 고급모드(Advanced Mode)로 들어가면 'RTC 알람 전원 켜기'라는 항목을 볼 수 있다(번호1, 2). 이 항목의 설정에 들어가면 사용 여부를 묻는 팝업창이 뜨게 되며, 여기에서 '사용'을 선택한다(번호3). 그러면 바로 날짜와 시간을 설정하는 팝업창이 뜨게 된다(번호4). 여기에서 매일 작동되기를 원하므로 날짜는 'Every day'를 선택하고, 시간은 내가 원하는 시작 시간을 입력한 후 저장('변경 내용 저장 후 종료' 선택)하면 된다. 이로써, 컴퓨터를 매일 일정한 시간에 자동으로 켤 수가 있다.

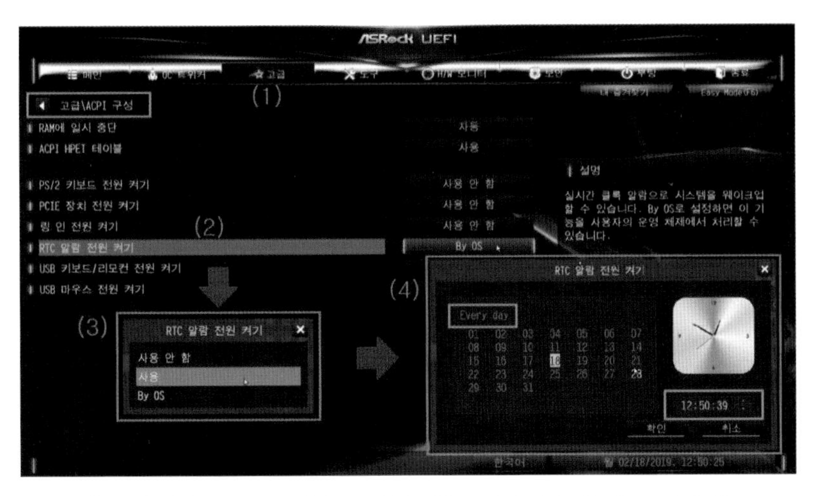

[자료 1] 바이오스 프로그램의 RTC 알람 전원 켜기 설정 순서(ASRock사 예시)

다음은 D파트의 구현 방법에 대해 알아보자. 이 파트는 거래소 시장이 종료된 후, 자동매매툴 프로그램을 먼저 정상 종료시키고 나서 컴퓨터의 전원을 끄는 기능이다. 거래소의 장이 열리는 시간과 마찬가지로 장이 끝나는 시간 또한 거의 일정하게 정해져 있다. 장이 끝난 후 일정한 시간 뒤에 이 기능이 실행되도록 하면 될 것이다. 이 기능을 수행하기 위해서는 '매크로'라는 프로그램을 사용하면 된다. 우선 매크로 프로그램이란 무엇인지 알아보자.

매크로(Macro)는 반복 작업을 자동화하는 컴퓨터 프로그램을 말한다. 보통 자주 사용하는 여러 개의 명령어를 키 하나에 묶어 사용하며, 컴퓨터의 단순 반복 작업을 줄일 수 있다는 점에서 광범위하게 활용된다. 최근 매크로는 포털에 게재된 기사에 댓글을 자동으로 달거나 특정 댓글 공감 수를 조작하는 데 쓰여 논쟁거리가 되기도 했다. 이 책에서는 대표적인 매크로 프로그램 중의 하나인 '매크로 익스프레스(Macro Express)'로 예시를 들어 살펴보기로 하자.

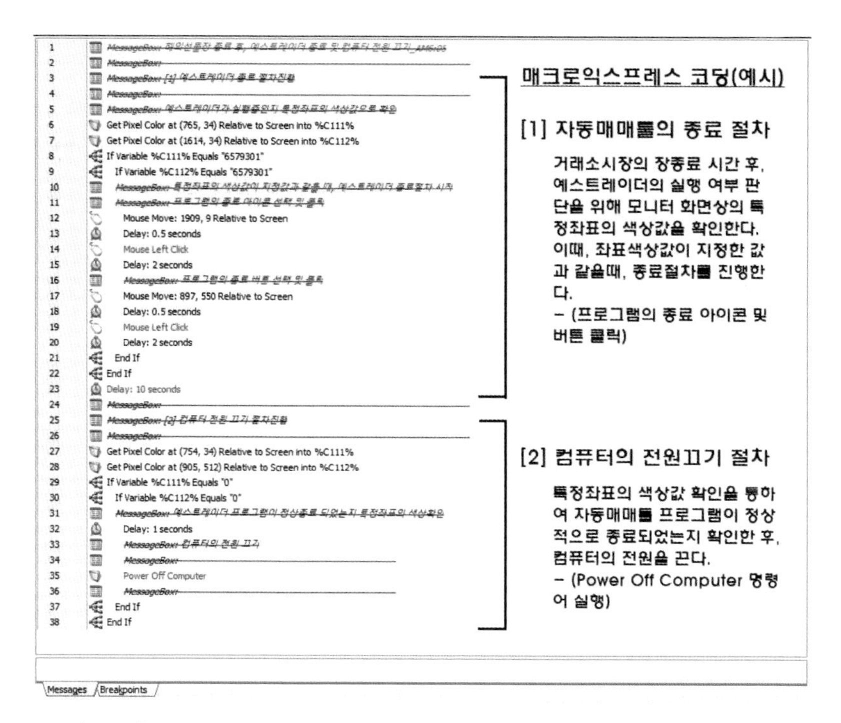

[자료 2] 자동매매툴 종료 및 컴퓨터 전원 끄기 기능의 코딩예시(매크로 익스프레스)

여기에서 우리는 이러한 매크로의 특성(반복 작업의 자동화)을 활용해, 자동매매툴의 종료와 컴퓨터의 전원 끄기 절차를 하나의 매크로 파일로 구현하면 된다. 순서에 따라, [1] 자동매매툴의 종료 절차를 먼저 진행하고 나서, [2] 컴퓨터의 전원 끄기 절차를 진행하면 된다. [자료 2]에 예시된 코딩과 같이, 모니터 화면상에 나타난 특정 좌표의 색상값을 판별하는 방식을 사용함으로써 기능 구현이 가능하다. 대다수의 소프트웨어 프로그램(툴)은 최근 종료 시 설정되어 있던 화면 구성과 동일하게 그대로 창이 뜨게 된다. 자동매매툴의 창 역시 매번 똑같이 뜨게 할 수가 있다. 프로그램의 환경설정(관리/환경 설정/시작 화면)에서 '프로그램 종료 시의 화면 구성 상태로 띄우기'라는 옵션을 선택함으로써 가능하다. 이렇게 매번 똑같이 뜨게 되는 화면 구성의 특성에 기반을 두어, 특정 좌표의 색상을 구분하는 것이다. 이 색상값이 미리 설정한 값과 같다면(If), 마우스를 클릭하게 하거나 Power Off Computer 명령어를 실행(Do it)하면 된다. 이에 대한 코딩의 예시 및 작업의 내용은 [자료 2]와 같다.

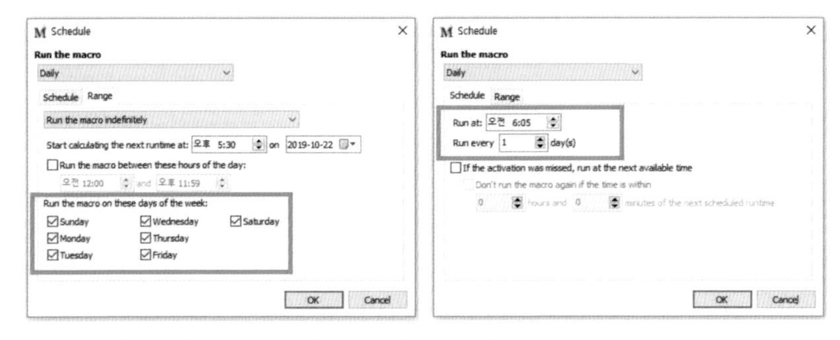

[자료 3] 매크로 파일(기능)의 실행 스케줄 설정 방법(매크로 익스프레스)

또한 [자료 3]과 같이, 이 매크로 파일을 어떤 스케줄에 따라 실행할 것이지 설정할 수 있다. 이에 설정된 특정 시간(예시: 매일 오전 6:05)에 이 매크로 파일이 주기적으로 실행되게 함으로써, 자동으로 자동매매툴이 정상 종료된 후에 컴퓨터의 전원이 꺼지게 할 수 있다.

시스템 문제 발생 시 즉시 나에게 알려줄 방법은 없는가?

시스템 트레이딩은 매매에 관한 모든 절차가 자동으로 이루어지다 보니, 시스템에 문제가 발생한다면 난감한 상황이 벌어질 수 있다. 예를 들어, 보유 포지션(매매 진입)이 있는 상황에서 시스템의 문제 발생으로 자동매매의 기능이 멈추어져 있다면, 위험에 노출되게 된다. 주가나 지수가 보유 포지션이 추구하는 방향으로 움직이면 다행이지만, 반대 방향으로 크게 움직인다면 낭패다. 즉, 손실제한 값을 설정해놓았음에도 시스템 에러로 청산 주문이 나가지 않는 것이다. 확률은 반반이라고 하지만, 필자의 경험에 의하면 이런 경우 머피의 법칙이 적용되는 경향이 있다. 그렇다고 시스템을 떠나지 못하고 계속 쳐다보고 있어야 한다면 이게 무슨 자동매매겠는가? 이에 시스템에 문제가 발생하면 빨리 나에게 알려줄 방법이 필요하다. 그럼 어떤 방법이 있을까? 한번 살펴보자.

우선, 시스템에 발생할 수 있는 문제에는 어떤 것들이 있을까? 대책 가능한 에러와 대책 불가능한 에러로 크게 구분해볼 수 있다. 여기에서 대책 가능한 에러는 예상이 가능한 현상을 말한다. 예를 들어, 갑자기 네트워크(인터넷) 연결이 끊긴다거나 프로그램의 에러창이 뜨는 경우다. 이런 경우는 매크로 프로그램으로 미리 대책을 세워 방어할 수 있다. 예상했던 에러가 발생하는지를 실시간으로 매크로 프로그램이 감시하게 하는 것이다. 그래서 문제점이 발생되는(If) 즉시, 조처(Do it)함으로써 시스템을 정상회복시킬 수 있다.

반면, 대책이 불가능한 에러 즉, 예상할 수 없었던 에러가 발생되었을 때가 문제다. 시스템이 정해진 시간에 정상적으로 켜지지 않거나, 예상할 수 없었던(처음 보는) 에러 현상이 여기에 속한다. 아무리 매크로 프로그램이 할 수 있는 일의 범위가 넓다고는 하지만, 이도 컴퓨터가 켜져야 작동하는 소프트웨어다. 또한, 처음 보는 에러 현상은 애초부터 몰랐기 때문에, 미리 대책을 마련해놓을 수 없음은 자명한 일이다. 그렇다면, 이런 문제점은 어떻게 대비해야 하나?

최선의 대비책은 스크린샷(Screenshot)이다. 시스템의 현재 상태 화면을 주기적으로 스크린샷한 다음, 이 자료 파일을 클라우드(Cloud)로 공유해보는 것이다. 클라우드란, 데이터를 인터넷과 연결된 중앙컴퓨터에 저장해서 인터넷에 접속하기만 하면 언제 어디서든 데이터를 이용할 수 있는 것을 말한다[자료 1].

'백문이 불여일견'이라 했다. 상황을 직접 눈으로 보는 것이 가장 좋은 해결책이다. 항상 시스템 옆에 같이 붙어 있을 수도 없는 노릇이고, 시스템과 오랜 시간 떨어져 있는 경우는 이 방법으로 실제 상황을 모니터링해야 한다. 그렇다고 쉴 새 없이 계속 모니터링할 필요까지는 없다. 시스템 트레이딩에서 중요한 스텝들만 모니터링해봐도 충분하다. 예를 들면, 시스템은 잘 켜졌는지, 자동매매툴은 로그인 후 정상 상태로 스탠바이되고 있는지, 거래를 마치고 시스템은 잘 꺼졌는지, 이 정도만 모니터링해줘도 된다. 아울러 매크로 프로그램 자체가 스스로 에러처리 작업을 할 때도, 복구 전에 미리 스크린샷을 해주면 좋다. 복구 작업의 내용 및 빈도 파악 등, 나중에 좋은 분석 자료가 된다. 이 장에서는 다루지 않지만, 참고로 WOL(Wake-on-Lan) 기능으로 원격지에서 시스템을 켤 수도 있고, 매크로 익스프레스에는 e-mail 전송 기능이 있어 메일 발송도 가능하다.

[자료 1] 클라우드의 개념도

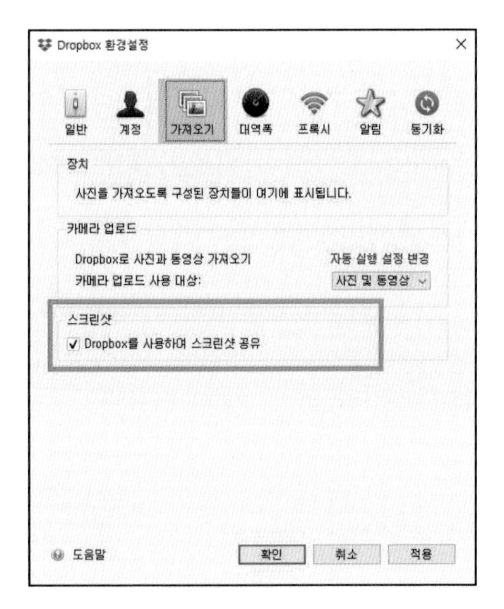

[자료 2] 스크린샷 공유 설정(드롭박스)

요즘은 많은 클라우드 서비스가 무료로 제공되고 있다. 네이버(Naver) 클라우드나 드롭박스(DropBox) 같은 앱(Application)을 말한다. [자료 2]와 같이, 드롭박스의 파일 공유는 환경설정에서 'DropBox를 사용해 스크린샷 공유'라는 항목을 선택함으로써 간단히 해결된다. 드롭박스 앱을 시스템과 스마트폰에 함께 설치하면, 시스템의 상태를 스마트폰으로도 언제 어디서든 확인해볼 수 있다.

한편, 스크린샷 실행은 매크로 프로그램을 사용해 구현할 수 있다. [자료 3]의 예시와 같이, 매크로 코딩을 하면 스크린샷을 자동으로 처리할 수가 있다. 아울러 [자료 4]와 같이, 주기적으로 이 동작을 반복하게 스케줄링해준다면, 스마트폰에서도 시스템의 현재 상황을 주기적으로 직접 모니터링할 수 있다.

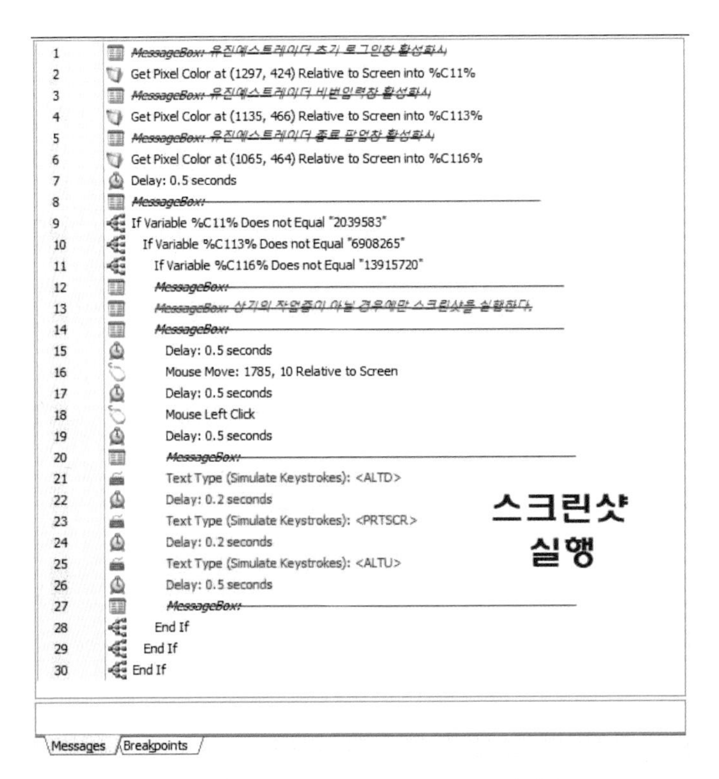

[자료 3] 스크린샷 실행을 위한 매크로 코딩 예시

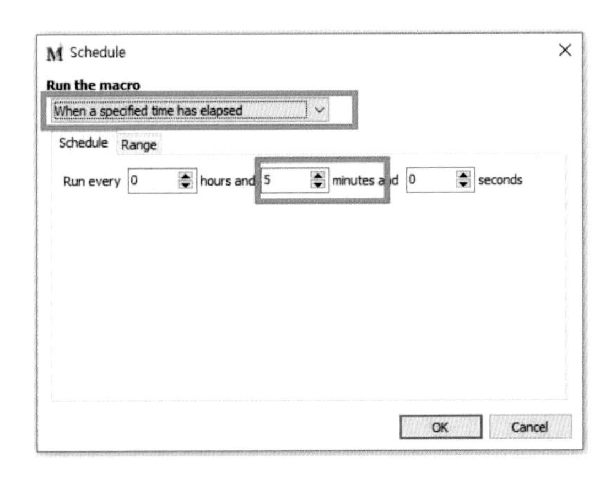

[자료 4] 스크린샷의 주기 설정

그리고 만약, 원격지에서 모니터링하는 중에 문제를 발견했다면, 어떻게 처리해야 할까? 스마트폰으로도 해결할 수 있다. 팀뷰어(Teamviewer)나 애니데스크(Anydesk), 혹은 원격 데스크톱(Remote Desktop) 등의 원격접속 프로그램(앱)을 사용해, 즉시 스마트폰에서도 시스템의 에러를 긴급 조치할 수가 있다.

매크로 방식 전자동화 운영시스템은 어떻게 구성하는가?

자동매매툴은 설정된 전략의 로직에 따라 매매를 자동으로 진행해준다. 아무 손댈 필요 없이 말이다. 하지만 이 프로그램을 시작(재시작 포함)하고 종료하기 위해서는 여전히 사람의 손이 필요하다. 이에, 시스템의 운영까지 전자동화하려면 자동매매툴의 시작과 종료뿐만 아니라, 에러 발생 시 복구까지 자동으로 실행하게 해주어야 한다(이 내용은 앞서 살펴본 전자동화 시스템의 순서도 내용 중 B와 C파트에 해당한다).

그럼, 어떤 방법으로 전자동화 시스템을 구현할 것인가? 우선, 자동매매에 관한 운영시스템의 전체 개요를 [자료 1]과 같이, 순서도의 방식으로 한번 살펴보았다. 이를 행동그룹별로 분류해보면, 자동매매툴 프로그램의 (A) 실행 및 로그인, (B) 에러 감시 및 자동복구, 그리고 (C) 종료 파트로 크게 나누어진다. 여기에서, (C) 종료 파트는 앞서 컴퓨터의 자동 실행과 자동종료에 대해 살펴본 바 있다. 이에, 이 장에서는 (A)와 (B)파트에 대해 중점적으로 한번 살펴보자.

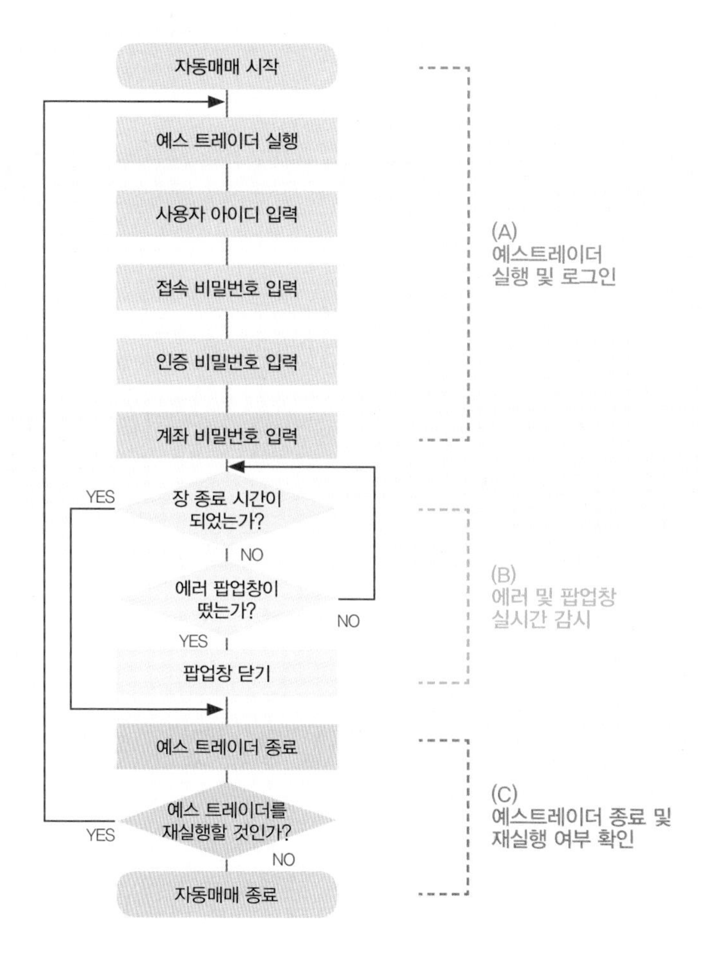

[자료 1] 자동매매 운영시스템의 동작 절차 순서도

우선, (A)파트에 대해 살펴보자. 자동매매툴은 실행아이콘만 더블클릭한다고 실행이 끝나는 게 아니다. 주문계좌와 연동되어야 하기 때문에, 로그인이라는 절차가 필요하다. 즉, [자료 2](1)~(4)와 같이, 사용자 아이디(ID), 접속 비밀번호, 인증 비밀번호를 입력한 후 접속해야 하고, 이후 계좌 비밀번호 입력 또한 필요하다. 이러한 입력 절차는 자동매매툴이 스스로 처리해줄 수 없는 부분이다.

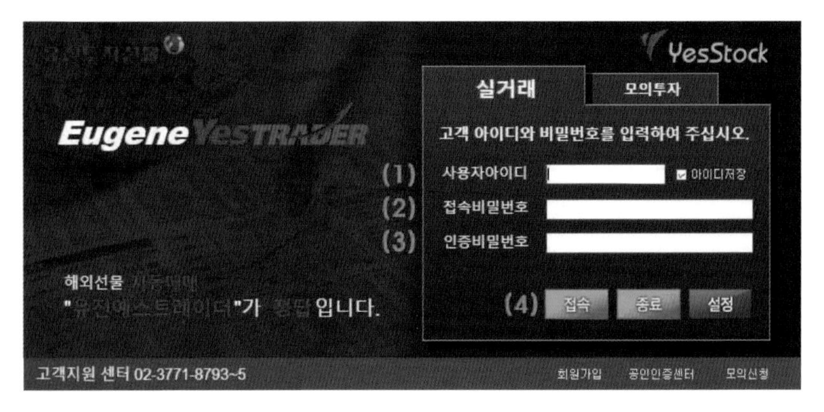

[자료 2] 자동매매툴의 초기화면 및 로그인(유진 예스트레이더)

또한, (B)파트 역시 마찬가지다. [자료 3]의 예시와 같이, 자동매매툴 프로그램이 잘 동작하다가 순간 네트워크(인터넷)가 단절되면 에러 팝업창이 뜨게 된다. 이때, 이 팝업창을 처리하지 않고 그대로 두면, 프로그램은 그 상태로 멈춰 이후 아무런 동작을 하지 않는다. 어느 증권사든 반드시 하루에 한 번, 서버업데이트 시간(예: 유진투자선물은 AM6:06경)에는 이 팝업창이 항상 뜬다. 또한, 컴퓨터 사용자라면 누구나, 아주 가끔이지만, 평상시에도 인터넷 연결이 끊어졌다 붙었다 하는 네트워크 단절 현상을 모두 경험해봤을 것이다. 아무 때나 발생할 수 있다. 이에, 언제 발생할지 알 수 없는 이러한 에러들에 대한 대책·조치 또한 필요하다.

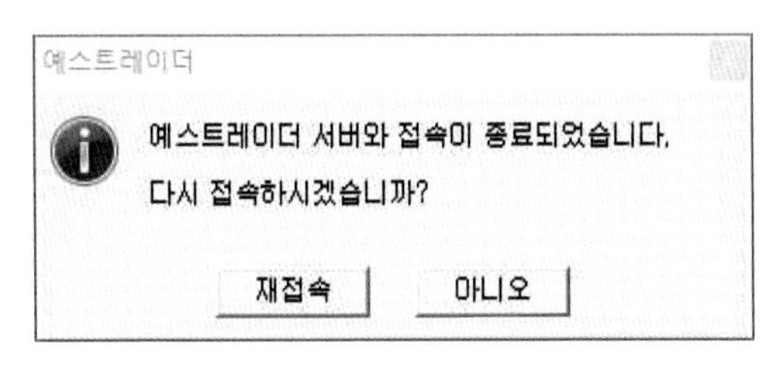

[자료 3] 자동매매툴의 네트워크(인터넷) 에러 팝업창

그럼, 어떤 방법으로 로그인 절차와 아울러 에러에 대한 실시간 감시와 조치를 자동으로 실행해줄 수 있을까? 매크로 프로그램을 사용해 해결할 수가 있다. [자료 4]는 이러한 기능을 자동으로 처리해줄 수 있는 매크로 프로그램의 코딩 예제이다. 크게 (A)파트와 (B)파트로 구성되어 있다. (A)파트에서는 로그인과 관련된 절차를 수행하고, (B)파트에서는 네트워크 단절 팝업창에 대한 실시간 감시와 조치를 수행한다. 이 코딩은 전체가 하나의 큰 반복(Repeat)문으로 구성되어 있어, 시스템이 켜져 있는 동안 계속해서 실시간 감시와 조치를 수행하게 된다. 즉, 자동매매툴이 실행되어 있지 않으면(If) 이를 실행시킬 것이고(Do it), 로그인 창이 뜨면(If) 입력 절차를 수행하게 한다(Do it). 그리고 실시간 감시 중에 에러 팝업창이 뜨게 되면(If) 창을 닫고 자동매매툴을 재실행하게 한다(Do it).

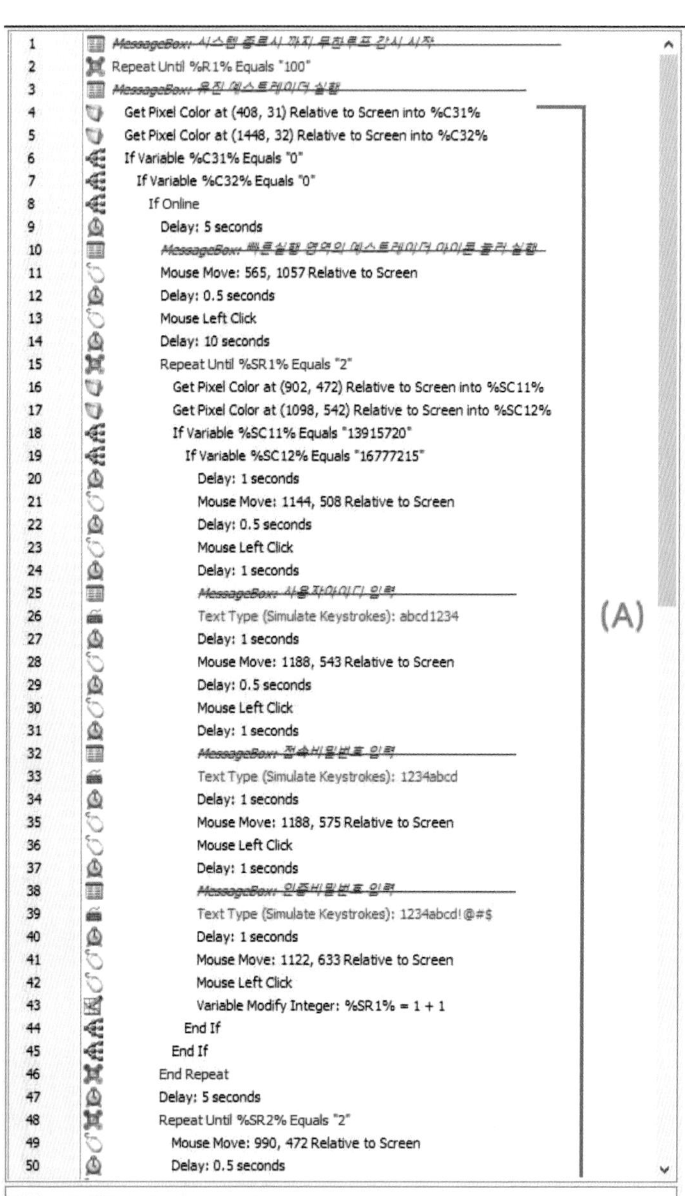

1 MessageBox: 시스템 종료시 까지 무한루프 감시 시작
2 Repeat Until %R1% Equals "100"
3 MessageBox: 유진 에스트레이더 실행
4 Get Pixel Color at (408, 31) Relative to Screen into %C31%
5 Get Pixel Color at (1448, 32) Relative to Screen into %C32%
6 If Variable %C31% Equals "0"
7 If Variable %C32% Equals "0"
8 If Online
9 Delay: 5 seconds
10 MessageBox: 빠른실행 영역의 에스트레이더 아이콘 눌러 실행
11 Mouse Move: 565, 1057 Relative to Screen
12 Delay: 0.5 seconds
13 Mouse Left Click
14 Delay: 10 seconds
15 Repeat Until %SR1% Equals "2"
16 Get Pixel Color at (902, 472) Relative to Screen into %SC11%
17 Get Pixel Color at (1098, 542) Relative to Screen into %SC12%
18 If Variable %SC11% Equals "13915720"
19 If Variable %SC12% Equals "16777215"
20 Delay: 1 seconds
21 Mouse Move: 1144, 508 Relative to Screen
22 Delay: 0.5 seconds
23 Mouse Left Click
24 Delay: 1 seconds
25 MessageBox: 사용자아이디 입력
26 Text Type (Simulate Keystrokes): abcd1234
27 Delay: 1 seconds
28 Mouse Move: 1188, 543 Relative to Screen
29 Delay: 0.5 seconds
30 Mouse Left Click
31 Delay: 1 seconds
32 MessageBox: 접속비밀번호 입력
33 Text Type (Simulate Keystrokes): 1234abcd
34 Delay: 1 seconds
35 Mouse Move: 1188, 575 Relative to Screen
36 Mouse Left Click
37 Delay: 1 seconds
38 MessageBox: 인증비밀번호 입력
39 Text Type (Simulate Keystrokes): 1234abcd!@#$
40 Delay: 1 seconds
41 Mouse Move: 1122, 633 Relative to Screen
42 Mouse Left Click
43 Variable Modify Integer: %SR1% = 1 + 1
44 End If
45 End If
46 End Repeat
47 Delay: 5 seconds
48 Repeat Until %SR2% Equals "2"
49 Mouse Move: 990, 472 Relative to Screen
50 Delay: 0.5 seconds
(A)
Messages
Breakpoints

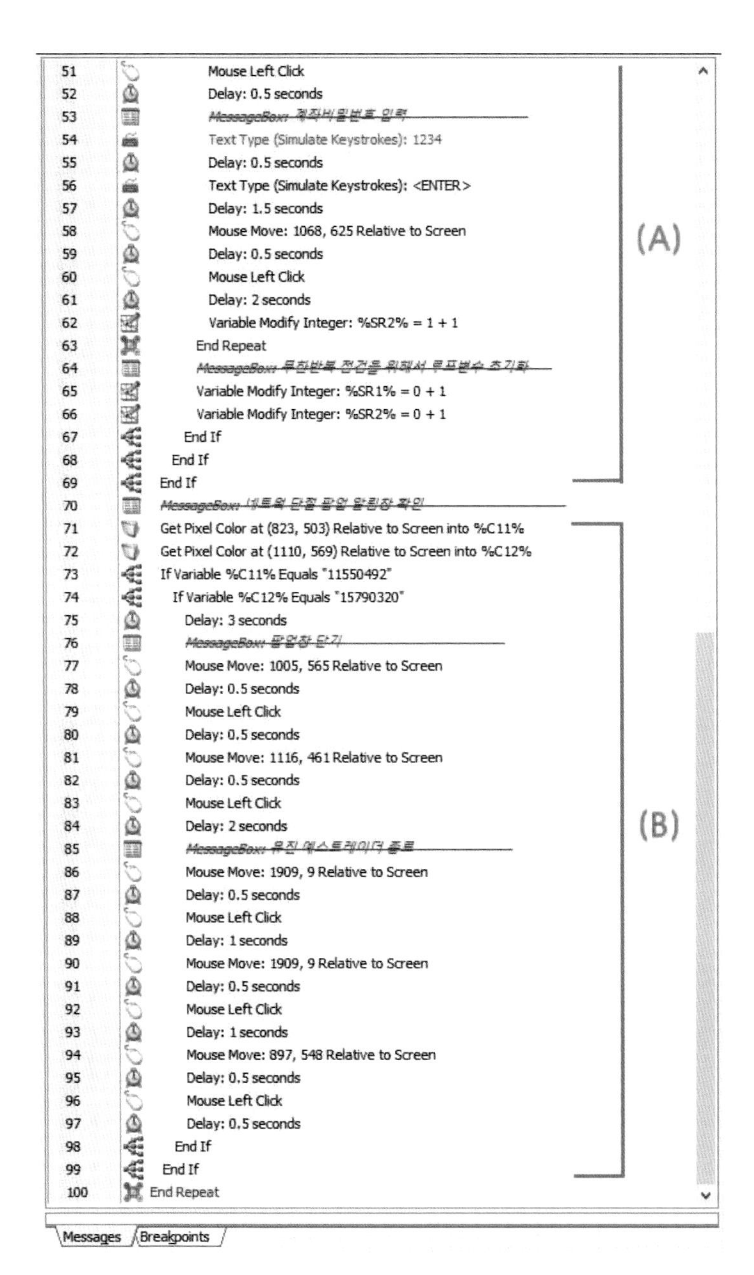

[자료 4] 자동매매 운영시스템을 위한 매크로 코딩 예시(매크로 익스프레스)

매크로 프로그램은 단순 반복 작업을 아주 잘 수행해준다. 매크로라는 단어의 정의이기도 하고, 프로그램의 주된 특성이기도 하다. 우리는 이러한 특성을 잘 활용함으로써, 매크로 방식의 전자동화 운영시스템을 구성할 수 있다.

자동화 매크로 프로그램의 코딩은 어떻게 하는가?

앞서, 시스템 트레이딩의 운영 전반에 대해 전자동화하는 과정을 파트별로 나누어 살펴보았다. 각 장에서 매크로 코딩의 결과물로 예시를 들어 설명하긴 했지만, 매크로라는 프로그램을 처음 접한다면 코딩에 대해 조금은 부담을 느낄 수도 있을 것이다. 이에, 자동화를 위한 매크로 프로그램은 어떻게 코딩을 하는지 좀 더 자세히 살펴보기로 하자.

코딩의 관점에서, 매크로 언어는 일반 프로그래밍 언어(C#, C++, VC++, 파이선 등)와 비교해볼 때, 아주 쉽고 간편하다. 일반 언어의 코딩경험이 전혀 없다 할지라도 매크로 코딩이 가능하다. 일반 프로그래밍 언어는 모든 함수와 명령어를 직접 문법에 맞춰서 타이핑(Typing)하는 방식으로 코딩해나간다. 하지만, 매크로 프로그램은 모든 명령어를 메뉴방식으로 지원한다[자료 1]. 이에, 코딩 시에 직관적으로 쉽게 불러다 쓸 수가 있다. [자료 1]의 명령어를 살펴보면, 매크로 방식의 처리에 적합하도록 명령어들이 구성되어 있을 뿐만 아니라, 그 범위와 종류 또한 매우 다양하다.

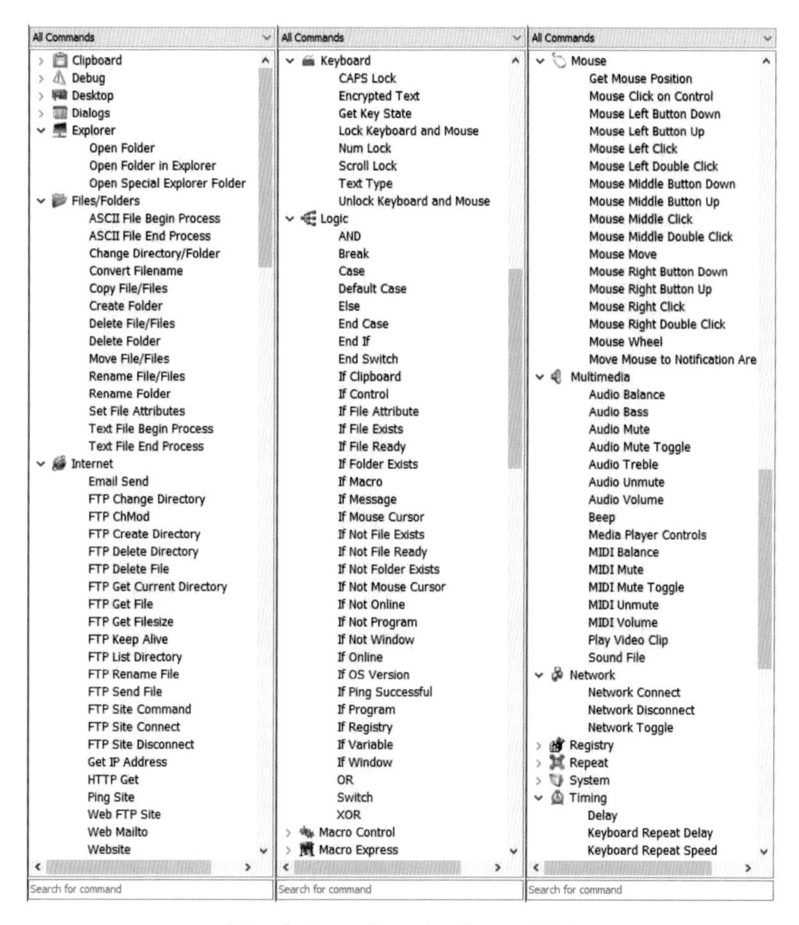

[자료 1] 매크로 익스프레스의 주요 명령어

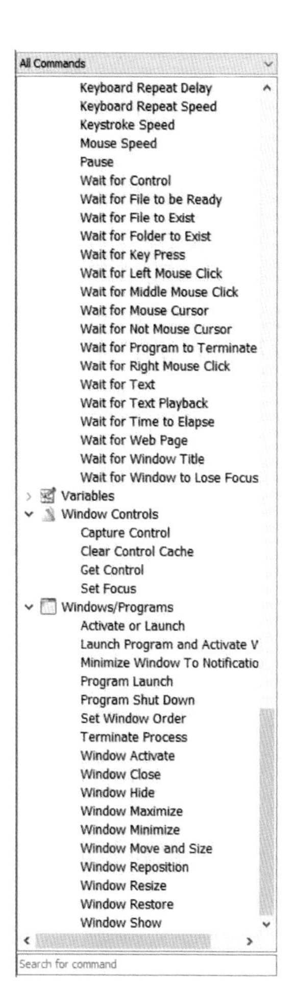

그럼, 이제 매크로 코딩을 진행해나가는 과정과 방법에 대해 살펴보자. 예를 들어, 컴퓨터가 켜진 후에 '자동매매툴을 실행시키는 기능'을 한번 직접 코딩해보기로 하자. 먼저 이 기능을 좀 더 구체적으로 살펴보면, 현재 자동매매툴이 실행되고 있지 않다면(If), 이를 실행하는 것(Do it)이 된다.

우선, 조건(If)을 특정해야 한다. 자동매매툴이 실행되고 있지 않다면, 화면에는 윈도우 바탕화면이 보일 것이다. 반대로 자동매매툴이 이미 실행되고 있다면, 이 화면에 가려진 바탕화면은 더 이상 보이지 않게 된다. 이 특징을 이용해보자. 바탕화면이 자동매매툴 화면에 가려져 있는지 아닌지로 실행 여부를 판단하면 된다. 바탕화면이라고 볼 수밖에 없는 몇 특정 좌표와 그 색상을 기준값으로 정하고, 이를 판단 조건(If)으로 사용하면 된다. 매크로 프로그램의 Tools/Launch Mouse Locator를 사용해, 현재의 마우스 커서가 위치한 좌표·색상 값을 알 수 있다[자료 2].

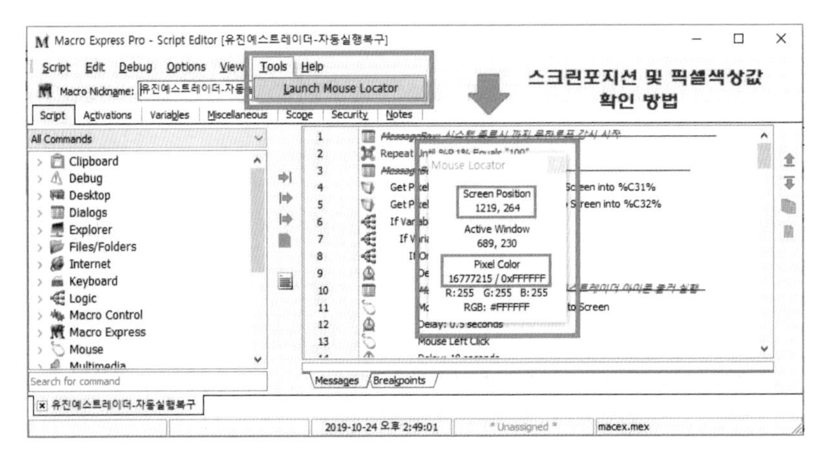

[자료 2] 마우스가 위치한 좌표·색상 값 확인

다음은, 실행(Do it)을 특정해야 한다. 먼저, 윈도우의 '작업표시줄에 고정'하기 기능을 사용해, [자료 3]과 같이 자동매매툴의 실행아이콘을 특정 위치에 고정시킨다. 이는 매크로의 일관된 반복작업을 더욱 편리하게 만들어준다. 이제, 이 실행아이콘 위에 마우스 커서를 이동한 후 클릭만 하면(Do it), 자동매매툴이 바로 실행될 것이다.

[자료 3] 윈도우10 작업표시줄에 예스트레이더 실행아이콘 고정하기

이와 같이 조건과 실행을 먼저 특정한 후, 이를 [자료 4]와 같이 매크로 프로그램으로 코딩해나가면 된다. [자료 4]의 코딩에 추가한 주석에서도 볼 수 있듯이, 미리 특정한 조건(If)과 실행(Do it)의 내용을 그대로 옮

기기만 하면 된다. 한편, 코딩 시 모든 명령어는 매크로 프로그램의 명령어 메뉴([자료 1])에서 가져와 쓰면 된다. 또한, 코딩된 명령어를 더블클릭하면 옵션창이 뜨게 되고, 이 옵션창을 통해 설정값을 간단하게 입력할 수 있다.

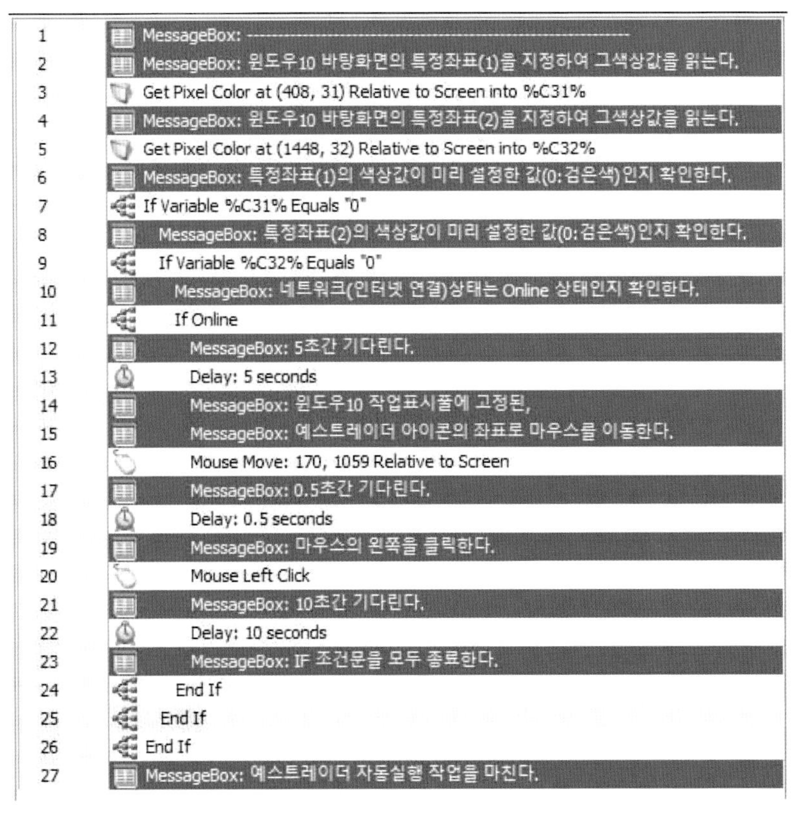

[자료 4] 자동실행 기능에 대한 매크로 코딩 예시(매크로 익스프레스)

이로써 예제 기능이 매크로 코딩으로 완성되었다. 물론, 시스템 전체를 전자동화하려면 예제 기능 이외에도 다른 기능들이 더 많이 필요할 것이다. 하지만 전자동화를 위한 얼마만큼의 기준은 없다. 사용자마다 각자 필요한 만큼만 자동화 기능을 구현해나가면 되는 것이다. 시작이 반이라 했다. 이러한 코딩 과정과 방법으로 필요한 기능을 하나씩 하나씩 추가해나가면 된다.

6장

트레이딩 시스템의 인공지능화

KGV
Kurs FFM
17:47h
151,88
107,02
169,86
Divi-
dende 2019
MK in
Mrd.$

인공지능이 접목된 트레이딩 시스템 제작은 가능한가?

최근 여러 분야에서 인공지능(AI, Artificial Intelligence) 기술이 굉장히 큰 이슈가 되고 있다. 금융 분야에서도 마찬가지로, 인공지능의 적용에 대한 소식은 심심찮게 들려온다. 과거 연구소나 대기업의 수준에서 가능했던 인공지능 개발이, 이제는 개인도 가능하도록 많이 활성화되면서 개인 트레이더들에게도 많은 관심을 받고 있다. 그럼, 여기에서 인공지능이란 무엇인지, 시스템 트레이딩에 인공지능은 어떻게 접목할 것인지 한번 살펴보자.

우선, 인공지능의 사전적 의미를 살펴보면 다음과 같다.

인공지능 (人工知能, Artificial Intelligence, AI)

컴퓨터로 구현한 지능 또는 이와 관련한 전산학의 연구 분야. 인간의 두뇌와 같이 컴퓨터 스스로 추론, 학습, 판단하면서 전문적인 작업을 하거나 인간 고유의 지식 활동을 하는 시스템. 기존의 컴퓨터와 같이 프로그래밍된 순서 안에서만 작업하는 시스템과는 달리, 좀 더 유연한 문제 해결을 지원하는 데 도움이 된다. 요소 기술로는 추론, 학습, 지각 및 이해 기능과 인공지능(AI)에서 데이터베이스가 되는 지식 베이스가 있다.

(출처 : TTA 정보통신용어사전)

이와 같이, 인공지능은 인간의 두뇌와 같이 컴퓨터 스스로 추론, 학습, 판단하면서 전문적인 작업을 수행하는 시스템을 말한다. 인공지능은 크게 (A) 규칙기반(Rule-based) 인공지능과 (B) 신경망(Neural Network) 인공지능으로 나눠진다.

여기에서, (A) 규칙기반(Rule-based) 인공지능은 초창기의 인공지능으로 규칙(조건 설정)을 사용해 조건 분기 프로그램을 실행하는 시스템이다. 대체로, 프로그램이나 알고리즘의 순서도에서 사용하는 IF-THEN 형태로 표현되는 경우가 많다. 일반적으로, 지금까지 앞서 다루었던 알고리즘 형태의 매매 프로그래밍도 일종의 규칙기반 인공지능 시스템이라 볼 수 있다. 한편, (B) 신경망(Neural Network) 인공지능은 인간의 두뇌와 신경 구조를 모델링해 외부의 데이터를 통해 인공두뇌의 구조와 가중치

값을 변형시키는 방식으로, 학습하는 시스템이다. 요즘, 일반적으로 인공지능이라 불리는 머신러닝(Machine Learning) 및 딥러닝(Deep Learning)이 이 신경망 시스템의 예이다. 그럼, 시스템 트레이딩에서 (1) 인공지능을 적용해야 하는 이유와 (2) 인공지능을 적용하는 방안, 그리고 (3) 인공지능 적용 시의 문제점 및 전망에 대해 한번 살펴보자.

(1) 시스템 트레이딩에 인공지능을 적용해야 하는 이유

현재의 일반적인 매매 프로그램은 대체로 특정한 조건 상황을 인지해 매매하는 규칙(로직)기반 형태의 트레이딩이다. 여기에서 이러한 매매 프로그램이 미래의 어떠한 상황에서도 제 기능을 다할 수 있도록 일정 시점에서 미리 규칙(로직)을 특정한다는 것 자체가 무척 난해한 일이다. 이에, 계속해서 변화하는 시장의 상황에 맞추어 필요에 따라 정기적으로 시스템을 최적화하거나 수정·보완해나가야 하는 번거로움이 발생할 수 있다. 또한, 자칫 변화에 대한 대응이 늦어 '소 잃고 외양간 고치는 격'의 비효율적 현상이 발생될 수도 있다. 이렇듯, 번거롭고 비효율적인 문제점에서 트레이딩 시스템에 인공지능 기술을 접목시키는 시도는 아주 좋은 해결 방안이 될 수 있다. 잘 만들어진 인공지능 시스템은 주가, 지표, 외부 데이터, 수익률 등과 같은 입·출력 대상 데이터들을 학습해 가장 이상적인 매매 포인트를 알려줄 것이며, 또한 주기적인 학습으로 시장의 변화에 적응해가며 스스로 진화해나갈 것이다.

(2) 시스템 트레이딩에 인공지능을 적용하는 방안

이 책의 서두에서 살펴본 바와 같이 시스템 개발은 프로그램 개발 환경에 따라, 예스트레이더(YesTrader)와 같은 증권사 Application 내에서 시스템을 개발하는 방식과 OpenAPI를 이용해 시스템을 개발하는 방식으로 크게 분류된다. 여기에서, 인공지능 시스템을 예스트레이더(YesTrader)와 같은 증권사 Application 내부에서 모두 구현하는 것은 불가능하다. 이에, 당초에 OpenAPI를 이용해 시스템을 구성하거나, 한편, [자료 1]에서처럼 인공지능 프로그램을 증권사 Application과 연동하는 구조로 시스템을 구현할 수가 있다.

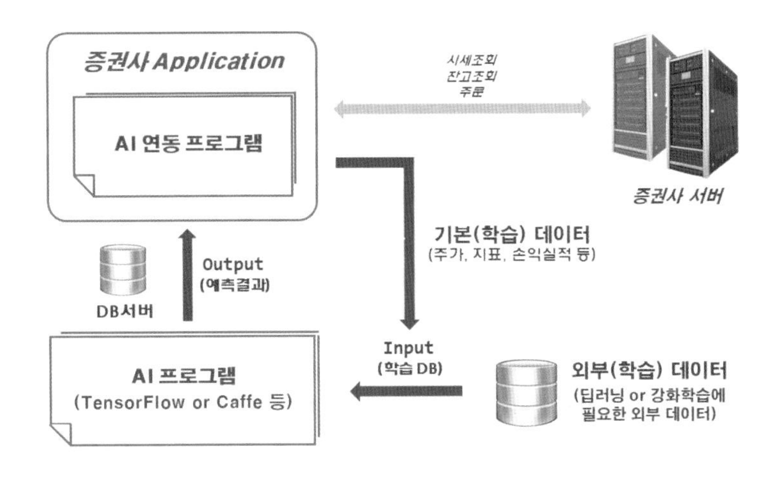

[자료 1] 증권사 Application을 사용한 인공지능 트레이딩 시스템의 구성 예시

여기에서, [자료 1]의 AI 프로그램 개발은, Python, C/C++, R 등의 프로그래밍 언어를 이용한 저수준 알고리즘의 개발 방식부터 텐서플로우(TensorFlow) 또는 카페(Caffe)와 같은 기계 학습용 엔진(라이브러리)을 사용해 유연한 고수준 API에 접근하는 개발 방식 등이 있다(자세한 개발 방법은 여기서는 논외하기로 한다).

개발된 AI 프로그램은 입력받은 특정 데이터들(주가, 지표, 수익률, 외부 데이터 등)을 학습해 앞으로의 주가를 예측하기도 하고, 매매 프로그램의 수익률을 예측해볼 수도 있을 것이다. 이때, AI 프로그램의 개발은 전진 분석과도 흡사하다. 우선, 일정 기간의 이전 주가, 지표, 수익률 등의 원인 데이터와 이후 주가, 수익률 등의 결과 데이터를 입력해 스스로 학습하는 AI 프로그램을 만들게 된다. 그런 다음, 이 AI 프로그램을 그 이후의 기간에 적용해 어느 정도의 예측 정확도와 성과가 나오는지를 확인·분석해, 프로그램을 수정·보완하는 방식으로 진행된다.

(3) 시스템 트레이딩에 인공지능 적용 시의 문제점 및 전망

현재의 AI 프로그램은 기존의 규칙기반 프로그램들과는 달리 어떤 알고리즘을 가지고 예측하는지를 알 수가 없는 구조다. AI 프로그래머는 학습할 수 있는 인공두뇌 시스템을 개발할 뿐, 내부에서 어떻게 판단할지는 프로그램하지 않는다. 그러므로 자신의 의도와는 전혀 다른 예측 결과를 받아볼 수도 있을 뿐만 아니라, 내부 알고리즘의 분석이 불가능하다. 또한, 인공지능 시스템이 정확한 예측 데이터를 만들어내기 위해서는 충분한 양의 학습 데이터가 필요하다. 충분치 못한 데이터의 학습은 예측 정확도가 많이 떨어질 수밖에 없다. 아울러, 입력되는 데이터가 예측을 만들기에는 무의미한 데이터라면, 이러한 AI 시스템은 실전에서의 활용가치 또한 무의미할 것이다. 예로, 주가 데이터를 이용해 예측한다면, 현재까지의 주가 데이터가 이러한 양적 혹은 질적 요소를 충족할지는 생각해볼 문제다.

또한, 원론적인 얘기로 넘어가, 적용 기술의 난이도와 손익성능은 절대 비례하지 않는다. 어려운 기술이 적용되었다고 해서 비례해 반드시 수익이 개선되는 것도 아니다. 시스템 트레이딩에서 가장 중요한 것은 전략이며, 코딩 능력이나 적용 기술의 난이도가 아니다.

이렇듯, 시스템 트레이딩에 인공지능을 적용하는 방안 역시 시스템 전체가 아니라, 선택과 집중이 필요하다. 전략 알고리즘 내에서도 효율적인 부분 요소나 적절한 항목을 찾아, 이를 대상으로 인공지능 기술을 적재적소(適材適所)에 부분적으로 접목하는 방식이 향후 AI 트레이딩 시스템의 진행 방향이 될 것으로 전망된다.

본 책의 내용에 대해 의견이나 질문이 있으면
전화 (02)333-3577, 이메일 dodreamedia@naver.com을 이용해주십시오.
의견을 적극 수렴하겠습니다.

쉽게 배우는 시스템 트레이딩

제1판 1쇄 | 2020년 6월 29일
제1판 2쇄 | 2020년 7월 23일

지은이 | 이재헌
펴낸이 | 한경준
펴낸곳 | 한국경제신문*i*
기획제작 | (주)두드림미디어
책임편집 | 최윤경

주소 | 서울특별시 중구 청파로 463
기획출판팀 | 02-333-3577
영업마케팅팀 | 02-3604-595, 583 FAX | 02-3604-599
E-mail | dodreamedia@naver.com
등록 | 제 2-315(1967. 5. 15)

ISBN 978-89-475-4586-0 (03320)

책값은 뒤표지에 있습니다.
잘못 만들어진 책은 구입처에서 바꿔드립니다.

한국경제신문 *i* 주식 도서 목록

가치 있는 콘텐츠와 사람

꿈꾸던 미래와 현재를 잇는 통로

Tel : 02-333-3577

E-mail : dodreamedia@naver.com

㈜두드림미디어 카페

(https://cafe.naver.com/dodreamedia)